天壹文化

从声音到文字，分享人类的叙事

黄朴民讲孙子兵法

黄朴民 — 著

高润浩　熊剑平 — 整理

天地出版社 | TIANDI PRESS

目录

第二部分　《孙子兵法》原文及译文

怎样阅读与理解《孙子兵法》

黄朴民

　　《孙子兵法》是中国最为杰出的兵学著作，被人们尊奉为"武经冠冕""百世兵家之师""百世谈兵之祖"。东汉末年大政治家、军事家曹操强调："吾观兵书战策多矣，孙武所著深矣。"唐太宗李世民也认为："观诸兵书无出孙武。"明代兵书《投笔肤谈》评道："《孙子》纯粹，书仅十三篇，而用兵之法悉备。"同为明代兵书的《武备志》在《兵诀评序》中更指出："前孙子者，孙子不遗；后孙子者，不能遗孙子。"这些评论均十分恰当地概括了《孙子兵法》在中国兵学历史上的地位和意义。其书自问世以来，对中国古代军事文化的形成和发展产生了极其深远的影响。它的很多合理内核，直到今天仍闪耀着智慧的光芒，不仅对现代军事理论的建设和发展具有重大借鉴意义，还延伸到军事以外的领域，对商业竞争、企业管理、外交谈判、体育竞赛等也有深刻的启迪。从这个意义上来讲，《孙子兵法》具有超越时空的价值。

　　宋代学者戴溪《将鉴论断》有云："孙武之书十三篇，众家之说备矣。奇正、虚实、强弱、众寡、饥饱、劳逸、彼己、主客之情状，与夫山泽、水陆之阵，战守攻围之法，无不尽也。微妙深密，千变万化而不可穷。用兵，从之者胜，违之者败，虽有智巧，必取则焉。"《孙子兵法》所反映的兵学文化内涵，无疑是一种历久弥新、超越时空的理性精神，古往今来的人们推崇它、研读它、运用它，是完全可以理解的选择。但是，研究与运用《孙子兵法》的思想原理，不应该走向极端，换言之，对孙子的理论不宜以拜物教的心态去对待。遗憾的是，目前有关《孙子兵法》的阅读、研究与运用上的确存在着一些可以改进的地方，在这里，谨就怎样阅读和理解《孙子兵法》谈点自己不尽成熟的想法，与广大读者和同行们分享、交流。抛砖引玉，竖个箭靶，不当之处，敬请方家赐正。

第一，坚持回归经典自身的整体性原则。

当代人读《孙子兵法》，往往习惯按现代军事学的理论体系和概念范畴，将《孙子兵法》的思想体系分门别类，归纳为几个板块，如战争观、战略思想、作战指导理论、治军思想，等等。这虽然容易、方便，却难免不尽恰当。具体地说，这属于现代人对经典著作的简单化图解，存在着割裂孙子思想有机整体性的弊端，即所谓"道术将为天下裂"。如治军思想，在《孙子兵法》全书中，仅散见于《行军》《地形》《九地》等少数几篇之中，所占比重微乎其微，连全书百分之十的篇幅也不到，与其作战指导理论相比，不构成相对均衡的并立关系（如果换成《吴子》，治军理论为一大板块倒是完全成立，其书六篇中有《图国》《治兵》《论将》《励士》四篇重点论述治军）。因此，按现代军事学科体系来归纳和梳理孙子的思想，显然是有缺憾的。正确的方法应该是实现经典阅读和研究上的"范式"正确选择，即回归经典诞生时代的特定语境，用古代兵学自身结构的逻辑语言一步步深入经典本身，而不宜用现代军事学研究的话语体系去做比附或图解。根据经典的"内在理路"而非"外在模式"去从事《孙子兵法》一书的阅读与研究——应该说，这是我们今天更好地阅读与理解《孙子兵法》的起点。

《孙子兵法》当然有其内在的整体思想体系，其层次结构浑然一体，逻辑也完全能够自洽。南宋郑友贤在其《十家注孙子遗说并序》中指出："武之为法也，包四种，笼百家，以奇正相生为变。是以谋者见之谓之谋，巧者见之谓之巧，三军由之而莫能知之。"很显然，《孙子兵法》十三篇是一个完整、有机的思想体系。每篇既是一个独立的整体，篇与篇之间又相互保持密切的联系。前后十三篇逻辑严谨，层层递进，首尾呼应，浑然一体，对战争的平时准备、战略计划的制定、战役程序的组织、战术手段的运用，以及行军、保障、各种地形条件下的作战行动和特殊战法都做了层次分明、前后贯通的阐述。其思维的整体性和思辨的深刻性在先秦诸子中也是罕有其匹的。全书从战略运筹、战争预测（《计篇》）起步，经战争准备（《作战篇》），运用谋略（《谋攻篇》），发展实力（《形篇》），创造有利态势（《势篇》），灵活用兵、争夺先机、因敌变化而取胜（《虚实篇》《军争篇》《九变篇》），到解决"处军相敌"（《行军篇》），利用地形（《地形篇》），掌握兵要地理（《九地篇》），实施火攻（《火攻篇》），搜集情报、以资决策（《用间篇》）等具体的战术问题，始于"知彼知己"，又终于"知彼知己"，恰好规划了一个完整的战争程序。其篇次结构的序列、设计，注重按用兵制胜的要领与方法加以梳理、展开，以战争规律性为立足点；曾有人这么认为："十三篇结构缜密，次序井然。固有不能增减一字，不能颠倒一篇者。"（蒋方震等《孙子浅说·绪言》）从某种程度上说，这话不无道理。

不少研究者曾根据《孙子兵法》的内涵文义，从逻辑上努力梳理过全书的思想脉络和内在联系。如支伟成编著的《孙子兵法史证》，其卷首《孙子篇目述义》就这样分析十三篇的逻辑递进关系："《计篇》第一，将之贤愚，敌之强弱，地之远近，兵之众寡，当先计及之，而后兵出境。故用兵之道，以计为首。《作战篇》第二，计算已定，然后完车马，利器械，运粮草，约费用，以作战备，故次《计》。《谋攻篇》第三，计议已定，战具已集，然后可以智谋攻，故次《作战》……"日本学者山鹿素行也认为《用间篇》是对首篇《计篇》的前后呼应，是全书浑然一体的标志，"《始计》《用间》在首尾，通篇自有率然之势"。应该说，这是正确理解孙子十三篇思想和价值的通衢捷径。唯有如此，我们才能避免对《孙子兵法》做片面的理解。

第二，努力避免出现郢书燕说、移花接木的现象。

这就是孙子原本没有这个意思，或者不完全是这个意思，可是，有些人为了有意识地拔高《孙子兵法》一书的地位而凭空想象，人为地杜撰或硬拧过去，结果完全歪曲了孙子的原意与宗旨。这种做法，几乎等于对《孙子兵法》理论体系的阉割。例如一些学者关于孙子"不战而屈人之兵"思想的阐释和发挥，就属于天花乱坠、望文生义，基本上背离了孙子这段话的本意。这方面很典型的例子就是把"不战而屈人之兵"吹捧为"不战主义"。日本学者服部千春先生的观点就很有代表性，他认为《孙子兵法》不是讨论打仗的，而是教人和平的，孙子是不战主义者、和平主义者，《孙子兵法》应该改名为《孙子（和）平法》，云云。①

是否能够从"不战而屈人之兵"中演绎出"不战主义""和平主义"？答案是否定的。因为众所周知，兵家在战争问题上的基本观点，是"慎战""重战"和"备战"，而非"去战""不战"，当然，也不是"好战"与穷兵黩武。孙子的原旨也是如此，其言"主不可以怒而兴师，将不可以愠而致战"（《火攻篇》），并非对战争本身的否定，而是主张在一定条件下对战争持谨慎的态度。这种态度既不同于儒、墨、道诸家的"反战""非战"立场，也和某些法家人物的一味嗜战、积极主战有所区别。

我们认为，对《孙子兵法》整个思想体系做全面的、历史性的考察，

---

① 参见［日］服部千春著：《孙子兵法新校》，白山出版社，1997年版。

同今天基于某种原因着重揭示《孙子兵法》个别思想原则的意义，是两个不同范畴和性质的研究方式。鉴于和平与发展为当今世界文明进步的主流，我们今天可以对"不战而屈人之兵"的思想意义做出很高的评价，但是如果把它归纳为孙子整个学说的初衷和真谛，则不符合《孙子兵法》全书的基本倾向和真切主旨。换言之，今天如何评价孙子"不战而屈人之兵"思想是一回事，准确把握其在《孙子兵法》全书中的位置又是一回事。

其实，在《孙子兵法》的兵学体系中，"不战而屈人之兵"全胜战略思想并不占据主导地位，不能颠倒"战胜策"与"全胜策"之间的主次关系。

从《孙子兵法》的篇幅看，"全胜策"所占比例甚小，不占主导地位。孙子"不战而屈人之兵"全胜战略思想较系统的表述，仅见于《谋攻篇》，而《谋攻篇》不过是十三篇之一。《孙子兵法》一书言简意赅，胜义迭呈。十三篇对战争准备、战略制定、战术运用，以及行军部署、后勤保障、不同地形下的作战行动和特殊战法等均做了缜密的阐述，每篇既是独立的整体，篇与篇之间又都相互保持联系。《孙子兵法》十三篇既为一个整体，而"谋攻"仅为其中一个环节而已。《形篇》言军事实力；《势篇》言军事力量的巧妙发挥；《虚实篇》言争取主动权；《军争篇》言用兵常法；《九变篇》言作战变法，加《行军篇》《地形篇》《九地篇》《火攻篇》《用间篇》诸篇，合在一起均论述"善战"内容。可见，"战胜策"才是《孙子兵法》主体思想之所在。

需要进一步指出的是，"不战而屈人之兵"的全胜战略思想固然是一种极其美妙的理想境界，然而在现实生活中，它的实现却是罕见的。理想与现实之间，毕竟存在着鸿沟，这正是这种全胜思想的一定局限性（也可理解为一定的空想性）。处理阶级之间、集团之间以及国家之间不可调和的对抗性矛盾的方法，"不战而屈人之兵"是一种选择，但这种选择并非带有普遍意义。也就是说，要求在充分运用谋略和以武力作后盾的前提下普遍做到"不战而屈人之兵"，显然是不现实的。因为要使敌我双方在力量上达到"以镒称铢"的条件，存在着很大的困难，而具体实施"伐谋""伐交"诸手段，更存在着复杂性和多变性；即使是敌方已明显处于劣势地位，也是很难使其慑于威迫而轻易屈服的。"不战而屈人之兵"只有在一方处于绝对优势，另一方处于绝对劣势，而劣势的一方又因各种各样的原因失去了抵抗意志的情况下，才有可能出现。更明确地讲，"不战而屈人之兵"在理论上有一定的合理性，但在实际生活中却异常罕见。韩信如果没有取得"背水阵"聚歼赵军二十万人的大捷，就很难想象会有接下来"传檄"轻易平定燕地的成功。施琅倘若未曾有澎湖之役中大破郑氏水师的胜利，显然也不可能迫使台湾郑经集团放弃抵抗！

孙子求"全"，追求"全胜"，所谓"必以全争于天下，故兵不顿而利可全""自保而全胜"，确是事实，但这只是对用兵打仗理想境界的向往与推崇而已，是为了占领道德与政治上的制高点，是"理想态"，而非"现实态"。事实上，一味求"全"，往往会陷入实践上的"困境"，即考虑问题时不免瞻前顾后、患得患失，处理问题时很可能优柔寡断、投鼠忌器，结果是进退失据、顾此失彼、捉襟见肘。所以，我们固然要"仰望星空"，但同时更需要脚踏大地。"不战而屈人之兵"属于"仰望星空"的概念，而"兵以诈立"才是真正的"脚踏大地"，具有可操作性！

综观历史，我们能发现一个有趣的历史文化现象：真正优秀的思想家对问题的认识以及解决问题的思路，都是双重的，都是二元的。如孔子及其儒家思想，一方面固然是崇尚"大同"（"大道之行也，天下为公"），致力于"祖述尧舜"，但另一方面，头脑却异常清醒，并不想入非非，汲汲于实现"小康"，以恢复文、武、周公之道为鹄（"齐一变，至于鲁；鲁一变，至于道"），故一再强调"吾从周"，总之，一切围绕"宪章文武"为中心。在这一点上，孙子也没有例外，他的思维模式与孔子等人并无二致，也是二元结构，以"全胜"为理想境界，以"战胜"为现实对策！

第三，克服诠释过程中的浅尝辄止、似是而非。

相较于佶屈聱牙的《尚书》、"无达占"的《周易》、"多非常怪异可疑之说"的《公羊传》等经典，《孙子兵法》的文字应该说是比较平顺通畅、容易阅读与理解的。然而，它毕竟是先秦的作品，在阅读时还是会遇上障碍，加上历代注疏诠解者甚多，对不少内容与文字的句读和解释也难免产生歧义，众说纷纭，莫衷一是。

阅读《孙子兵法》的过程中，有些歧义的产生，是由于古今学者所据不同版本的差异而造成的，尤其是不善于利用相关的最新出土文献资料，未能如陈寅恪先生所言，在学术上积极"预流"。如，传世本《作战篇》有云："车战，得车十乘已上，赏其先得者而更其旌旗。车杂而乘之，卒善而养之，是谓胜敌而益强。"此处，"更其旌旗"意为给缴获的敌军战车更换我军的旗帜。张预注："变敌之色，令与己同。"更，变更，更换。旌旗，古代用羽毛装饰的旗帜，是军中重要的指挥号令工具，即所谓"夫金鼓旌旗者，所以一人之耳目也"（《孙子兵法·军争篇》）。"车杂而乘之"，杂，掺杂、混合。《国语·郑语》云："先王以土与金木水火杂，以成百物。"韦昭注："杂，合也。"乘，驾、使用。意为将缴获的敌方战车和我方车辆掺杂在一起，用于作战。"卒善而养之"，意谓优待被俘虏的敌军士卒，使之为己所用。张预注："所获之卒，必以恩信抚养之，俾为我用。"卒，俘虏、降卒。"胜敌而益强"，指在战胜敌人的同时使自己变得更加强大。杜牧注："因敌之资，益己之强。"益，增加。

这样，全句的意思就当为：在车战中，如果缴获战车十辆以上，就奖赏最先夺得战车的人。同时，要更换战车上的旗帜，混合编入自己的战车行列。对敌方战俘要予以优待和任用。这也就是说战胜敌人的同时，自己也变得更加强大。从表面上看，这么解释似乎文通字顺，没有什么问题，但是，如果对照竹简本，我们就会发现问题："卒善而养之"之"善"，竹简本作"共"。而"共"有"共有"的含义，如祸福与共，《论语·公冶长》中的"愿车马、衣轻裘，与朋友共，敝之而无憾"；也可引申为混合的意思。考究《孙子兵法》全句的文义，很显然，竹简本言"共"是正确的，"共"与"杂"交错对文，均为混合，孙子言此，乃是反复强调在作战中当将俘获的敌方人员、车辆加以利用，混合编入己方的车队与军阵之中，共赴战事，从而增强自己的力量。这里，孙子说的是因敌之资以助己的问题，借力打力而已，实与优待俘虏风马牛不相及，张预等人"恩信抚养之"的说法乃望文生义、郢书燕说。而今人有据此洋洋洒洒写成孙子"善俘"思想研究之类的文章，那更属于无中生有①。由此可见，"共"在传世本中作"善"，当属《孙子兵法》流传过程中为后人所臆改，以迁就所谓"善俘"的主张②。

又如，对"令文齐武"的释读，目前一些常见的观点也是可以斟酌的。主要的问题，显然是因局囿于传世文本的内容，而未能借鉴和利用竹简本的资源。"令之以文，齐之以武"，见于传世本的《行军篇》，但此句在汉墓竹简本中作"合之以文，济（齐）之以武"。应该说，汉墓竹简本的文字表述，似乎要优于传世本的表述。

众所周知，军队是国家政权机器的柱石。作为执行武装斗争任务的特殊团体，军队要确保发挥自身强大的战斗力，关键之一是要搞好内部的治理，即所谓"以治为胜"。而要治理好军队，使它在关键时刻顶得上去，

---

① 如熊梅、姬娜著：《论孙子善俘思想的人文价值》，载《军事历史研究》2010 年第 1 期。
② 在古代兵书中，"善俘"的主张是常见的，如《司马法·天子之义》即有言："见其老幼，奉归勿伤；虽遇壮者，不校勿敌；敌若伤之，医药归之。"但说孙子主张善俘，则没什么依据。

用得顺手，就必须遵循一定的原则，因为只有在正确原则的指导之下，再配合具体的方法和手段（比如严整军纪、信赏必罚、强化训练等），才能使全军上下进退有节、团结一致，令行而禁止，无往而不胜。

同先秦时期其他著名兵书《司马法》《吴子》《尉缭子》《六韬》等相比，对治军问题的论述在《孙子兵法》一书中并不占据突出的位置。但是，这并不等于孙子本人不重视治军，相反，孙子对这个问题还是有自己独到的看法的，曾就如何治军经武提出过许多精辟的原则。这些原则所体现的根本精神，就是刚柔相济、恩威并施："故合之以文，齐之以武，是谓必取。"文武两手都要硬，双管齐下，互补协调，共同作用于治理军队的实践。

但是，在传世本中，"合之以文，齐之以武"作"令之以文，齐之以武"。应该说，从文义上讲，这也是讲得通的。其意为：要用怀柔宽仁的手段去教育士卒，用军纪和军法去约束、管制士卒。这也是将帅管束部队、治理属下的通常做法。即《吴子·论将》所言为将者的基本要求："总文武者，军之将也；兼刚柔者，兵之事也。"

然而，细加体会，我们不得不指出："合之以文"较之"令之以文"更为妥帖，且在语法结构上与下句"齐之以武"更为对应和一致，也更接近《孙子兵法》原来文字的本相。考竹简本，此句作"合之以交，济之以……"。此处，"交"当为"文"之误，"济"则当为"齐"之借字。因此，其文当为"合之以文，齐之以武"，"合"字之义在这里显然要胜过"令"之义。因为，"文""武"对文，"合""齐"亦对文。"合"本身亦含有"齐"之义。①《易·乾文言》云："与日月合其明。"即言"齐"之义。从语词与语法角度考察，"令""合""齐"虽皆为动词，但"令"是表述

————————

① 参见吴九龙主编：《孙子校释》，军事科学出版社，1990年版，第164页。

单纯性的动作行为，而"齐""合"皆含有动作之后所呈示的状态之意蕴。据此，我们可知孙子所追求的治军理想境界：通过怀柔宽仁的手段教育士卒，使全军上下凝聚成一体，通过军纪和军法约束、管制士卒，使全军上下步调一致。

很显然，按竹简本的文字，孙子在这里强调的是用文、武两手管制部队，并具体说明了治军管理上的终极目标。而传世本的文字，仅仅表述了孙子的前一层意思，没有反映出孙子的后一层意思，这无疑是要稍逊色于竹简本的类似表述的。

我们讲竹简本"合之以文，齐之以武"的表述要胜于传世本"令之以文，齐之以武"的表述，也是有文献学上的依据的。《淮南子·兵略训》亦云"是故合之以文"，可见《淮南子》所据之本，当与竹简本相同。《北堂书钞》卷一一三与《太平御览》卷二九六引《孙子兵法》时亦并作"合之以文，齐之以武"，表明在唐宋时期，同样有《孙子兵法》文本与竹简本之文字相同。这些情况均表明，《孙子兵法》此语的正确文字当为"合之以文，齐之以武"。今传世本"合"作"令"，或因与"合"字形近似而讹误，或涉下文"令素行""令不素行"而臆改。

在阅读与理解《孙子兵法》时产生歧义，甚至出现郢书燕说的现象，有的是因为我们腹笥有限、功力不逮，在文字、音韵、训诂等方面存在着不少的软肋与短板，因此，不免在理解《孙子兵法》的某些文义上左支右绌、捉襟见肘了。

这方面，古今有关"诡道"的释读，就明显带有一定的简单化倾向，甚至可以说是片面性。《孙子兵法》的中心内容在许多人的心目中似乎只有一个印象，即诡道，"兵以诈立"，兵不厌诈。孙子的确讲诡诈，但诡诈只是《孙子兵法》的一部分，绝不等于《孙子兵法》的全部。《孙子兵法》是一个综合的有机体系。在军事上，孙子不仅讲诡道，也讲仁义。更何况孙子并不单纯就军事而讲军事，而是将军事与政治、经济、文化等多个因素加以综合考虑的。这正如清人孙星衍所言："其书通三才、五行，本之仁义，佐以权谋，其说甚正……比于六艺，良不愧也。"

而一般人的理解，"诡道"就是简单的诡诈之道，所谓"兵以诈立""兵不厌诈"，《三十六计》的"声东击西""上屋抽梯""瞒天过海"等就是"兵不厌诈"的典型计谋，以现代的军事概念而言，即战略欺骗。这也是孙子在后世遭到一些人攻讦的缘由之一。具体地说，对于孙子以利为本、以诡道为用的战争观念，历史上曾有不少人提出过非议，其中大部分是那些戴着儒学有色眼镜观察事物的腐儒。他们空谈所谓"德义服人"的高调，对孙子进步的战争观百般歪曲、大肆否定。这一攻击，肇始于秦汉，并在宋代达到高潮。儒学冬烘先生们谩骂孙子诡诈不仁，如陈师道直斥《孙子兵法》为"盗术"，要求朝廷废黜之。叶适的看法也大同小异，说："非诈不为兵，盖自孙、吴始。甚矣，人心之不仁也！"高似孙的话说得更为刻薄蛮横："兵流于毒，始于孙武乎！武称雄于言兵，往往舍正而凿奇，背信而依诈。凡其言议反覆，奇变无常，智术相高，气驱力奋，故《诗》《书》所述，《韬》《匮》所传，至此皆索然无余泽矣。"在他们的眼中，孙武实属十恶不赦的名教罪人。平心而论，这些论调均系偏颇迂阔之辞，不值得一驳。战争指导必须以诡诈为原则，空谈"仁义"，只能沦落为宋襄公式的蠢人，贻笑天下。这乃是最为浅显的道理。

问题在于，现在《孙子兵法》中"诡道"十二法，有的名副其实，合乎诡谲欺诈的宗旨，如"能而示之不能""用而示之不用""远而示之近""近而示之远""利而诱之""怒而挠之""卑而骄之"，等等。但有的法则，似乎与"诡谲""诈骗"无法直接等同，例如"实而备之""乱而取之""强而避之"等，这些举措只是战争指导者根据敌情随机应变，以恰当的方式与敌交锋，克敌制胜而已，所谓"因敌变化而取胜者"，没有什么"兵不厌诈"的伎俩在内。所以,有学者认为,"诡道"的"诡",本质上是"变化多端"、灵活机动而已,如果将"诡"单纯理解为"诡谲、欺诈",似乎有一定的片面性,其重要理由,是曹操注言"兵无常形,以诡诈为道"。"兵无常形"即"变化无穷"。这样的说法,不是绝对没有道理,"诡"除了诈、谲等义项外,尚有乖违、疑贰之意。若《吕氏春秋·淫辞》云:"言行相诡,不祥莫大焉。"但是,这并不能从文字本义溯源上来证明"诡"与"变"之间的必然联系。"诡道"是性质,"变化多端"只是表现上的某种特征。从这个意义上说,将"诡道"引申为"多变",似乎至少可以聊备一格。

又如,"诡道十二法"中,有人将"卑而骄之"释为在与敌交锋之时,我方当主动以卑辞示弱,给敌人造成错觉,令其骄傲自大、轻举妄动,最终坠入我方的圈套。表面上看,似乎文通字顺,可以成立。但是,如果我们将它置放在"诡道十二法"整个体系结构中考察,这种解释显然是望文生义,曲解孙子的原意。孙子的"诡道十二法"中,前四"法"的主体是己方,是言己之所作所为,即己能战而示之以不能,己欲用而示之以不用,己欲从远处进攻,却故意声东击西,装出要从近处出击,己欲从近处突破,却示假隐真,装出要由远处下手。而后面的八"法",主体是敌方,是讲敌情不同,我方采取相应的对策也不同。利、乱、佚、实、强、怒、卑、亲,云云,皆为敌之军情与状态,而我方则相应用诱、取、备、避、挠、骄、劳、离等方法与手段来予以破解,置敌于死命。故"卑而骄之"之"卑",绝非我方示"卑",而只能是敌方"卑怯戒惧,小心谨慎"。如此,才是尊重经典,依从文本。

第四,辩证地认识孙子思想体系的价值与地位。

对孙子兵学理论体系做断章取义的总结,忽视孙子理论旨趣的全面性与系统性,这也是孙子研究中的常见现象。关于《孙子兵法》的中心内容，许多人的心目中似乎只有一个印象，即贵谋贱战。孙子的确推崇以谋略制敌，"上兵伐谋"是他所汲汲倡导、一再强调的。但是，仅仅以此归纳孙子的中心思想，多少是有些偏颇的。运计设谋，只是一个发挥主观能动性的问题，孙子主张的乃是尊重客观规律性、强调主客观之间的辩证统一。为此，他尤为重视强化实力建设，主张"先为不可胜"。在他看来，运计设谋固然重要，但它只是《孙子兵法》的一部分，绝不等于《孙子兵法》的全部。换言之，在他的心目中，战争归根结底是拼实力。军事实力是军队综合战斗力的具体表现，也是战争的物质基础。在军事斗争中，奇谋妙计固然占有举足轻重的位置，但从根本上讲，强大的军事实力才是真正决定战争胜败的筹码。因为不仅"伐兵""攻城"离不开一定的军事实力的巧妙运用，就是"伐谋""伐交"也必须要以雄厚的军事实力为后盾。孙子的后裔孙膑的赛马故事最能说明这种主客观之间的辩证统一关系：孙膑献策于田忌，让田忌赛马时以上驷对中驷，以中驷对下驷，以下驷对上驷，比赛的结果，田忌是输一局，赢两局，二比一，赢了。这说明，谋略有用，发挥主观能动性有用，在双方实力相差无几，处于僵持、平衡的状态下，智慧、谋略能起到四两拨千斤、牵一发而动全身的关键性作用。但是，我们再往深处说，如果你的马都是下驷，那么，不管怎么进行战略运筹，不管如何排列组合，比赛的结果还是会输掉。

孙子重视军事实力，把实力看作运计设谋的前提和基础，这是很了不起的认识。可惜的是，后世那些兵学理论家，眼光大多不及孙子，观察事物、考虑问题往往采用单向性思维，只见其一，不见其二，只见树木，不见森林，总是人为地割裂孙子思想的内在逻辑体系，忘记或忽视了注重谋略与发展实力在孙子那里乃是一个钱币的正反两面，是辩证的统一。他们只倾心于用计谋、施损招，而没有充分认识到实力是计谋之"体"，计谋是实力之"用"，体用和谐，方能克敌制胜。因而他们往往表现出轻视实力建设的倾向，什么"攻人以谋不以力，用兵斗智不斗多""贵谋而贱战"等种种高论大行其道，甚嚣尘上，一手硬，一手软，光讲谋略而忽视实力建设（至少是实力建设不够充分），这无疑是中国传统军事文化中存在的一个很大弊端。

这方面最典型的例子，便是把《孙子兵法》与《三十六计》等同化。在好多人的印象中，《孙子兵法》和《三十六计》就是一回事。什么"借刀杀人""指桑骂槐""美人计""走为上"之类，一锅煮，统统划归《孙子兵法》名下。这也表明人们对《孙子兵法》的理解还是比较粗浅的，往往从阴谋诡计、诡诈欺骗的层面来诠释孙子博大精深的军事思想，这显然是偏颇的看法。

另外，《孙子兵法》被称为"百代谈兵之祖"，茅元仪《武备志·兵诀评序》有言："前孙子者，孙子不遗；后孙子者，不能遗孙子。"于是就造成人们对《孙子兵法》基本上采取一味肯定、无保留推崇的态度，而忽略以唯物辩证法的立场与方法来全面认识、正确把握《孙子兵法》一书的历史价值与文化意义。事实上，任何高明的军事思想，任何卓越的作战原则，都存在思维上的盲区，都不是无懈可击的，这就是所谓的"智者千虑，必有一失""有一利必有一弊"。有关孙子速战速决战争指导思想的评价，就是需要进一步加以辩证认识的一个例子。应该说，孙子进攻速胜的战略理论，从总体上讲有合理之处，值得肯定，但是它的局限性也是十分明显的。这种局限性主要在于孙子本人在观察、分析、把握问题上，存在一定的片面化、绝对化倾向，缺乏全面辩证、有机统一的思维理性。

就军事斗争的基本规律而言，孙子一再强调进攻速胜固然有相当合理、相对正确的一面，也大致符合春秋晚期的战争的实际需要。但是，让人感到遗憾的是，他并没有辩证地认识到军事行动中速决与持久的内在联系，有意无意地忽略了持久防御在战争中应有的地位和必要性，以致将速胜与持久的关系机械地截然对立起来，给人们留下凡是进攻速胜便是好，凡是防御持久便是差的深刻印象。其实速胜与持久乃是对立的统一，不应该人为地割裂开来。因为虽然在战役与战斗的层次上采取速战速决的方针始终有必要性，绝对不能有所动摇；然而，在战略的层次上，究竟是持久防御还是进攻速胜，则不是由战争指导者的主观愿望决定的，而必须由特定的历史条件特别是敌对双方各种力量的对比来决定的，即战争指导者必须根据双方力量对比、战略态势、国际环境等实际情况，来具体决定到底是采取进攻速胜方针，抑或是选择持久防御策略，当速则速，宜久则久，"兵无常势，水无常形，能因敌变化而取胜者，谓之神"，切不可意气用事，拘泥局囿。否则，"欲速则不达"，便是形而上学、画地为牢，到头来必定会遭到战争规律的无情惩罚。

而弱势的一方要战胜强大的对手，自然不能指望速战速决，只能采取积极防御的对策，这时候在战略上同对手持久抗衡就显得十分必要了。弱势的一方要像牛皮糖一样紧紧把敌人粘住，拖垮敌人，磨得敌人没有脾气，在这个过程中，利用时间换取空间，悄悄地完成双方优劣态势的转换，等到时机完全成熟之后再果断发起反击，就能赢得战争的胜利。抗日战争时期，毛泽东针对"亡国论"与"速胜论"两种错误观点，提出"持久战"理论，为抗日战争的最后胜利指明方向，就是以弱胜强战略的典型，也是对孙子兵学思想的继承与发展。

孙子的"因粮于敌"这一军事后勤保障思想，同样也需要采取一分为二的方法加以分析。以战养战，"因粮于敌"，出发点在于尽可能减轻后勤供给上的负担，以顺利达到进攻速胜的战略目的。这无疑有一定的合理性。该如何贯彻"因粮于敌"这一原则呢？对此，孙子也提出了自己的看法，基本立足点就是抢掠劫夺。在这一问题上，孙子的态度倒是十分坦白的。其具体的措施便是："重地则掠"——深入重地就要掠取粮草；"掠乡分众"——分兵抄掠敌国乡野，分配抢夺到的人畜和财物；"掠于饶野，三军足食"——在敌国富庶的乡野进行劫掠，以保障全军上下的粮草供给。由此可见，孙子所讲的"因粮于敌"，实质所指乃是掠夺敌国的粮仓、民家，以保证军事行动的顺利进行。这里，孙子并无从敌国征集、收购粮草的想法，更没有依靠和争取敌国民众箪食壶浆、自动捐献粮草的考虑，手段相当单纯，用武力劫掠夺取而已。应该说，这种做法极偏颇。

毫无疑问，孙子"因粮于敌"，通过劫掠利用敌对国家物质资源以支持战争的后勤保障思想，曾在历史上产生过相当大的影响。不少军事家都将它视作深入敌区时解决给养难题的一个对策，并在实战中加以运用。同时他们也多少意识到单纯"掠于饶野"的局限性，注意丰富和发展孙子"因粮于敌"的思想内涵，主张争取民众，让民众自动赠粮送物（"民咸馈献"），或采取有偿征集（"设法购运"），以减少"因粮于敌"过程中的人为阻力。这样看待问题、处理事情的态度和做法，显然要比孙子的主张更为全面、得体。

显而易见，"因粮于敌"的思想，孙子提倡于前，兵家阐发于后，但是其局限性也在所难免。诸如在荒漠草原作战，或遇到敌方坚壁清野，便无粮可"因"，或可"因"之粮不多。所以清初的《兵法百言》就曾提出，因粮于敌"间可救一时，非可常恃也"，正确的做法应该是"内必屯田以自足，外必因粮于敌"，双管齐下，互为补充，各擅胜场，以达成效。

显而易见，《孙子兵法》的灵魂在于强调"兵无常势，水无常形，能因敌变化而取胜者，谓之神"。在孙子看来，兵法的许多基本原则，如"高陵勿向，背丘勿逆""围师必阙，穷寇勿迫"之类，是无数次战争经验与教训的沉淀积累，是多少人用鲜血与生命换取的成果，自然应该充分尊重，加以借鉴和传承。但是，对这些兵学原则，又不能过于迷信、亦步亦趋，而必须结合新的状况，针对不同的对手，根据不同的条件，灵活机变、出奇制胜，否则就是古板僵化、不知变通。孙子希望人们学习兵法，但他的终极宗旨是期盼人们在学了兵法之后忘掉兵法。在孙子的心目中，没有规则就是唯一的规则，最高的规则。所谓"形兵之极，至于无形"，上骗不言骗，无招胜有招。用岳飞的话讲，就是"阵而后战，兵法之常。运用之妙，存乎一心"。

道理非常简单，战场形势瞬息万变，作战对象形形色色，如果执一定之规，应无穷之敌，不知变通，机械保守，就一定会遭致败绩，沦为笑谈，如同北宋武学博士何去非《何博士备论》所言："法有定论，而兵无常形。一日之内，一阵之间，离合取舍，其变无穷。一移踵、瞬目，而兵形易矣。守一定之书，而应无穷之敌，则胜负之数戾矣。"历史上学《孙子兵法》、用《孙子兵法》的人非常多，可是，有不少人由于不懂得这个道理，食古不化，一味迷信兵学教条，不但没有帮助自己在战场上克敌制胜、建功立业，反而大败亏输、覆军杀身，沦为纸上谈兵的反面典型。像三国时的马谡，他对《孙子兵法》可谓稔熟于心，倒背如流，其在街亭之役中行军布阵，处处遵循《孙子兵法》的要求。《兵法》要求军队屯驻宜"居高向阳"，他就部署军队于高丘之上，声称"居高临下，势如破竹"。别人提醒他山上无水源，若遭敌军包围，就容易陷入不战自乱的困境，他又拿出《孙子兵法》的话来作依据，"投之亡地然后存，陷之死地然后生"。马谡忘了自己的对手乃号称"曹魏五虎上将"的宿将张郃，人家走过的桥比他走过的路还长，吃过的盐比他吃过的米还多。若不拘泥于《孙子兵法》，马谡尚不至于败得如此不堪，而拘泥教条，则输得惨到把自己的命都给搭进去了。

第五，关注与致力于实现经典价值的超越性。

《孙子兵法》是一部成书于2500多年前的兵学著作，它之所以在今天还为人们所热爱、阅读，自是因其拥有独特的魅力，具有时空的超越性。更为重要的是，它已超越了单纯的军事领域，具有了哲学意义上的普遍性价值。对此，前人早已指出："言言硕画，字字宏谟，上筹国计，下保民生，实以佐大学治平之未逮者。"（杨谦《武经三子体·注序》）从本质上讲，《孙子兵法》是一部哲学著作，是一种思想方法论，充满哲学启迪与人生智慧。像在理想层面的"求全"和在操作层面的"取偏"，就是孙子朴素辩证思维的理性表现之一。

中国文化在某种意义上也可以称为"求全"文化，追求万全、争取圆满是人们孜孜以求的理想目标，它渗透于社会生活的各个方面，影响着广大民众的心态意愿。似乎只有"万全""圆满"，才算是实现人生理想的极致，达到事物发展的最佳状态。

在这样的"求全"文化氛围笼罩之下，孙子同样对"全"情有独钟。《孙子兵法》十三篇中，孙子提到"全"的地方有十余处，如"知彼知己，胜乃不殆；知天知地，胜乃可全①""兵不顿而利可全""自保而全胜""全国为上""全军为上"等，可见"全"在孙子的兵学理论体系中具有十分重要的意义。

能有这样的境界，孙子无疑是崇高的理想主义者，的确了不起。但更加了不起的是，孙子同时还是一位清醒的现实主义者。在他的心目中，"求全"只能是一面旗帜、一种理想、一个口号，如果过于拘泥于"全胜"，而忘记了战争厮杀这一残酷的事实，将"理想"同"实际"简单地等同起来，则不免是"迂远而阔于事情"，自欺欺人了。换言之，孙子已清醒地认识到，一味追求万全之策是不现实的，因为"先作万全之计，然后图彼。得之则大克，不得则自全""全胜不斗，大兵无创"云云，只能将其

---

① 《十一家注孙子》写作"不穷"。

看作是一种理想的追求，事实上很难有真正的万全，更不应为追求万全、争取圆满而患得患失、瞻前顾后、投鼠忌器、优柔寡断，以致错失战机，陷于被动，与成功失之交臂，图虚名而处实祸。

正因为孙子早已将这层关系明了于胸，所以他在高举"全胜"这杆大旗，在理念上汲汲追求万全之策的同时，在具体操作的层面上一直磨砺"战胜"这把尖刀，注重"取偏"的实效，特别强调突出重点，剑走偏锋，主张集中兵力，发挥优势，寻找突破口，各个击破，在此基础上扩大战果，克敌制胜，"故为兵之事，在于顺详敌之意，并敌一向，千里杀将"。他指出战略家最大的过错，在于不分主次、轻重和缓急，眉毛胡子一把抓，西瓜芝麻随地捡，"故备前则后寡，备后则前寡，备左则右寡，备右则左寡，无所不备，则无所不寡"。

由此可见，在"兵圣"孙子那里，理想上求"全"与操作上重"偏"是高度统一的。孙子真正明白了"舍得"这层道理，得与失是辩证的，舍得舍得，说到底是有舍才有得，所以孙子强调五"不"："途有所不由，军有所不击，城有所不攻，地有所不争，君命有所不受"——决不能为求"全"而大包大揽，决不应为"全胜"而放弃"战胜"，一切要突出重点、抓住关键，"以正合，以奇胜"。应该说，孙子这种剑走偏锋的思维方式充满深邃的哲理精髓，老子说"多则惑，少则明"，其中所体现的精神旨趣，正与孙子"无所不备，则无所不寡"的基本理念相吻合。

很显然，孙子有关"求全"与"取偏"平衡统一的辩证思维，反映了理想与实际的统一，终极目标与阶段任务的统一。这在今天也是很有价值的，不无重大的启发意义。它提醒人们，凡事都要设立一个远大而崇高的理想目标，朝着"尽善尽美"的方向积极努力，但是在实际操作过程中则要摆正位置，放低身段，调整心态，尊重客观现实，不抱超越个人能力与水平的企冀，特别要防止出现一味求稳求全、事事渴望圆满的行为方式。

这包括计划方案制订上的面面俱到、方方皆足，博弈竞争活动中的通吃不漏、竭泽而渔，人才选拔任用上的求全责备、等量齐观等。在具体的运作过程中，我们更有必要借鉴孙子的用兵真艺术、人生大智慧，分清缓急，甄别主次，开拓重点，把握关键，集中兵力，各个突破，先捡西瓜，后捡芝麻，千万不可不分重点地到处撒网，平均使用力量，导致捡了芝麻丢了西瓜，甚至芝麻、西瓜统统丢光的局面发生。

第六，要克服生搬硬套、无类比附的倾向。

这个问题在《孙子兵法》的借鉴与运用上特别突出，在经济领域可谓泛滥成灾。不少人把《孙子兵法》奉为神明，当作包医百病的灵丹妙药，动辄将《孙子兵法》的兵学原理和经营管理等经济活动加以联系，不分青红皂白一一予以对应。这就属于乱贴标签，胡乱应用。我们说《孙子兵法》对今天的生活有启示，这主要是就其思想方法论的意义而言，而不是指可以把孙子哪条具体的用兵之法拿来与经济活动方凿圆枘，试图对号入座，否则便是生搬硬套、无类比附。

说到底，兵法的根本属性在于一个"兵"字，讲的是用兵之法，是战场上一种你死我活的斗争艺术、胜负策略，它是针对敌人而不是针对自己人的，是为了解决敌我矛盾而制定的。因为战争的根本目的就是八个字：消灭敌人，保存自己。我们为了战场上克敌制胜，就不妨用诡诈的手段去实现自己的战略意图，换言之，为了达到目的，可以不择手段。然而，商业竞争与企业经营管理过程中也会产生各种各样的矛盾，但是，这类矛盾乃是非对抗性矛盾，从性质上说，是属于"人民内部矛盾"的范畴，因此，商业经营、企业管理都要讲诚信，要讲利益均沾。换言之，战争是讲求独胜，而管理与商业是诉诸双赢、多赢，双方是一个互动的关系，即所谓"多一个朋友多一条路，多一处市场多一份机会"。所以我们不能混淆两类不同性质的矛盾，不能不加区别地将《孙子兵法》中的"诡诈之道"

运用到企业管理和商业运作中去，否则就会"道德无底线，游戏无规则"，丧失是非之心、感恩之心、敬畏之心，只剩下凉薄的功利之心，从而出现道德的大滑坡，造成十分严重的诚信危机。总之，"兵以诈立"，决不可简单地比附为"商以诈立"。

当然，像道听途说、夸大神化、虚张声势、自吹自擂之类的做法，就更要加以摒弃。从弘扬中华优秀的传统文化的层面讲，《孙子兵法》的确是件拿得出手的宝贝。但是，有些人流传的不少"故事"，都是捕风捉影，如说拿破仑读了《孙子兵法》发出怎样的感慨，说德国皇帝威廉二世读了《孙子兵法》又有什么样的赞叹，全然是无中生有。至于讲老布什打海湾战争的时候床头只放两本书，其中一本就是《孙子兵法》，以及讲美国海军陆战队人手一册《孙子兵法》等，说得云山雾罩、绘声绘色，更是胡编乱造。这些"故事"以讹传讹，谬种流传，造成了很不好的影响。至少在海外孙子研究的同行当中，会觉得中国人有打肿脸充胖子的嫌疑，太没修养。

第七，重视《孙子兵法》与西方军事学的比较阅读与研究。

在今天，重视《孙子兵法》与西方军事学经典著作的比较研究，是我们更好地阅读与理解《孙子兵法》的一个重要环节。

《孙子兵法》与西方军事著作在语言体例、逻辑概念梳理、形象描述等方面存在着很大的差异，是两类军事文明的产物。但是，"百川异源，而皆归于海；百家殊业，而皆务于治"，万变不离其宗，中西方军事学的基本核心问题，可以说是旨趣一致、异曲同工的，这集中呈现为以下几个方面。

一是在价值理念上，"慎战""备战"是中西方战争观念上的普遍取向。孙子说："兵者，国之大事，死生之地，存亡之道，不可不察也。"检阅西方代表性的军事学著作，我们能发现，既"重战"，又"慎战"，也是西方战争观念的基调与主旋律。如克劳塞维茨说："如果说流血的屠杀是残酷可怕的，那么这只能使我们更加严肃地对待战争，而不应该使我们出于人道让佩剑逐渐变钝，以致最后有人用利剑把我们的手臂砍掉。"① 但是，与此同时，西方军事学家更普遍强调战争必须有所节制。英国军事学家富勒说："战争可分为两大类：具有有限政治目的的战争和具有无限政治目的的战争。只有第一种战争给胜利者带来利益，而决非第二种。"② "作战的最终目标是歼灭敌人这种有害的信条，在理论上否定了战争的真正目的，即建立更加美好的和平生活。"③ "战争中野蛮的行为是不划算的，不要使你的敌人陷入绝望，尽管你会赢得战争，但是那样几乎会拖延战争，造成财产和人员的更大伤亡，这本质上来说对你是不利的。"④ 这与《孙子兵法》中的"归师勿遏，围师必阙，穷寇勿迫"思想一致，是完全符合政治生态学的一般原理的——"除恶不能务尽"，留有对手，恰恰是自己得以生存的前提。

二是中西方都强调精神要素在战争中发挥的关键性作用，认为军队的精神风貌是战争取胜的关键。《孙子兵法》认为，战争的胜负首先取决于"道"——"道者，令民与上同意也"，强调"上下同欲者胜""修道而保法"，做到政治清明、上下和谐、内部团结。而战争指导者要鼓舞斗志、振奋士气，就要能够在精神层面上，让士卒们置身于无路可退的绝境，使其在求生的本能驱使下，奋不顾身，死不旋踵——"投之无所往，死且不北，死焉不得，士人尽力"；这就是所谓的"善用兵者，携手若使一人，不得已也""投之亡地然后存，陷之死地然后生"！成功的要诀首先是精神

① ［德］克劳塞维茨，中国人民解放军军事科学院译：《战争论》，解放军出版社，2021年版，第289页。
② ［英］富勒，绽旭译，周驰校：《战争指导》，解放军出版社，2014年版，第4页。
③ ［英］富勒，周德等译：《装甲战》，解放军出版社，2016年版，第54页。
④ ［英］富勒，绽旭译，周驰校：《战争指导》，解放军出版社，2014年版，第4页。

上对对手的彻底碾压，使对手完全丧失抵抗的意志，自甘失败，所谓"三军可夺气，将军可夺心"。在西方军事学家的心目中，军事力量的最核心要素，同样是精神层面的。克劳塞维茨说："物质的原因和结果不过是刀柄，精神的原因和结果才是贵重的金属，才是真正锋利的刀刃。"①"在战斗的过程中，精神力量的损失是决定胜负的主要原因。……因此，使敌人精神力量遭受损失也是摧毁敌人物质力量从而获得利益的一种手段。"②博福尔在《战略入门》中也说："要想解决问题，必须首先创造，继而利用一种情况使敌人的精神大大崩溃，足以使它接受我们想要强加于它的条件。"③

三是都强调以实力建设为本。军事实力是军队综合战斗力的具体表现，也是战争的物质基础。孙子主张"先为不可胜""不可胜在己"，做到"胜兵先胜而后求战"，在此基础上，则要积极寻求和利用敌人的可乘之机，即所谓"以待敌之可胜""不失敌之败也"，一旦时机成熟，便果断采取行动，乘隙捣虚，以压倒性的优势，予敌人以致命的打击，"故胜兵若以镒称铢""胜者之战民也，若决积水于千仞之溪者，形也"。孙子认为唯有如此，才是真正"能为胜败之政"。西方军事学家的认识同样如此。如克劳塞维茨就指出："任何一次出敌不意都是以诡诈（即使是很小程度的诡诈）为基础的。……（诡诈）这些活动在战略范围内通常只起很小的作用。"④

四是都强调将帅为军队的灵魂，将帅的素质直接关系战争的胜负。孙

---

① ［德］克劳塞维茨，中国人民解放军军事科学院译：《战争论》，解放军出版社，2021 年版，第 179 页。
② ［德］克劳塞维茨，中国人民解放军军事科学院译：《战争论》，解放军出版社，2021 年版，第 246 页。
③ ［法］安德烈·博福尔，军事科学院外国军事研究部译：《战略入门》，军事科学出版社，1989 年版，第 8 页。
④ ［德］克劳塞维茨，中国人民解放军军事科学院译：《战争论》，解放军出版社，2021 年版，第 206 页。

子对将帅的作用和地位予以充分的肯定，把他看作保证战略目标实现的重要条件，提出"将者，国之辅也。辅周则国必强，辅隙则国必弱""故知兵之将，生民之司命，国家安危之主也"。西方军事学家的认识也是相似的，如若米尼就强调："一个统帅的高超指挥艺术，无疑是胜利的最可靠的保证之一，尤其是在交战双方的其他条件都完全相等时，更是如此。"[1]不仅对将帅提出高素质的要求，孙子还主张将帅应该具备"智、信、仁、勇、严"等"五德"，强调将帅要做到"静以幽，正以治""进不求名，退不避罪，唯人是保，而利合于主"；而若米尼则把将帅所需要的最核心的素质归纳为两大类："一个军队总司令的最主要素质，永远是：（一）具有顽强的性格与勇敢的精神，能够做出伟大的决定；（二）冷静沉着，或具有体魄上的勇气，不怕任何危险。"[2]克劳塞维茨则说："战争是充满不确实性的领域。战争中行动所依据的情况有四分之三好像隐藏在云雾里一样，是或多或少不确实的。因此，在这里首先要有敏锐的智力，以便通过准确而迅速的判断来辨明真相……要想不断地战胜意外事件，必须具有两种特性：一是在这种茫茫的黑暗中仍能发出内在的微光以照亮真理的智力；二是敢于跟随这种微光前进的勇气。前者在法语中被形象地称为眼力，后者就是果断。"[3]为了使将帅发挥作用、提高效率，很重要的保证，是将帅拥有战场的机断指挥权力，所以，他们都反对"将从中御"。孙子提倡"君命有所不受"，主张"战道必胜，主曰无战，必战可也。战道不胜，主曰必战，无战可也"。在西方，"君命有所不受"这一原则同样得到肯定，如拿破仑的话就堪称真知灼见："总司令不能借口大臣或国王的命令来掩饰

---

① ［瑞士］A.H.若米尼，刘聪、袁坚译：《战争艺术概论》，解放军出版社，1988年版，第62页。

② ［瑞士］A.H.若米尼，刘聪、袁坚译：《战争艺术概论》，解放军出版社，1988年版，第74页。

③ ［德］克劳塞维茨，中国人民解放军军事科学院译：《战争论》，解放军出版社，2021年版，第51—53页。

自己的罪过，因为大臣或国王都远离战场，他们很少知道或完全不知道当时的战争局势。任何一个总司令，如果明明知道计划不好，而且有致命的危险，却仍然着手执行这个计划，那么，这个总司令就是罪犯。"①

五是主张集中优势兵力，在决定性的地点投入决定性的力量。孙子明确主张"分合为变""以十击一"，强调"并敌一向，千里杀将"。集中兵力，将决定性的力量投入决定性的地点，这也是西方军事学家的共识。克劳塞维茨就一再强调集中兵力为"最普遍的制胜因素"："必须在决定性的地点把尽可能多的军队投入战斗。"②由此可见，《孙子兵法》与西方军事学术理论的一致与相似，远远胜过所谓的"差异"与"对立"，我们应该充分看到它们的这种一致性，从而更好地认识中西方军事思想文化中那些超越时空的价值，并从中得到启迪。

英国军事学家富勒曾经这么说过："世界上没有绝对新的东西，我曾说过，学员只要研究一下历史，就可看出，战争的许多阶段将再次采用基本相同的作战形式。只需进行一些研究和思考，就会认识到，过去所采用的所有战略和战术，自觉或不自觉地都是根据军事原则制定的……无论军队是由徒步步兵、骑兵，还是由机械化步兵组成，节约兵力、集中、突然性、安全、进攻、机动和协调等原则总是适用的。总之，摩托化和机械化只是改变了战争的条件，即改变了将军使用的工具，而不是他的军事原则，这一点是显而易见的。"③这是从时间的角度说明军事学基本原则的永恒性、稳定性，从这个意义上讲，《孙子兵法》一书是魅力长存、永葆青春的，是可以常读常新的。

北宋时期武学博士何去非曾著有《何博士备论》一书，其中关于阅读

① ［法］拿破仑，陈太先译，胡平校：《拿破仑文选》（上册），商务印书馆，1980年版，第351页。
② ［德］克劳塞维茨，中国人民解放军军事科学院译：《战争论》，解放军出版社，2021年版，第194页。
③ ［英］富勒，周德等译：《装甲战》，解放军出版社，2016年版，第13页。

和利用《孙子兵法》等中国兵学典籍的观点，堪称卓越的见识。其中，在《何博士备论·霍去病论》里面，他讲到的一段话，我觉得是我们今天理解和运用《孙子兵法》，包括现代社会竞争当中掌握先机、把握主动地位的一把钥匙，非常富有启示性的意义。他强调"不以法为守"，就是不要死守教条，"而以法为用"，即要把它灵活运用；"常能缘法而生法"，就是要根据"法"来生"法"，在大家普遍认同的军事原则上萌生出新的原则和战法来，"与时迁移，应物变化"；"与夫离法而会法"，表面上所做的事情似乎与固有的兵学原则有距离，但实际上真正的精神核心却是合法的，表面上似乎是矛盾的、有落差的，但是实际上却是一致的，是相吻合的。这才是读《孙子兵法》、理解《孙子兵法》、运用《孙子兵法》的最上乘的境界。也就是说，我们要把《孙子兵法》当作古代的哲学原理来看，不要把它当作一种教条，或者说标签来用。

第一部分

《孙子兵法》解读

一、以镒称铢：实力至上原则

要点提示：

多算胜，少算不胜，而况于无算乎！（《计篇》）

小敌之坚，大敌之擒也。（《谋攻篇》）

修道而保法，故能为胜败之政。（《形篇》）

胜兵若以镒称铢，败兵若以铢称镒。（《形篇》）

军无辎重则亡，无粮食则亡，无委积则亡。（《军争篇》）

战国时期田忌赛马的故事，可谓是流传广泛、家喻户晓。当时，齐将田忌与齐威王赛马，田忌用自己的上等、中等、下等马分别与齐威王的上等、中等、下等马比赛，结果屡赛屡败。后来，田忌听从孙膑的计策，用上等马与齐威王的中等马比，用中等马与齐威王的下等马比，用下等马与齐威王的上等马比，结果以二比一获得胜利。这个故事说明了一个简单的道理：在对抗性角逐中，没有实力不行——田忌败于齐威王就是因为实力不济；但是，只有实力，不懂谋略也不行——齐威王败于田忌就是因为谋略失着。

战争亦是如此，它不仅是作战双方实力的对抗，也是智谋的较量。实力与智谋，是获得战争胜利的两个基本条件，缺一不可。兵圣孙武对此有着深刻认识。他既是一位实力论者，又是一位谋略大师。大家一般认为《孙子兵法》是讲谋略的，即诸葛亮所谓"战非孙武之谋，无以出其计运"。这话当然没有错，但是并不全面。因为《孙子兵法》固然重谋略，可又不仅讲谋略，也非常注重实力。它跟《三十六计》最大的不同，就是《三十六计》纯粹是玩"空手道"，做无本钱的买卖，而《孙子兵法》却强调谋略的确重要，但是必须以强大的实力作为基础。没有实力，谋略也成了空摆设，发挥不了应有的效用，所以在孙子看来，两者要有机地统一起来。

在《孙子兵法》一书中，孙子是谋略与实力并重的。一方面，他认为用兵打仗要运用谋略，做到四两拨千斤，即"计利以听，乃为之势，以佐其外。势者，因利而制权也"（《计篇》），"运兵计谋，为不可测"（《九地篇》），他还主张"上兵伐谋""兵以诈立"，追求"不战而屈人之兵"的理想境界。另一方面，他又十分重视实力，认为双方实力的对比决定了战争胜负的最后归属："地生度，度生量，量生数，数生称，称生胜"（《形篇》）。孙子把实力视为决定战争胜负的基本条件，并对如何加强自身实力阐明了自己的看法，从而形成了谋力并重的兵学特征。综观《孙子兵法》全书，都是围绕着实力与谋略这两个基本问题展开的：一是如何壮大自己、削弱敌人、以镒称铢的实力问题；二是如何因敌而变、避实击虚、出奇制胜的谋略问题。

孙子这种辩证思想方法论，对我们今天从事任何工作都是有启发意义的：参与现代社会竞争既要讲竞争艺术，运用智慧角逐于人生舞台，发挥主观能动性去创造机遇；同时也要注重自身实力的积累，"任凭风浪起，稳坐钓鱼船"，在残酷的人生竞争中牢牢地立于不败之地。

"五事七计"预知胜负

"清水出芙蓉，天然去雕饰"，最深刻的哲理往往是最朴素的。返璞归真、大智若愚是真正有大智慧的象征。孙子的高明之处在于他善于用最浅显的道理、最明快的语言，阐述最精深的道理。不故弄玄虚，不贩卖名词，是他的兵法深入浅出、雅俗共赏，风靡数千年并传播海内外的奥妙之所在。在这种境界面前，那些动辄祭起不知所云的"话语""范式"法宝，扯虎皮作大旗的"后现代"理论家们实在应该脸红耳烧才对！

用兵打仗先要算计，这是最基本的常识。但是，计算哪些细目，怎样进行计算，却大有讲究，差别太大了，这叫作"戏法人人会变，各有巧妙不同"。一类是占卜算卦、装神弄鬼的巫觋祝史，他们的算法最原始却最神秘，即通过灼烧乌龟壳或者排列蓍草的方法预测战争的吉凶，揣度胜负的归属。《史记·龟策列传》称它是"灼龟观兆，变化无穷""卜筮至预见表象，先图其利"。此外，星占、五行占、梦占、六壬、遁甲、太乙等，也是这一类算法中的支派衍流。这种算法通常叫作"卜筮"，主要流行于我国历史上的夏、商、西周时期，显然是古代宗教迷信观念在军事预测领域的反映。它靠主观想象，牵强附会，随意比附，表面上幽深奥妙，实际上却荒诞不经，与其说是预测胜负，不如说是在撞大运，算不准可以文过饰非，偶尔碰巧凑上了则不妨大大吹嘘一番。先秦时期，这类算法曾风靡千百年，秦汉之后，虽然风头不如以前强劲，但是在打仗的指挥官那里还是很有市场的。如"顺时而发，推刑德，随斗击，因五胜，假鬼神而为助者"的"兵阴阳家"，俨然成为兵学四大宗派之一，《三国演义》中的诸葛亮亦人亦神，《水浒传》中的公孙胜撒豆为兵，以及李淳风、袁天罡、刘伯温等人的神奇莫测，便可知用"卜筮"预测战争前景对于古代人来说，犹如"芝麻开门"

的魔咒一样，始终是有一定吸引力的。对当时的人的这种无知愚昧，我们可以悲悯，却无法改变。

儒家有关战争成败的算法最富道德正义感，但同时也较为天真。在文圣人孔子和他的接班人"亚圣"孟子看来，决定战争胜负的关键因素是道义，所谓"得道者多助，失道者寡助。寡助之至，亲戚畔之；多助之至，天下归之。以天下之所顺，攻亲戚之所畔，故君子有不战，战必胜矣"。而道义的核心，是民心向背，"天时不如地利，地利不如人和"。要收拢民心，取决于行"仁政"，搞"德治"。这是最强大的精神原子弹，威力无比，任凭你有强大的军队，任凭你有快刀利剑，遇上我"仁政"这杆大旗，一定溃不成军！用孟子的话说，便是"可使制梃以挞秦楚之坚甲利兵矣"！可惜的是，历史上没有用空洞的道德仁义打赢战争的事例。那位憨态可掬的宋襄公曾经想这么玩上一把，结果没有玩成倒先把性命赔上了。由此可见，这种有关战争的算法需因时因地而变。

法家的算法则是注重力量，迷信武力。它关于战争胜负的计算公式是，谁农业搞得好，经济强盛，谁就能组建一支强大的军队，有了强大的军队，加上用严刑峻法约束将士，用钱财官爵鼓励将士，那么就没有打不败的敌人，就没有攻不下的城池，就没有征服不了的国家。在积极主战的法家眼里，战争是包治百病的良药，是统治国家、稳定秩序、发展实力的捷径，须臾不可离，片刻不可少，可谓"拳头出真理，刀剑定是非"。应该说，法家的算法最是坦率、简洁，没有虚与委蛇的矫情，没有欲说还休的扭捏，而是直奔主题、实话实说。它无疑有一定的道理，至少比巫师神道的算法要准确，比儒家的算法要真实。然而，正如常言所说，真理越过一步也就变成了谬误。法家算法的致命伤在于单纯迷信军事实力，而忽略了制约战争的其他要素，如民心背向、政治教化等。所以，这样的做法也许能暂时得天下，所谓"秦皇扫六合，虎视何雄哉。挥剑决浮云，诸侯尽西来"①，但往往因其后患过多而无法长久维系，免不了"一夫作难而七庙隳，身死人手，为天下笑"②。从根本的战略利益衡量，法家有关战争胜负的算法同样存在着问题。

孙子的算法与上面所说的各家算法都有不同。作为兵家的真正创始人和代表者（姜太公虽被后人尊奉为兵家"本谋"，但他有实践而无理论体系传世，只能算作是兵家之先驱），孙子的思想最能体现中国人文传统中的理性精神：不懂兵道，不会打仗，那么"人为刀俎，我为鱼肉"，人家就会杀上门来欺负你，生命财产难以保全，政权社稷危若累卵。但是，打仗可不是一件好玩的事情，既不轻松，也不愉快，它意味着鲜血滚滚流淌、财富灰飞烟灭。所以孙子提出了一个既能正视战争现实，又能减轻战争灾难的战略预测方案——不同于巫史神祝的猜谜游戏，也不同于法家对暴力的迷信，更不同于老子、孔子的道德空谈，有的只是最普通、最平凡却又最实用、最高明的计算公式。

孙子重视实力，把实力作为预测战争胜负的基本条件。他提出了预测战争胜负的"五事七计"法。所谓"五事七计"法，具体地讲，就是从五个决定战争胜负的基本要素着眼，通过对敌我七个方面的具体比较，从而对战略态势优劣做出正确的评估，在此基础上对战争的可能结果做出比较合乎实际的预测，并据此制定好自己这一方的战略决策。这叫作"夫未战而庙算胜者，得算多也"。

决定战争胜负的五个基本要素，孙子概括为：道、天、地、将、法。"道"是政治条件，就是国内政治清明，上下和谐；在战争问题上，高居庙堂的统治者和身处草莽的老百姓形成共识，心往一处想，劲儿往一处使，

---

① 李白：《古风》之三。
② 贾谊：《过秦论》。

至少也要做到不唱反调，不能有意作梗。"天"与"地"，都是讲战争的自然环境，要拥有有利的天时、地利条件，把握住战场的主动权。"将"讲的是军队的统帅问题，将帅作为一支军队的灵魂，他的素质、才能直接关系着军队战斗力的发挥，正所谓"兵熊熊一个，将熊熊一窝""置将不善，一败涂地"，所以它理所当然地成为衡量双方军事实力、预测战争胜负的重要因素。至于"法"，同样十分重要，合理的编制、有力的保障、适当的赏罚是任何军队从事军事活动过程中不可缺少的要素。我们很难设想，一群乌合之众能在没有法纪的约束、做不到令行禁止、单凭血气之勇的情况下成就大事。从这个角度，三国时期的大政治家、军事家诸葛亮才这么说："有制之兵，无能之将，不可以败；无制之兵，有能之将，不可以胜"。孙子把健全军队法制看作克敌制胜的基本保证。

近代德国著名军事理论家克劳塞维茨在其不朽之作《战争论》中，曾把"决定战斗的运用的战略要素"区分为"精神要素、物质要素、数学要素、地理要素和统计要素"。他指出："任何战斗都是双方物质力量和精神力量以流血的方式和破坏的方式进行的较量。最后谁在这两方面剩下的力量最多，谁就是胜利者。"[1]孙子的"五事"实际上已经包含了克劳塞维茨所列举的战略要素，进入了宏观的大战略思维层次，既考虑到物质因素，也注重精神因素。美国著名战略学家柯林斯说，大战略是在各种情况下运用国家力量的一门艺术和科学，如果单凭武力，那将是十分愚蠢的。只有政治、经济、文化、心理、外交、社会全方位地配合起来，有机结合才能最终赢得战争的胜利。孙子的"五事"衡量法，说到底就是一门正确运用"国家力量"的艺术和科学，立足于军事，又不局限于军事，而是讲道、天、地、将、法等综合因素。孙子的"五事七计"法，印证了一条普遍的战争原则：

---

① ［德］克劳塞维茨，中国人民解放军军事科学院译：《战争论》，解放军出版社，2021 年版，第 246 页。

"不谋全局者，不足谋一域。"因为全局能决定局部的成败与得失，而局部的成败和得失有时并不能对全局起决定性的影响。孙子"五事"的奥秘正在于用全局的角度来审视战争。

如果说"五事"的重心在于战前全面了解敌我双方的基本战略要素，那么，孙子讲"七计"的宗旨则在于对这些战略要素的优劣进行仔细的考察比较，"校之以计，而索其情"，"主孰有道？将孰有能？天地孰得？法令孰行？兵众孰强？士卒孰练？赏罚孰明？吾以此知胜负矣"。(《计篇》)看一看究竟哪一方的君主政治更清明？哪一方的将帅素质更优秀、更有才能？哪一方拥有天时地利？哪一方的法令更能够准确地贯彻执行？哪一方的武器装备更坚利精良？哪一方的士卒更训练有素、骁勇善战？哪一方的赏罚更公正严明，可以令行禁止？正确地估量敌我双方的态势，在此基础上做出正确的判断，做出正确的决策，制定正确的作战方案。

韩信著名的"汉中对"是对孙子"五事七计"理论的一个很好的实践。秦朝末年，农民大起义推翻了秦王朝的残暴统治，西楚霸王项羽凭借实力号令天下，大封诸侯。刘邦被封为汉王，统治巴蜀、汉中等偏僻之地。楚汉相争，谁将执天下之牛耳？面对楚强汉弱的现实，"汉初三杰"之一的韩信，以战略家的深邃眼光对楚汉战争进行了预测。

韩信既是能谋善断的谋士，又是统兵作战的良将。韩信始随项羽，不被重用，后转投刘邦，对楚汉战争的基本态势和发展趋势有着清醒而深刻的认识。他既能看到楚强汉弱的客观现实，肯定项羽在诸多方面占有绝对优势，同时又能够透过项羽表面的强大看到其致命的弱点；既能看到刘邦虽然兵力上相对弱一些，又能看到他在政治上拥有的真正优势，从而为刘邦制定了正确的战略。

韩信认为项羽的优势有三方面：一是骁勇善战，"喑恶叱咤，千人皆废"；二是"霸天下而臣诸侯"，地盘广大，实力雄厚；三是对部下慈爱，

"言语呕呕，人有疾病，涕泣分食饮"。项羽的致命缺陷主要有六点：一是刚愎自用，"不能任属贤将"，乃"匹夫之勇"；二是吝惜封赏，只有"妇人之仁"；三是"背义帝约"，失信于天下；四是任人唯亲，"以亲爱王，诸侯不平"；五是在地理上"不居关中，而都彭城（今江苏徐州）"；六是诛杀无度，"所过无不残灭"，天下多怨，百姓不亲附。由此得出结论，"其强易弱"。刘邦的优势是：遵诸侯之约，先入关中，理应为主，却被项羽逐入汉中，秦民怨恨项羽而同情刘邦；刘邦入关后，与民约法三章，深得民心拥戴。在此基础上，如能反项羽之道而行之，任天下勇武，封赏功臣，就会转弱为强，无往而不胜。这就为刘邦战胜项羽提供了可靠保证。通过对敌我双方的综合比较，韩信预见了刘邦由弱转强、统一天下的乐观前景："今大王举而东，三秦可传檄而定也。"为处于逆境之中的刘邦树立起必胜的信心。

韩信在正确分析和科学预测楚汉战争的基本态势和发展趋势的基础上，为刘邦争夺天下、完成统一提出了具有真知灼见的战略规划。刘邦遵循韩信提出的既定战略，"部署诸将所击"，"明修栈道，暗度陈仓"，一举攻入关中，又经过数年的血腥征战，转弱为强，最终大破楚军于垓下，迫使曾经不可一世的西楚霸王项羽自刎于乌江之畔，夺取了楚汉战争的胜利，在累累白骨上建立起强盛的西汉王朝。

孙子"五事七计"理论的另一个例子是东汉末年曹操抗击袁绍的官渡之战的战略决策。东汉末年，在黄河南北的广大地区逐渐形成了袁绍、曹操两大军事集团。两雄不能并立，双方的决战宛如箭在弦上，势在必行。到了汉献帝建安四年（公元199年）左右，袁绍已经基本占有了黄河以北的全部地区，拥兵数十万，麾下谋士成群，猛将如云，处于进可以攻、退可以守的有利战略地位。他踌躇满志，顾盼自雄，决定同曹操豪赌一把，遂集结起冀、并、幽、青诸州十万精兵，计划执行南下进攻曹操大本营许昌的方案，以实现其吞并中原的目的。这一消息传到许昌，曹操不敢怠慢，马上召集部将商议，认真计算，仔细筹谋，制定应付袁绍进犯的具体对策。曹操胸有成竹，一针见血地指出袁绍一方的致命弱点：袁绍志大而缺乏智谋，色厉而胆略不足，易猜忌而没有威望，兵多而不善指挥，将骄而各存私心，土地和粮食虽多，但都是为我准备的，不过是我们的"运输大队长"罢了。谋士荀彧也指出：袁绍兵员虽多但不整治，谋士田丰刚正不阿且经常犯上，许攸贪婪且不够聪明，武将审配专横而缺少谋略，逢纪果断但没什么用，这些人彼此不能相容，必生内变。大将颜良、文丑是匹夫之勇，可以一战而擒杀！

曹操和他的部属们从双方主帅、将领、政策、武器装备、士兵素质、组织纪律，以至赏罚等各个方面做了详尽的对比分析后，一致得出这样的结论：双方战争的整个形势有利于自己一方而不利于对手袁绍。在这一战略预测的基础上，曹操最后果断做出决定：集中兵力，抗击袁绍来势汹汹的进攻。于是，官渡决战的帷幕就拉开了。在战争过程中，曹操根据既定的战略方针，灵活主动地打击敌人，通过乌巢烧粮的奇招，一举掌握战争的主动权，终于夺取这场战略决战的胜利，进而统一了中原地区。显而易见，曹操之所以在官渡之战中笑到最后，是因为他遵循了孙子"五事七计"的战略预测和运筹思想，在战前算得精细、高明。

还有一个例子是东晋十六国时期，前秦国主苻坚发动淝水之战的战略决策。公元383年，苻坚自恃兵多将广，不顾群臣阻谏反对，亲率数十万大军，在东西长达数千里的战线上，水陆并进，声言要"投鞭断流"，企图一举吞并东晋，混同天下，然而最终却在淝水一带（今安徽境内）同东晋军队的战略决战中全面失败。这一结局的出现，固然有苻坚指挥不当的因素，但归根结底，最重要的原因是苻坚本人在战前筹划中主观武断、一意孤行，算法上出现严重失误，没能用孙子"五事七计"的计算方法来算清和掌握敌我形势和预测战争胜负前景。明明是绝大多数臣下不与他"同意",反对贸然进攻东晋,可他却偏偏执意南伐,梦想着一统天下;明明内部不稳,士气低落,"兵众"不强,慕容垂等异族部将怀有"他志"、居心叵测,他却偏偏要锐意轻进,企图毕其功于一役;明明不熟悉南方地区的气候条件、地理环境,不知道东晋的各种情况,水师力量远不如对手,军队缺乏系统训练,他却偏偏要舍长就短、轻举妄动。这样失败的种子便深深地埋下,加上具体作战指挥上的失误,于是"风声鹤唳,草木皆兵"就不可避免了。这也恰好从反面证实了孙子"五事七计"战争算法的高明卓越,表明违背它必然会遭受失败。

战争实践表明,孙子预测战争胜负的"五事七计",的确是定谋决策、用兵打仗的客观基础,就像唐代杜牧所说:"其孙武所著十三篇,自武死后凡千岁,将兵者有成者,有败者,勘其事迹,皆与武所著书一相抵当,犹印圈模刻,一不差跌。"①

以镒称铢,以碫投卵

实力是力量之源、谋略之基、胜利之本。纵观古往今来的历次战争,无一不是力量强大的一方战胜力量弱小的一方。即使本来是弱小的一方,要战胜力量强大的一方,也是通过各种各样的手段,逐渐完成优劣、强弱态势的转换,使得自己的力量最后从总体上超过了最初力量强大的一方而实现的。崇尚谋略的结果,好处就是同等条件下可以占得上风,但是等到自身的实力整个落后于对方的时候,任何谋略也挽救不了大局。比如鸦片战争的时候,一百部《孙子兵法》也难以改变清政府被英国打败的命运,用

---

① 杜牧《注孙子序》。

落后太多的武器和观念去和近代工业化的国家打，打一次就败一次乃是必然的结果。

洞悉战争禅机的孙子，对此自然认识得更为深刻。他在《形篇》中专门阐述了军事实力在战争中的地位和作用，以及军事实力的运用原则和建设的方法与途径。往细处讲，"先为不可胜，以待敌之可胜""胜兵先胜而后求战，败兵先战而后求胜""胜兵若以镒称铢"，这些是孙子拟定的实力政策；"守则不足，攻则有余"，即所谓的"强攻而弱守"，是孙子对军事实力的战略运用；"修道而保法"，是孙子有关发展军事实力的基本原则；而"善战者之胜也，无智名，无勇功""胜于易胜""不忒者，其所措必胜，胜已败者也"等，则是孙子所追求的实现实力政策所希望达到的上乘境界。孙子坚持认为，打仗不是卖弄小聪明，不可玩小伎俩。作为战争指导者，用心要老实，态度要端正，必须依据敌我双方物质条件的优劣和军事实力的强弱，灵活机动地采取进攻和防守两种不同的作战方式，"以镒称铢""决积水于千仞之溪"，来达到在战争中保全自己、消灭敌人的目的。

孙子的"实力为胜利之本"理论，在后世已为无数次战争实践所证明。先秦时期僻处西北一隅的秦国，之所以能后来居上，最后统一山东六国，关键就是依靠"农""战"两手，始终不渝地把发展军事实力放在重要的位置。秦孝公任用商鞅进行变法，开阡陌，废井田，致力耕战，推行"尚首功"的政策，遂使秦国迅速强盛起来，为秦国取得对山东六国的战略优势进而兼并天下打下了坚实的基础。秦国重视农业，奖励耕织，结果粮食充足，布匹够用，军队就养得多，士兵就吃得饱、穿得暖，打起仗来就特别有力气，特别有热情，便成了一支人见人怕的"虎狼之师"，实力已俨然凌驾于山东任何一国之上："秦地半天下，兵敌四国，被险带河，四塞以为固。虎贲之士百余万，车千乘，骑万匹，积粟如丘山。法令既明，士卒安难乐死，主明以严，将智以武，虽无出甲，席卷常山之险，必折天下之脊，天下有后服者先亡。"①。所谓"齐之技击不可以遇魏之武卒，魏之武卒不可以遇秦之锐士"云云，实际上就是秦国与山东六国相较占有实力优势的一个缩影。这样的军队在作战中自然是所向披靡，攻守皆宜的："山东之士披甲蒙胄以会战，秦人捐甲徒裼以趋敌，左挈人头，右挟生虏。夫秦卒与山东之卒，犹孟贲之与怯夫；以重力相压，犹乌获之与婴儿。"②总之，粮食产得多，打仗打得狠，两者相辅相成，就像一辆车子有了左右两只匹配的轮子，秦国横扫六合，一统天下，便水到渠成了，这叫作"奋六世之余烈，振长策而御宇内"！

汉武帝北逐匈奴也是一样的道理。当时匈奴占地面积很大，但人口稀少，只相当于汉朝的一个大县，开始打仗时，汉朝根本打不过它，汉高祖刘邦被匈奴大军围在平城白登山整整七天七夜，泱泱大国的面子都给丢尽了；吕后当政，冒顿单于送来书信，极尽奚落侮辱之能事，吕后读了气不打一处来，可想想自己技不如人，也只得"心字头上一把刀"——硬生生地忍了。文、景二帝先后上台，推行的还是低声下气的和亲政策——这当然不是汉王朝统治者自己所乐意干的，关键是汉朝军事实力有很大的欠缺，特别是汉朝的军队兵种建设跟不上对匈奴战争的需要。汉朝的军队多是步兵（材官）和车兵（轻车），机动性不强，而匈奴几乎是清一色的骑兵，来无影去无踪，机动性好，战斗力强，横行边地，屡战屡胜，"攻城屠邑，驱略畜产""杀吏卒，大寇盗"。而且匈奴人吃的是牛羊肉，又是在非常艰苦的环境中成长起来的，忍渴耐寒，身强体壮，所以汉军同他们交手总是落得下风。"险道倾仄，且驰且射，中国之骑弗与也"，可见实力不足是汉朝在双方军事对峙中处于不利地位的重要因素。为了改变这种劣势处境，中原王

---

① 《史记·张仪列传》。
② 《史记·张仪列传》。

朝自然需要适时地调整战略，把发展骑兵作为兵种建设的首要任务。汉武帝圆满地完成了这个历史性的任务，他当上皇帝后，把提高军事实力放在第一位，尤其是有针对性地优先发展骑兵。文、景帝留下四十五万匹苑马，凭借这一雄厚的物资力量，汉武帝又在京师军与地方军中扩建骑兵，拔擢善于指挥大集团骑兵作战的优秀将领，加大力度训练骑射技能。经过长期不懈的努力，一支战斗力很强的骑兵终于建立了起来，从而使汉匈战略态势发生了根本性的变化。在汉武帝之前的古代中国，车、步、骑、舟四大兵种之中骑兵是占第三位的，到了汉武帝时代，骑兵一跃成为第一位，超过了步兵和车兵，使中国古代骑兵完成了向战略军种的转变，成为军队中的第一主力兵种。据汉史资料记载，武帝元狩四年（前119年）春的进击漠北之战，仅卫青、霍去病两支部队出塞时，塞上登记的战马即达十四万匹，而元封元年（前110年），汉武帝巡行北地，"出长城……勒兵十八万骑，旌旗径千余里，威震匈奴"，可见此时汉军骑兵已十分强大。骑兵的发展及其在作战中的突出地位，标志着中国军事史上骑兵时代的到来。这在中国古代军队建设史上具有划时代的意义，对汉匈战争的最终结局更是发挥了关键的作用。

骑兵的主要特点是机动快速，"能离能合，能散能集，百里为期，千里而赴，出入无间"[①]，并具有强大而猛烈的突击力，类似现代由装甲机械化部队组成的"快速兵团"。汉武帝大规模发展骑兵进攻兵团，使之成为能够在战场上独立作战的主要兵种，这样就使得汉匈之间的战略态势发生了根本性的变化。汉军从此便能够以机动对付敌之机动；可以远程奔袭，能够实施迂回、包围、分割、围歼等各种战法，从而赢得战场上的主动优势地位。正是在这样的历史条件下，汉武帝先后成功地取得了五次大规模反击匈奴

---

① 《通典·兵典》。

战役的胜利，从根本上遏制住了匈奴贵族对北部中原地区的入侵和骚扰，使"匈奴远遁，而幕南无王庭"①，为多民族统一的中央集权制封建大帝国的巩固和发展做出了重要的贡献。这一回，轮到匈奴人伤心落泪、跺脚长叹了："亡我祁连山，使我六畜不蕃息；失我焉支山，使我妇女无颜色。"②

杜甫诗云"诸葛大名垂宇宙"③，称他"三顾频烦天下计，两朝开济老臣心""伯仲之间见伊吕，指挥若定失萧曹"④。但是不论诸葛先生怎样足智多谋、殚精竭虑，他六出祁山、北伐中原都无法避免"出师未捷身先死，长使英雄泪满襟"⑤的悲壮结局，其根本原因在于蜀汉与曹魏实力之比，实在是太过悬殊了。"起巴蜀之地，蹈一州之土，方之大国，其战士人民，盖有九分之一也"⑥，"众寡不侔，攻守异体"⑦，常言道，巧妇难为无米之炊，诸葛亮"连年动众，未能有克"⑧的命运乃是客观形势使然。

认识到军事实力在战争中的重要地位和作用，并不等于顺理成章地拥有了强大的军事实力，更不意味着能够放开手脚，淋漓尽致地运用和发挥自己的实力，在战场交锋中所向披靡，战无不胜。用孙子自己的话说，便是"不能使敌之必可胜""胜可知而不可为"⑨。孙子之所以比其他军事家高明，就在于他在认识军事实力重要性的基础上，又系统性地提出了发展实力、巩固实力、运用实力的具体方法。

一是修道而保法，从政治上加以保证。所谓"道"，就是清明的政治、

---

① 《汉书·匈奴传》。
② 《史记·匈奴列传》。
③ 《咏怀古迹五首·其五》。
④ 《蜀相》《咏怀古迹五首·其五》。
⑤ 《蜀相》。
⑥ 《太平御览·人事部》引张俨《述佐篇》。
⑦ 《三国志·蜀书·诸葛亮传》。
⑧ 《三国志·蜀书·诸葛亮传》。
⑨ 《孙子兵法·形篇》。

和谐的秩序，调动起广大民众和参战士兵的积极性，即《计篇》中所提到的"令民与上同意也，故可以与之死，可以与之生，而不畏危"，从而造就同仇敌忾、举国一致、勇于公战而怯于私斗的理想政治局面。所谓"法"，就是严格的制度、正确的法纪，表现为：赏罚公正严明，上下井然有序，士卒训练有素，用人唯才是举，办事有章可循。由此可见，"修道而保法"的核心便是修明政治，严肃法制，提高军队的凝聚力，鼓舞民众的士气，为夺取战争主动权创造必要的条件。不难设想，一个国家、一支军队如果离心离德，一盘散沙，还能算是有实力、有前途的吗？指望它们打胜仗不啻刻舟求剑、缘木求鱼，肯定会教人失望。

二是对敌我双方的实力进行综合对比和分析，在此基础上预见胜负，指导战争。孙子在《计篇》中提出了综合对比、衡量双方军事实力的具体标准，这就是"度、量、数、称、胜"，即从双方的所处地域位置、地幅面积大小、物质资源丰瘠、兵员数量多寡等客观情况，比较、分析双方军事实力的强弱关系，进而正确地预见战争胜负的趋势。按孙子本人的理解，实力上占有优势的一方，等于掌握了取胜的筹码，可以横扫千军如卷席，"胜兵若以镒称铢，败兵若以铢称镒"。孙子认为"度、量、数、称、胜"五个方面是依次相生、层层递进、链条式的因果关系，具有法则（也就是规律）的性质。所以，国家要增强自己的军事实力，要使自己的主观愿望符合这种客观的规则，紧紧地围绕这个因果关系来大刀阔斧地开展自己的军事实力建设。

三是根据战场情势的变化，采取相宜的攻守策略，积极主动、灵活多变地打击敌人，顺利实现敌我双方军事实力对比的变化。一般地讲，受种种主客观条件的制约，在临战之前，双方的力量对比尽管有强弱之别，却并非一成不变。作为战争指导者，要善于根据战场情势，发挥主观能动性，采取正确高明、行之有效的措施和方法，使己方的军事实力得到充分的施展——若已有优势则进一步加强，若处劣势则想方设法改变、摆脱，以求处处高敌一筹，稳操胜券。

武王伐纣灭商之战就是注重实力建设，运用实力手段夺取战争胜利的一个典范。

商汤所建立的殷商王朝，在历经了初兴、中衰、复振、全盛、寖弱诸阶段后，到了商纣王（帝辛）即位期间，已滑入全面危机的深渊。在纣王的统治下，殷商王朝政治腐败、经济凋敝、刑罚酷虐，且连年对外用兵，令民众负担沉重、痛苦不堪；贵族集团内部矛盾重重、分崩离析，从而导致整个社会动荡不安，出现了"如蜩如螗，如沸如羹"①的混乱局面。

与商王朝的奄奄一息形成鲜明对比的是：商的西方属国——周的国势正如日中天。周兴起于豳、岐（今陕西境内），经过公刘、古公亶父、王季等人的经营，迅速走上强盛的道路，其势力甚至渗透到南方的江汉流域。文王姬昌即位后，任用熟悉商朝内部情况且深怀韬略的贤士吕尚（即姜太公），"阴谋修德以倾商政"②，积极从事伐纣灭商的大业。

文王为牧野之战的展开及"翦商"大业的完成，奠定了坚实的基础。在政治上他积极修德行善，裕民富国，招揽人才，发展生产，做到"笃仁，敬老，慈少"③，同时也能"礼下贤者，日中不暇食以待士"④。后人追忆他时，称"文王之治岐也，耕者九一，仕者世禄"⑤，从而赢得人们的广泛拥护，巩固了内部的团结。在修明内政的同时，他向商纣发起了政治与外交攻势：请求商纣废除炮烙之刑，争取盟国，孤立商纣。文王曾公平地处理了虞、黄

---

① 《诗经·大雅·荡》。
② 《史记·齐太公世家》。
③ 《史记·周本纪》。
④ 《史记·周本纪》。
⑤ 《孟子·梁惠王下》。

两国的土地纠纷，还颁布了"有亡荒阅"（搜索逃亡者）的法令，保护有产阶级的利益。通过这些措施，文王扩大了自己的政治影响，瓦解了商朝的附庸，取得了"伐交"斗争的重大胜利。

在处理商周关系问题上，文王表面上恭顺事商，以麻痹纣王。他曾率诸侯朝觐纣王，并以虔诚的态度祭祀商人祖先，向商王室表示所谓的"忠诚"。同时文王大兴土木，"列侍女，撞钟击鼓"①，用贪图享乐的假象欺骗对手，使其放松警惕，并得纣王"赐弓矢斧钺，使得征伐，为西伯"②，取得了专征诸侯的特权，以确保灭商准备事宜能够在暗中顺利进行。

在此基础上，文王在姜太公的辅佐下，制定了正确的军事战略方针，其第一个步骤，是由近及远、先弱后强地翦除商室的羽翼，对商都朝歌（今河南省鹤壁市淇县）形成战略包围态势。为此，文王首先向西北和西南用兵，相继征服犬戎（今甘肃省平凉市静宁县）、密须（今甘肃省平凉市灵台县）、阮（今甘肃省平凉市泾川县）、共（今甘肃省平凉市泾川县）等方国部落，开拓疆土并消除后顾之忧。接着，他组织军事力量向东发展，越渡黄河，先后剿灭黎（今山西省长治市西南）、邘（今河南省沁阳市西北）诸国，一举攻灭商在西方最重要的属国——崇（今河南省登封市），打开了进攻商都朝歌的通路。接着，文王把都城从岐迁徙到丰（今陕西省西安市鄠邑区），建立起新的进攻基地，至此，周已处于"三分天下有其二"的有利态势，灭商只是一个时间早晚的问题了。

文王去世后，其子姬发即位，是为周武王。他继承父亲的遗志，遵循既定的战略方针，并一一落实。

当时纣王也觉察到来自周人的威胁，拟议对周用兵，曾以田猎的形式

---

① 《资治通鉴外纪》卷二。
② 《史记·殷本纪》。

在黎检阅部队，炫耀武力，然而这一计划却因东夷的反叛而化为泡影。为平息东夷的反叛，纣王调动主力进击东夷，结果造成西线防御的极大空虚。武王利用这一机会，联合诸侯在盟津（今河南省洛阳市孟津区西南）"观兵"，有八百诸侯参加会盟。这是一次成功的军事大演习，表明武王的盟主地位已完全确立，已有能力组织强大的军事力量灭商。但为慎重起见，武王没有立即发兵攻商，而是继续等待时机。两年后，商朝廷内部的矛盾白热化，纣王饰非拒谏，残杀忠臣，导致众叛亲离，四面楚歌，武王遂下定决心，揭开了伐纣之役的帷幕。

约公元前1046年正月，周武王统率兵车三百乘、虎贲三千人、甲士四万五千人，杀向商王朝的腹心地区。同月下旬，周军进抵盟津，在那里与反商的庸、卢、彭、濮、蜀（此五方国均居今汉水流域）、羌、徽（均居今渭水流域）、髳（居今山西省运城市平陆县）等方国部落的军队会合。而后，武王率本部及协同作战的方国部队，迅速东进，渡过黄河，兵锋直指朝歌。仅仅花费六天时间，于当年二月初即进抵牧野。

周军进攻的消息传至朝歌，引起商廷上下一片惊恐，纣王仓促部署防御，但此时商军主力远在东南地区，不得已武装起大批奴隶，连同留守国都的商军，共约十七万人，由纣王亲自率领，开赴牧野前线迎战周军。

二月初五（甲子日）清晨，周联军布阵完毕，庄严誓师，史称"牧誓"。武王在誓词中声讨纣王的种种罪行，以激发从征将士的敌忾之心与高昂斗志："惟妇言是用，昏弃厥肆祀弗答，昏弃厥遗王父母弟不迪，乃惟四方之多罪逋逃，是崇是长……俾暴虐于百姓……"[①]接着，武王又郑重地宣布了作战中的战术要领与军事纪律："今日之事，不愆于六步、七步，乃止齐焉……不愆于四伐、五伐、六伐、七伐，乃止齐焉……弗迓克奔，以役

---

① 《尚书·图书·牧誓》。

西土……"①

誓师完毕，武王下令向商军发起总攻。面对"殷商之旅，其会如林"②的优势之敌，武王先派遣姜太公率领少量精锐突击部队向商军发起挑战，以牵制和迷惑敌人，并打乱其阵脚。商军都没有打仗的心思，甚至有些人掉转戈矛对着自己人，商军的阵形因此陷于混乱。武王乘势"以大卒（主力部队）驰帝纣师"③，杀得商军丢盔弃甲，血流漂杵，十七万之众顷刻土崩瓦解，纣王见大势尽去，遂弃军逃回朝歌，于绝望中登上鹿台放火自焚。纣王一死，商军残兵就停止了抵抗，周联军在武王统率下顺利攻占朝歌，灭亡了曾经强盛一时的殷商王朝。

牧野之战在战略与战术上都有可圈可点之处：周文王、周武王长期运用"伐谋""伐交"的策略手段，起到了争取人心、剪敌羽翼、麻痹对手、建立反商同盟的积极作用。周军制胜的另一个要素，是其选择了正确的作战时机，即趁商军主力远征东夷未还，商王朝内部分崩离析之时，果断下定决战的决心，统率联军实施战略突袭，从而使对手在战略、战术上都陷入劣势和被动，无法进行有效的抵抗。同时，举行战前誓师，一一历数纣王罪状，宣布作战行动要领和战场纪律，起到了鼓舞士气、瓦解敌人斗志的作用。而在牧野会战的具体作战指挥上，周军又善于做到众寡分合、灵活机动、奇正并用、协同策应、乘胜追击，主动积极打击敌人，成功达成战役的目的。总之，在商军"血流漂杵"的表象背后，所能看到的是这场战争中谋略运用的巨大成功、战术指挥的高明卓越。

《诗经》有云："牧野洋洋，檀车煌煌，驷骤彭彭。维师尚父，时维鹰

---

① 《尚书·图书·牧誓》。
② 《诗经·大雅·大明》。
③ 《史记·周本记》。

扬，凉彼武王，肆伐大商，会朝清明。"①牧野之战推翻了殷商王朝六百余年的统治，确立了西周王朝对中原地区的统治地位，为西周古典礼乐文明的全面兴盛开辟了道路。而此战中所体现的军事谋略和作战艺术，也对古代军事学的发展产生了深远的影响。

当然，发展军事实力也有一个突出的问题，要抓关键，要选择好突破口，这叫作"有所为，有所不为"。而要正确选择突破口，核心问题是战略大势要明了于心，具有超前意识。例如，第二次世界大战前夕，海军的实力主要是以战列舰为衡量标准的，似乎一个国家拥有的战列舰数量多、吨位大，大炮火力强，海军的实力就强大，就拥有了海上霸权。但这仅仅是表面现象，当时有一种新的军事动态正在出现并开始在海军建设上占据主导地位，这就是海军航空兵在海空作战中的作用逐渐突显，成为海战制胜的主要手段，它代表着日后海战的发展方向。在这种新的军事革命来临之际，发展海军实力的突破口便是建造更多、更先进的航空母舰，而不应该按陈旧的观念，再把海军实力建设的重点放在建造战列舰上面。从这个意义上说，日本偷袭珍珠港虽然大获成功，但真正的战果却是有限的。因为尽管美国有大量战列舰在这次日军偷袭行动中被击沉，人员伤亡也很惨重，但由于航空母舰未受损失，所以美国海军的主要实力并没有遭受到根本性的打击，依然具备与日本海军在太平洋上抗衡的能力。

战局的发展证明了这一点，中途岛海战成为太平洋战场的转折点。在这场海空大决战中，美国海军在尼米兹的统率下，一举歼灭了日本特遣队的主力——击沉日本海军"赤城号"等四艘航空母舰。这对日本海军的打击可以说是致命的：日本海军渐渐丧失太平洋上空的制空权，也等于丧失了制海权，而战争主动权一经易手，日本海军也就不得不处于被动挨打的

---

① 《诗经·大雅·大明》。

境地了。那些吨位大到六七万吨，表面上象征着海军实力的大型战列舰——"大和号""武藏号"，在失去海军航空兵空中掩护的情况下，不但发挥不了什么作用，反而成了作战中的累赘，活像是浮动于海上的巨型棺材，成为美军蝗虫一般的轰炸机投弹攻击的目标。在美军飞机夜以继日的连续轰炸之下，它们终于支撑不住，先后沉入海底，而舰上成千上万名日本海军将士也随之葬身鱼腹，成为万恶的日本军国主义的殉葬者。

又如，在中国历史上，统一始终是时代的主题、社会进步的主流，与之相关联，统一战争也成为中国战争史上的重要构成部分。而夺取统一战争的胜利，关键在于实施统一战略的一方具有占绝对优势的军事实力，所谓"胜兵以镒称铢""立于不败之地，而不失敌之败也"，能够以整击乱，以磤击卵。

统一大业的军事准备乃是多方面、多层次的，其中最重要的军事准备除了改善军事交通条件、提高武器装备性能、建立高效率的战前指挥机构、正确部署军队的驻防地等项目，还突出体现在发展主力兵种、任用优秀军政人才这两个方面。这可以说是统一战争中军事准备的重中之重。凡是实施统一大业者，要达成预期的目标，必须抓住这两个重点，以一驭万，纲举目张。

一、发展从事统一战争所急需的主力兵种

统一大业军事准备的主要内容之一，是统一大业实施者根据统一战争的需要，有重点地优化和配置军事资源，发展主力兵种，以期拥有可以对敌的"杀手锏"，在战略上与战术上均占据强大的优势地位。

自东汉后期起，统一战争的战略作战轴线由自西向东转变为自北向南，绝大多数统一战争的战场集中于淮河、长江一带，因此，统一战争的作战方式便有了自己的特点，对军队兵种的发展提出了特殊的要求。淮河、长

江一带多江河湖泊、丘陵盆地，特殊的地形条件决定了不适宜依靠和动用擅长于野外驰骋的骑兵部队作战，而必须主要依赖水师突破江河天险，掌握战场主动权。换言之，历史上有"南船北马"的说法不是偶然的，北方精骑在南方水乡难逞其长早已被历史所证明，曹操在赤壁之战中受挫即是具体的例证。因此，统一大业的主持者普遍把制造各类战船、建设强大的水师、提高军队的江河作战能力作为军事准备的重点予以筹划。

西晋王朝为了一举灭吴、统一全国，针对东吴方面水师实力较为雄厚并且依恃长江天险抵抗的实际情况，把建造战船、发展水师列为实施统一战略中最重要的军事准备。晋武帝司马炎采纳羊祜的建议，委派王濬留任益州刺史，在巴蜀地区修造各类舟舰，整治水师，为日后顺流而下、直取吴地创造充分的条件："初，祜以伐吴必藉上流之势。又时吴有童谣曰：'阿童复阿童，衔刀浮渡江。不畏岸上兽，但畏火中龙。'祜闻之曰：'此必水军有功，但当思应其名者耳。'会益州刺史王濬征为大司农，祜知其可任，濬又小字阿童，因表留濬监益州诸军事，加龙骧将军，密令修舟楫，为顺流之计。"①

王濬在任上，不负羊祜的信任与朝廷的重托，在益州当地大规模修治战舰，"乃作大船连舫，方百二十步，受二千余人。以木为城，起楼橹，开四出门，其上皆得驰马来往。又画鹢首怪兽于船首，以惧江神"②。同时认真组建舟兵，训练士卒，终于造就了一支强大的水师部队，"舟楫之盛，自古未有"③，在日后的灭吴统一南北的战争中发挥了关键性的作用。晋太康元年（公元280年），"二月，戊午，王濬、唐彬击破丹阳监盛纪。吴人于江碛要害之处，并以铁锁横截之；又作铁锥，长丈余，暗置江中，以逆拒舟舰。濬

---

① 《晋书·羊祜传》。
② 《晋书·王濬传》。
③ 《晋书·王濬传》。

作大筏数十，方百余步，缚草为人，被甲持仗，令善水者以筏先行，遇铁锥，锥辄著筏而去。又作大炬，长十余丈，大数十围，灌以麻油，在船前，遇锁，然炬烧之；须臾，融液断绝，于是船无所碍。庚申，濬克西陵，杀吴都督留宪等。壬戌，克荆门、夷道二城，杀夷道监陆晏……王濬自武昌顺流径趋建业，吴主遣游击将军张象帅舟师万人御之，象众望旗而降。濬兵甲满江，旌旗烛天，威势甚盛，吴人大惧""（王）濬戎卒八万，方舟百里，鼓噪入于石头，吴主皓面缚舆榇，诣军门降"①。王濬水师的胜利，彻底粉碎了东吴割据政权凭借水师、依托长江天险抗衡国家统一趋势的企图。

二、选拔主持统一战争的指挥人才

善于发现和任用军政素质优秀、能创造性地贯彻和执行既定统一战略方针的人才，使之具体主持统一战争的指挥事宜，在国家统一大业中发挥关键的作用。这是统一大业军事准备中又一个具有突出意义的内容。

得人才者得天下，失人才者失天下，这是古往今来一个颠扑不破的真理，在国家统一战略目标的实现上也没有任何例外。一个政权、一股势力、一个集团之所以能够战胜对手、完成统一，十分重要的原因就是真正做到"延揽英雄，务悦民心"②。刘邦对楚汉战争胜负的主要原因的总结，就非常典型地揭示了用人问题与天下统一之间的深刻内在联系："夫运筹策帷帐之中，决胜于千里之外，吾不如子房；镇国家，抚百姓，给馈饷，不绝粮道，吾不如萧何；连百万之军，战必胜，攻必取，吾不如韩信。此三者，皆人杰也，吾能用之，此吾所以取天下也。项羽有一范增而不能用，此其所以为我擒也。"③

---

① 《资治通鉴·晋纪·武帝太康元年》。
② 《后汉书·邓寇列传》。
③ 《史记·高祖本纪》。

唐代军事学家李筌在其著作《神机制敌太白阴经》中，曾就这问题做过深刻的阐述，指出人才的流向其实很大程度上决定着战争的命运、国家的前途："故伊尹，有莘之耕夫、夏癸之酒保，汤得之于鼎饪之间，升陑而放桀。太公朝歌之鼓刀、棘津之卖浆，周得之于垂纶之下，杀纣而立武庚。伍员被发徒跣、挟弓矢乞食于吴，阖闾向风而高其义，下阶迎之，三日与语，无复疑者。范蠡生于五户之墟，为童时内视若盲、反听若聋，时人谓之至狂；大夫种来观而知其贤，叩门请谒，相与归于地户。管夷吾束缚于鲁，齐桓任之以相。百里奚自鬻于秦，秦穆任之以政。韩信，南郑之亡卒，淮阴之怯夫，汉高归之于谋。"由此，李筌得出结论："废兴之道在人主之心，得贤之用。"①

　　俗话说，"得士则昌，失士则亡"，这是历史上的一般规律，而遴选与任用其中的军事人才，则是用人问题上的重中之重。众所周知，将帅在军事斗争中处于非常重要的地位，直接关系到战争的胜负成败、政权的安危存亡。因此孙子说："夫将者，国之辅也。辅周则国必强，辅隙则国必弱。"（《谋攻篇》）吴子也说："夫总文武者，军之将也……得之国强，去之国亡，是谓良将。"②所以古代兵家历来多主张用兵打仗"命在于将""置将不可不察"③；认为"用兵之要，在先择于将臣"④，并强调"置将不善，一败涂地"⑤。由此可见，所谓任用人才，在进行统一战争时，重点是发现和任用军事方面的人才。因此，秦汉时期统一大业实施者在进行具体军事准备过程中，总是把知人善任、遴选优秀将帅担当指挥战争的主角作为首要问题来对待、

---

①　《神机制敌太白阴经·人谋上·贤有遇时篇》。

②　《吴子·论将》。

③　《六韬·龙韬·论将》。

④　《欧阳修全集·内制集·除李端懿宁远军节度使知澶州制》。

⑤　《史记·高祖本纪》。

落实。

像秦国君主任用白起、王翦、王贲为统帅征伐群雄；刘邦任用韩信、彭越、英布为将扫荡项羽；汉景帝刘启任用周亚夫等人挥师东进，一举平定吴楚七国之乱，维护西汉王朝的统一；司马昭委任钟会、邓艾等人果决出师，兵临成都城下，灭亡蜀汉政权；晋武帝任用羊祜、杜预、王濬等人翦灭东吴，统一天下，等等，都是类似的成功例子。由此可见，知人善任，正确择将，始终是统一大业军事准备是否充分、是否成熟的重要标志之一，历来为统一大略指导者所高度重视，并不遗余力地加以落实。

因此，发展军事实力不是空洞的口号，不是虚泛的概念，而是有真实的内涵。领导者必须以动态超前的战略目光，捕捉到正确的信息，掌握住正确的方向，牢牢占有先机之利，否则，便会劳民伤财，徒劳无功。总之，不同质的矛盾必须用不同质的方法来解决，任何方法、手段是否真正管用，关键在于它是否具有针对性，是否具有适用性；任何理论、政策是否有益于事，关键在于它是否具备实践的土壤，是否能够避免水土不服。如果不能做到量体裁衣，对症下药，那么关注越多，越是添乱，投入越多，越是糟糕，南辕北辙，事与愿违，是谓"橘逾淮北而为枳"，明明要进这扇门，偏偏走进别的屋。到头来，竹篮打水一场空，全是无谓的牺牲。这个道理，在军事实力建设问题上同样管用。

二、上兵伐谋：先敌谋划原则

要点提示：

兵者，诡道也。(《计篇》)

上兵伐谋，其次伐交，其次伐兵，其下攻城。(《谋攻篇》)

不战而屈人之兵，善之善者也。(《谋攻篇》)

兵以诈立，以利动，以分合为变者也。(《军争篇》)

惟无虑而易敌者，必擒于人。(《行军篇》)

实力不等于胜利，拥有强大的实力未必就一定能获得战争的胜利。古今中外，巧用谋略、以少胜多、以劣胜优的战例并不鲜见。战争的胜负虽然主要取决于作战双方的政治状况、军事实力、经济实力、自然条件等，但要真正决胜千里，还必须充分认识和掌握战争规律，制定高明卓绝的战略、战术，实施正确的战争指导。毛泽东就说过："军事家不能超过物质条件许可的范围外企图战争的胜利，然而军事家可以而且必须在物质条件许可的范围内争取战争的胜利。军事家活动的舞台建筑在客观物质条件的上面，然而军事家凭着这个舞台，却可以导演出许多有声有色威武雄壮的活剧来。"①这一论断，无疑鞭辟入里地揭示了实力与谋略之间的辩证关系。

所谓谋略，就是在把握战争规律这一基础上产生的可以克敌制胜的巧妙用兵的最佳方法。正如英国现代战略学家利德尔·哈特所说："军事智谋的第一个特征，就是要有能力区别哪些是能够办到的和哪些是不能够办到的。"苏联军事理论家、《战争中的谋略》一书的作者B.H.洛博夫认为："谋略——这是为欺骗敌人和获取某种利益而采取的行动。军事上的计谋正在转变成军事谋略的概念。一切军事行动的突然性是军事谋略的实质，它通过准备的隐蔽性和在这些行动上迷惑敌人的方法来达成。换言之，军事谋略是以掩盖真相，强加于敌以假象为目的，同时创造更为有利的条件，以最小的兵力兵器消耗和最短的时间夺取胜利。"

兵者，诡道

列宁说："没有不用军事计谋的战争。"②中国史书中记载的极早的战争是黄帝与蚩尤之间进行的涿鹿之战。在这次战争中，谋略的作用就已经得到了充分体现。传说黄帝为战胜蚩尤，先整武备、修内政以求自强；在与蚩尤的战争中，黄帝针对蚩尤氏族集团由南方发展而来，对北方的气候地形不熟的弱点，采取诱敌深入的策略，主动实施战略退却，一举将敌诱至涿鹿之野；最后，黄帝借助狂风大作、尘沙蔽天的时机，发动反攻打击蚩尤。这次战争后来成为中国古代兵家谈论谋略的最早依据。

古希腊特洛伊战争中"木马计"的故事，是古代战争中运用谋略的又一个典型事例。从公元前1600年开始，地中海地区的克里特岛上，弥诺斯

---

① 《中国革命战争的战略问题》，《毛泽东选集》第一卷，人民出版社，1991年6月版，第182页。
② 《列宁全集》第8卷，《戴白手套的"革命家"》，人民出版社1955年12月版，第493页。

的文化与艺术就已相当发达，并传播到希腊南部和爱琴海上的大多数岛屿。到了公元前1400年，来自陆地的中欧阿卡亚人入侵希腊，与当地原有的文明融合，产生了一种新的文明——迈锡尼文明，各城邦国家纷纷建立。公元前12世纪末叶，属于希腊迈锡尼文明的阿卡亚人远征小亚细亚。据《荷马史诗》的说法，其起因是特洛伊的王子帕里斯在访问希腊时，使用奸计诱拐了斯巴达城邦的王后海伦。希腊人对此非常愤怒，因此出兵远征特洛伊。但特洛伊城垣坚固，特洛伊人的战斗力又很强，尽管希腊人不断发动猛烈进攻，却一连九年都没有将其攻克。到了第十年，希腊远征军的首领奥德修斯采用了一条运用木马的妙计。希腊人在特洛伊城郊砍伐树木，建造了一匹巨大的木马，选出一部分勇士藏身于马腹之中，将木马放在特洛伊城外，其他人则佯作撤退，撤退之前放火烧毁了军营中的一切，乘船离开特洛伊并前往忒涅多斯岛。此时，特洛伊人发现希腊人乘船离开海岸远去，便蜂拥来到海边清理战利品。他们在先前敌人的扎营之地看见了木马，惊奇地看着这个庞然大物不知所措。这时，有几个走近木马观看的人发现了藏在木马下面的西农，将他拖了出来，并带到国王普里阿摩斯面前。西农是希腊人安排的奸细，他按照提前编好的谎言说，希腊人造的木马是用来祭祀雅典娜女神的，自己是躲藏在木马下准备向特洛伊投诚的。他天衣无缝的表演使他赢得了特洛伊人的信任，被带进城。随后，特洛伊人在城墙上开了一个很大的洞，将木马拖进城。当晚，特洛伊人因举行欢宴和庆祝而疲惫不堪。西农则趁机偷偷溜出城门，燃起火堆，给退至忒涅多斯岛的希腊人报信；又爬到木马下面，给在木马中的希腊人发出了可以出来的信号。从木马中出来的希腊战士挥动长矛，拔出利剑，分散到城中各处，劫杀特洛伊人，并打开城门，让从忒涅多斯岛赶来的希腊战士也加入他们的行列。特洛伊人来不及应变，特洛伊城就被远征军完全占领。特洛伊战争被认为是希腊历史的开端，而希腊人颇具传奇色彩的"木马计"，则被认为是欧洲早期军事谋略的典型。

对于军事谋略的重要性，中外著名军事家有许多很好的论述。克劳塞维茨说："如果人们认为战术是暴力行为（即战斗本身）的实施，而把战略看作是巧妙运用战斗的一种艺术，那么除了各种感情力量（像压缩待发的弹簧一样的炽烈的荣誉心，不易屈服的坚强意志等）以外，其他禀赋似乎都不能像诡诈那样适合于指导和鼓舞战略活动了。"[1]拿破仑形象地说："我有时是狐狸，有时是狮子，进行统治的全部秘密在于，要知道什么时候应当是前者，什么时候应当是后者。"[2]什捷缅科说："不要忘记，客观力量只是取胜的前提条件。有了这种力量是十分重要的，但是，如果不发挥它的作用，不能有组织地使用它，它自身还不能保障将敌人消灭。"[3]

军事谋略的本质就是在战争活动中进行创造性的思维，充分运用智慧，准确地判断形势，区分轻重缓急，确立合适的目标，从而趋利避害，争取战争的胜利。在这一意义上，谋略可谓智慧的储集，是灵动的思维的产物，展现着人类理性与智慧的光芒，集中体现着战略家们的军事智慧。

孙子是中国古代首屈一指的军事谋略大师。他在《谋攻篇》中提出的"上兵伐谋，其次伐交，其次伐兵，其下攻城"的鲜明思想，主张运用高明的谋略来实现战略上的全胜。以智用兵，以谋制敌，这像一条坚韧的红线，贯穿《谋攻篇》的始终，从而使得此篇成为中华智慧的化身、古典谋略的渊薮。诸葛亮隆中对策，预知天下三分；舌战群儒、草船借箭，奠定孙刘合伙破曹之局，"谈笑间，樯橹灰飞烟灭"，固然挥洒自如，智若天人，但

---

① ［德］克劳塞维茨，中国人民解放军军事科学院译：《战争论》，解放军出版社，2021年版，第205页。
② ［苏］叶·维·塔尔列，任田升、陈国雄译，胡平校：《拿破仑传》，商务印书馆，1976年9月版，第70页。
③ ［苏］谢·马·什捷缅科，洪科译：《战争年代的总参谋部》第二部，生活·读书·新知三联书店，1976年1月版，第708页。

说起来，他不过是孙子的徒子徒孙而已，使用的不过是从孙子那里学来的一招半式，孙子才是真正的"天纵之圣"，所谓"麒麟之于走兽，凤凰之于飞鸟，太山之于丘垤，河海之于行潦，类也。圣人之于民，亦类也。出于其类，拔乎其萃"[①]。

孙子军事谋略思想的核心是"兵以诈立"，将广施权变作为取得战争胜利所必不可少的条件。其中，尤以孙子总结的"诡道"理论最为系统、全面、深刻。他提出了著名的"诡道十二法"："能而示之不能，用而示之不用，近而示之远，远而示之近。利而诱之，乱而取之，实而备之，强而避之，怒而挠之，卑而骄之，佚而劳之，亲而离之。"（《计篇》）他还提出了"示形"理论，即"形人而我无形""形兵之极，至于无形。无形，则深间不能窥，智者不能谋"（《虚实篇》），对诡诈之法和实施"诡道"的理想境界做了揭示。孙子"诡道"用兵的理论受到后人的高度重视，对中国兵学的发展产生了深刻的影响。

所谓"诡道"，说白了，就是在战争进行过程中如何"骗"，骗得对手晕头转向，摸不着北，处处被动，一步步走向失败，即所谓"盲人骑瞎马，夜半临深池"！

在孙子看来，战争说到底就是敌对双方比试"骗"术的你死我活的过程，会骗的打败不会骗的，大骗战胜小骗，骗术越是高明，骗法越是多样，就越有赢的把握，越能成为胜利的主宰。战争是血淋淋的杀戮，你不想在战场上做人家的刀下之鬼，就必须把那中看不中用的"仁义道德"暂时搁置在一边，让自己变成铁石心肠的冷血动物，无怨无悔地施展出各种招式，让对手脑袋搬家。这个手段，孙子把它称为"诡道"。

"诡道"，顾名思义便是"诡诈之道"。这里，"诡"指的是手段运用的

---

① 《孟子·公孙丑章句上》。

特色：诡秘神奇，阴损绝恶，变幻莫测，杀敌于无形之中，害人于不意之间。至于"诈"，指的是手段运用的性质：奇招迭出，诈敌唬人，用尽可能小的代价，换取尽可能大的胜利，专干顺手牵羊的勾当，不做赔本的买卖。

高明的骗术在于能做到变化多端、花样翻新，即《司马法》所说的"无复先术"，否则一旦形成固定的模式，便容易为对手所识破，会偷鸡不成蚀把米，赔了夫人又折兵。孙子的了不起，就在于他不但确立了使诈行骗的基本原则——"兵者，诡道也"；而且还一口气传授给我们十多条使诈、行骗的方法，这就是所谓的"诡道十二法"：明明要打你却装出不想打的模样，明明能够打却装出不能打的姿态；要从远处打却装出会从近处打，要从近处动手却装出会从远处下手……不一而足，总之是要实施全方位、多层次的军事欺骗，以假象迷惑对手，真真假假，以假乱真，因势利导，造成不利于敌人而有利于自己的态势，从而牢牢把握战争的主动权。孙子认为用兵打仗所追求的成功标志说白了是非常单纯的——"攻其无备，出其不意"，便是要在敌人没有防备处发动进攻，在敌人意料不到时采取行动。可是要真正理解和掌握其中的精髓奥秘却并不容易，"此兵家之胜，不可先传也"。天底下没有免费的午餐，要在战场上得心应手、出神入化地施展诡道，赢得胜利，就必须亲身去实践、去琢磨，甚至必须有付出沉重代价的思想准备。

孙子认为，运用谋略的最高境界是"无奇胜，无智名，无勇功""不战而屈人之兵"。他说："是故百战百胜，非善之善者也；不战而屈人之兵，善之善者也。"西方有句谚语："胸前挂满勋章的将军不是优秀的将军。"它与孙子的"百战百胜，非善之善者"思想实在有异曲同工之妙。看来中西方军事文化的鸿沟并不像人们想象的那么深、那么宽，至少在追求用兵理想境界的问题上，彼此间心意相通，思脉相连。

在孙子看来，百战百胜，表面上轰轰烈烈，风光无限，其实是"如鱼饮水，冷暖自知"，并非用兵打仗的上乘境界，唯有不战而屈人之兵，才是战争指导者所应追求的神圣目标。换句话说，高明的战略家应该真正做到"屈人之兵而非战也，拔人之城而非攻也，毁人之国而非久也，必以全争于天下，故兵不顿而利可全"（《谋攻篇》），即以强大的军事实力为后盾，通过高明的谋略算计敌人，唬住敌人，摧毁敌人的斗志，不经过直接的战场交锋而使得对手屈服投降，从而实现战略上的全胜。在孙子看来，推行全胜战略乃是理有固宜，势所必然。因为对自己一方来说，这样做代价最小；对敌人一方来说，这样做反抗最少；对普通老百姓来说，遭受的灾难最小；对天下来说，所获得的利益最大，毫无疑问属于最佳的选择。

从战史上看，那种折冲樽俎，"上战无与战"[1]的现象是曾经存在过的。仅在先秦两汉时期，就留下了不少脍炙人口的战例，如：墨子救宋不以兵革，与鲁班先生一番沙盘攻守作业推演下来，逼得楚国国君不得不打消攻打宋国的念头；郑国烛之武夜见秦穆公，巧舌如簧，口若悬河，劝退秦师，一举挫败秦晋联军灭亡郑国的企图；韩信采纳李左车的建议，派遣使者传檄威慑，不动干戈而顺利平定燕地；赵充国以谋伐战，屯田备边，显示实力、慑服羌人……

由此可见，战争固然是铁血的交锋，生灵的厮杀，但是在一定条件下，开展正确有力的政治、外交斗争，加上机遇凑巧，仍有可能达到"不战而屈人之兵"的目的。从这个意义上讲，孙子"不战而屈人之兵"的战略思想并不是想当然的、一厢情愿的，而是具有高度实践价值的，有人把它斥责为"主观唯心主义"的单纯空想，大加鞭挞，是粗暴的、不公正的做法。

但是，孙子也明白，"不战而屈人之兵"作为一种用兵的理想境界，

---

① 《六韬·龙韬》。

在现实生活中并不多见，要达成这种结果往往是困难重重的。在处理阶级、民族、集团或国家之间的对抗性矛盾时，这当然是一种选择，但实属偶然，并没有普遍性。一般地说，只有在一方处于绝对的优势，另一方处于绝对的劣势，而处于劣势的一方又由于各种各样的原因丧失了抵抗意志、愿意放下武器的情况下，"不战而屈人之兵"才可能变成现实。换句话说，与大量存在的"困兽犹斗""负隅顽抗""狗急跳墙"的现象相比，"不战而屈人之兵"的情况毕竟是十分罕见、少之又少的。现实的选择应当是：从实际出发，立足于高明的作战指导，通过战场上的斗智斗勇去争取胜利。当然，这种胜利的出发点也建立在以最小的代价换取最大的利益这一认识之上，即所谓"以破求全"，而不是逞血气之勇，鲁莽行事。

可见，孙子的"不战而屈人之兵"思想其实有两个层次：一个层次是人们所熟悉和津津乐道的"不战而屈人之兵"，实现手段是"伐谋"和"伐交"；另一个层次常为大家所忽略，那就是"破"中求"全"，"凡用兵之法，全国为上，破国次之；全军为上，破军次之；全旅为上，破旅次之；全卒为上，破卒次之；全伍为上，破伍次之"（《谋攻篇》），实现手段是"伐兵"和"攻城"，在不得已而用兵打仗的情况下，运用各种手段，尽可能地减少损失，以较小的代价实现预定的战略方针。

当然，这种"伐兵"与"攻城"，绝不是鲁莽进攻、死打硬拼，而是依靠智谋奇计，开动脑筋，胜得巧，胜得妙，同样立足于对战争效果的积极追求。为此，孙子提出了一整套的战术运用方针：拥有十倍于敌的兵力就包围敌人，拥有五倍于敌的兵力就进攻敌人，拥有两倍于敌的兵力就分割敌人，兵力与敌人相当就要努力抗击敌人，兵力少于敌人就要设法摆脱敌人，整体实力弱于敌人就要努力避免决战。总之，要根据集中优势兵力各个击破敌人的根本原则，针对敌我兵力对比的不同而采取灵活机动的战术，"分别奇正，指画攻守，变易主客"①，迫使敌人在我方的凌厉打击下丧失抵抗意志，乖乖地摇白旗投降。

这样一来，孙子就使得他的"全胜"战略思想系统化和具体化了：一方面确立了崇高的理想和追求的目标，即"不战而屈人之兵"，另一方面又规范了付诸军事斗争实践的可操作性，即前文所述的十围、五攻、倍分、敌战、少逃、不若避。两者互为弥补，相辅相成，共同服务于"必以全争于天下"（《谋攻篇》）这个基本宗旨。由此可见，孙子已经在理想与现实之间寻找到了较好的平衡点与结合点，既不乏崇高的追求，又能充分尊重现实；既志存高远，不甘于庸碌无为，又平心静气，不存异想天开之念。

先敌谋划，制胜之道

孙子以其卓越的谋略思想成为兵权谋家的代表。《汉书·艺文志·兵书略》中将兵家分为四种，即兵权谋、兵阴阳、兵形势和兵技巧。兵权谋为四种之首，而孙子为兵权谋家之冠。班固曰："权谋者，以正守国，以奇用兵，先计而后战，兼形势，包阴阳，用技巧者也。"②孙子的谋略思想对后世产生了深远的影响。

以孙子为代表的中国古典兵学崇尚羽扇纶巾的运筹帷幄，把运用谋略取胜、"用力少而成功多"，甚至"不战而屈人之兵"作为用兵的最高追求和理想境界，而贬斥鲁莽灭裂的血气之勇。可以说，重视谋略是中国军事文化和中国传统兵学最突出的特色。而历代军事统帅和军事理论家在从事战争活动之时，强调的也是"经武之略，在于贵谋"③"攻人以谋不以力，用

---

① 《四库全书总目提要·子部·李卫公问对》。
② 《汉书·艺文志》。
③ 《册府元龟·将帅部》。

兵斗智不斗多"①。他们既高度重视实力的建设，更十分推崇谋略的运用、战略的筹划，将高超谋略的运用视为两军对垒中代价最小、功效最大的一种斗争手段，力求做到以谋制敌，以智取胜。

在筹划与制定统一战略预案的过程之中，水银泻地般地渗透、贯彻前瞻意识与全局观念，并取得一定的成功，被日后历史演进所基本证实的典范例子，莫过于诸葛亮在刘备"三顾茅庐"时所献的《隆中对》②。

《隆中对》为刘备集团勾画了求生存、谋发展、取天下、致统一的系统性的完整战略方案，被誉为文人战略家战略谋划的典范，千秋独步的战略名对。

这个统一战略预案的高明之处在于它具有全局观念，同时又充满长远眼光、前瞻意识。一方面它高屋建瓴，统筹全局，提出了跨有荆益、两路出兵的"三分割据纡筹策"③。众所周知，谋全局的核心，首先在于战略目标的确定。诸葛亮以恢宏的气度和思接千古的见识，指陈时势，在总结历史经验和分析现实形势的基础上，指出在各种集团的消长纷争中，曹操是刘备的主要敌人。所以，刘备的现实目标应该是"跨有荆益"，即利用各种矛盾，夺取天下要冲荆州和天府之国益州，作为自己的立足之地，以此为角逐天下的根本，从而实现三分天下有其一的霸业。诸葛亮对现实目标的这一定位，是对天下大势的洞察，对敌我关系现状和变化趋势的把握，同时，也考虑到了战略地缘关系。

更为重要的是，《隆中对》的终极目标在于最终实现国家的统一，体现了战略决策上的前瞻意识。所以，它在制定现实目标的基础上，进一步提出了刘备集团的长远战略目标，这就是"待天下有变"，由荆州、益州两路出

---

① 《欧阳修集·居士集·准诏言事上书（庆历二年）》。
② 亦称《草庐对》。《隆中对》的文字内容，见《三国志·蜀书·诸葛亮传》。
③ 杜甫《咏怀古迹五首·其五》。

兵，互相配合，密切协同，构成钳形进攻态势，兵锋北上，席卷两京，收复中原，兴复汉室。这里，诸葛亮虽然未明言孙权政权的前途问题，但言下之意，待消灭了主要敌人曹魏，孙权之接踵而亡自不待论矣。到那个时候，实现全国的统一，也就成了瓜熟蒂落、水到渠成的事情。

另一方面，《隆中对》所反映的大局观念与战略前瞻意识，并不是诸葛亮本人的突发奇想、闭门造车。它的可行性，建立在诸葛亮所提出的一系列为实现战略目标相应设置的系统完善的方法手段基础之上。换言之，它的战略前瞻不是虚幻的"画饼"，而是极有可能实现的现实，目标的长远性与方法手段的有效性是协调一致的。这些方法手段包括：第一，利用"天下思汉"的普遍心理，以刘备身为"帝室之胄"的优越背景作为政治资本，争取政治上的主动，与曹操"挟天子以令诸侯"的做法相抗衡；第二，推行"西和诸戎，南抚夷越，外结好孙权"的方针，做好"外交"工作，为己方争取安定的战略后方和比较可靠的盟友，从而保证自身的安全，左右逢源，创造出有利于己方发展壮大的外部环境和良机；第三，"内修政理"，整顿吏治，清明政治，发展经济，搞好内部建设，积蓄实力，文武并用，刚柔相济。可见，《隆中对》中有关战略长远目标的提出，不是偶然的，而是对未来战略发展趋势深思熟虑后的独到心得，它的战略前瞻意识是鲜明合理的，因为它以政治、经济、外交努力来与实现战略目标的奋斗相配套和呼应，实际上已为战略前瞻意识的明确化和可操作化提供了必要的条件。

显而易见，《隆中对》是诸葛亮在刘备集团形势最低迷之时慧眼识先机，为刘备集团制定的完整、统一的战略预案。它见微知著，占隐察机以及战略上由弱转强的思想筹划，达到了前无古人的境界。《隆中对》实施之初，就使刘备取得了赤壁之战的胜利，并使刘备迅速起弊振衰，据有荆州大部，继而进一步拓展西川，攻取汉中，终于开国蜀汉，形成三国鼎立之势。尽管军事活动的动态性与不可捉摸性等因素干扰了《隆中对》战略计划的下一步发展，所谓"天下有变"，变来变去，变得对刘备集团日益不利，终于使诸葛亮宏远的战略前瞻渐渐成为"明日黄花"，与占据中原、兴复汉室的目标渐行渐远，但它毕竟是卓绝、全局观念突出、前瞻意识鲜明的统一战略预案。正如前人评价的那样，它是"孔明创蜀，决沉机三二策，遂成鼎峙。英雄之大略，将帅之弘规也"①。

古往今来，战争史上由于拙于谋略和"计"不如人而受敌欺骗并酿成大祸的例子屡见不鲜。秦穆公的战略短视、谋略笨拙导致其在春秋争霸大业上受挫，就是一个典型的例子。

"春秋五霸"名头响亮，可究竟是哪五位霸主？历来言人人殊，说法各异。其中比较通行的名单有两份：一是指齐桓公、宋襄公、晋文公、秦穆公、楚庄王；另一说是指齐桓公、晋文公、楚庄王、吴王夫差、越王勾践。而在这两说之中，似乎又以第一种说法为更多的人所认可。

虽说都是霸主，但是，这五人的分量，也就是说，其霸业成就及影响却不可同日而语。齐桓公、晋文公、楚庄王可以算是一个档次，他们号称霸主，当属名副其实。而宋襄公被列为五霸之一却颇有争议。他的高雅贵族风度固然让人肃然起敬，可他的那份霸业，则难免教人啼笑皆非。世俗是势利的，只以成败论英雄，泓水一仗，他大败亏输，出尽洋相，以致成为千百年来的芸芸众生挖苦嘲讽的对象。如果靠这种表演居然能跻身于五霸的行列，那么，多少有些滑稽，有些荒诞。如果宋襄公九泉有知，恐怕也会受宠若惊了。

至于秦穆公，则是一个异类，换句话说，他属于略显尴尬的角色。说他不济吧，可他在当时的国际大舞台上活跃得很，又是"勤王"，又是"盟

---

① 《全唐文》所收王睿《二阵图论》。

会"，知名度、出镜率一点也不比其他春秋霸主逊色，更何况他也曾"益国十二，开地千里，遂霸西戎"[①]，为秦国在春秋战国期间的雄起，做了非常扎实的铺垫，多少混出个"霸主"的模样。可如果真的把他算成霸主，似乎又有点差强人意，毕竟他没有像齐桓公、晋文公、楚庄王那样，一本正经地当过中原的霸主，他的事业局促于西北一隅，从来不曾达到过光辉的顶点，相反总是被晋国霸业的巨大阴影所笼罩，只能在当时上演的争霸大战中，敲敲边鼓，跑跑龙套。总而言之，秦穆公在当时更像是搅局的角色，把他列为"春秋五霸"之一，或许比较勉强。

秦穆公之所以没能成太大的气候，确实有种种客观因素的制约——在他"出道"的时候，齐、晋、楚已蔚为大国，中原这块大蛋糕基本已被它们抢先分割完毕。秦国长期僻处西北一隅，中原诸侯"夷翟遇之"，先天不足，后天失调，想要入局并充当龙头老大，困难之大，可想而知。然而，这并不等于说秦穆公一点机会也没有。如果战略高明，战术得当，"运筹策帷帐之中，决胜于千里之外"，秦穆公还是可以有一番大作为的。问题的症结还是出在秦穆公自己身上，是他短浅的战略眼光、失当的战略举措，直接导致了其雄心勃勃的争霸企图成了"水中之月，镜中之花"。

秦穆公在位三十九年，平心而论，他为秦国的崛起与发展，还是做了不少工作的。他四处延揽人才，打破常规，任用了百里奚、蹇叔、由余、邳豹等一群贤能。扎扎实实发展经济，大刀阔斧扩充军备，今日东征，明天西讨，使得秦国的势力迅速扩展到渭水流域的大部分地区。总之，秦国在他的领导下，虽然不能跻身大国之列，但终究算得上地区强国。

"人心不足蛇吞象"，秦穆公也不例外。拥有了比较雄厚的资本，他自然要企冀"百尺竿头，更进一步"，妄图成就更大的功业。这功业就是带领

---

① 《史记·秦本纪》。

秦国走出狭窄的关中地区，东进中原，称霸诸侯。秦穆公也知道要做到这一点绝非一件容易的事，他却不甘心就此淡泊寂寞，偏居西隅，被边缘化。他相信事在人为，决心尽最大的努力，来使自己的夙愿变成现实。

可惜的是，"人算不如天算"，秦穆公的战略措施跟他的战略目标是完全南辕北辙的。按照秦穆公自己的如意算盘，秦国东进的战略步骤应该是：先想方设法同晋国搞好关系，对晋国的政局施加影响，通过缔结婚姻、提供援助等手段，逐渐控制晋国。一旦得手，再大兵出崤函，从容图霸业，指点江山，号令天下。

于是，他便趁着晋国内部发生骊妃之乱、政局动荡的机会，加大力度干预晋国的内部事务，操纵晋国国君的废立。先是派军队保驾护航，把晋惠公扶持上台，而后又默许晋怀公继位，可是这两位受保护者都不尽如人意，位子刚刚坐稳，羽翼稍稍丰满，便神气活现起来，将秦穆公晾在一边。晋惠公更是忘恩负义，不惜撕破脸皮与秦穆公作对，出动军队在韩原与秦国干了一架，两国之间的气氛被完全毒化，使秦穆公原先的计划统统泡汤。

与其将错就错，不如改弦更张，于是秦穆公决心中途换马，重新物色代理人。他的具体做法，便是对晋国进行武装干涉，帮助长期流亡在外的公子重耳返回晋国，并向其提供军事援助，帮助重耳从晋怀公手中抢过政权，成为晋国民众的新主子——这就是日后大名鼎鼎的晋文公。同时，秦穆公好人做到底，"送佛送到西"，又把自己的女儿文嬴嫁给还只是太子的晋文公，延续所谓的"秦晋之好"，希望通过政治联姻笼络住晋文公，让他成为秦国称霸中原事业中的过河卒。秦穆公的想法很单纯，也很天真，"此山是我开，此树是我栽，要想从此过，留下买路钱"，你晋文公既然受了我的大恩惠，加上双方又有这么一层翁婿关系，难道会知恩不图报？常言道："投我以木桃，报之以琼瑶。"晋文公总得多多少少卖我面子，替我办点实事吧！

遗憾的是，秦穆公过于乐观了，简直是白日做梦、异想天开。他忘了一个最基本的道理，国家与国家之间，既没有永远的朋友，也没有永远的敌人，有的只是永恒不变的利益。他自以为对晋文公有过恩惠，人家就得知恩图报。对不起，只要牵涉到利益，世上恩将仇报、以怨报德的事情可太多了。他自以为自己是晋文公的岳父，人家会温情脉脉地顾及面子——对不起，为了利益，父子反目、手足相残尚且司空见惯，更何况是没有血缘关系的翁婿！眼下秦国想要染指中原、争夺霸权，势必要越渡黄河，锐意东进。而晋国要独霸中原、号令诸侯，也势必要紧紧关上秦国东出的门户，将秦国的活动范围死死地框定在西方一隅。因此，两国之间的利害冲突是根本性的，是绝对无法调和的。用今天的话说，便是所谓的"结构性的深层次矛盾"。在这种时候，什么恩德，什么姻亲，一概无效，全都被抛到九霄云外去了。而且秦弱而晋强，秦小而晋大，一旦双方真的撕破脸皮，折腾起来，处下风的肯定是秦国。

事实也正是这样，晋文公爬上宝座后，一门心思追求"取威定霸"，丝毫没有让秦穆公昔日的恩情束缚住自己的手脚。当然，他也不主动和秦穆公公开叫板、撕破脸面，在不触及晋国根本利益的前提下，有时也不忘拉上秦穆公一把，让他跟着自己露露脸，抖抖威风。但在晋文公心中，双方的定位是明确无误的，即晋国是当仁不让的主角，秦国只能当插科打诨的配角，彼此之间是老大与伙计的关系，绝对不容颠倒。

这时候，秦穆公才发现，自己以前的筹码都下错了，花费的心血都白费了。他三助晋君的努力，结果只是加速了晋文公成为诸侯霸主的进程；他多次参与盟会，多次投入军事行动（包括城濮之战中派兵增援晋国，一起教训楚国），也往往是名惠而实不至，全是傻乎乎地在为晋国的霸业添砖加瓦！

"东隅已逝，桑榆非晚"，假如秦穆公的战略失误只是走到这一步，还不算是输得精光，血本无归，至少可以同晋国维系表面上的一团和气，弄好了或许还能从晋国那里分得一杯羹。可是，秦穆公接下来的做法更加匪夷所思，错得更加离谱：他居然利令智昏、孤注一掷，想用武力来达到外交、政治所没有实现的目的，决心来强硬的手段了——软的不成便来硬的，"巧取"不成改用"豪夺"。

晋文公在世时，秦穆公深知对手的厉害，是不敢轻举妄动的，即所谓"有贼心，无贼胆"。谁知天遂人愿，机缘凑巧，阎王爷让晋文公死在秦穆公前头。这一下，秦穆公便来了精神，觉得可以玩一把世纪战略"大豪赌"了。于是，他蛮横决断，拒绝了大臣蹇叔的劝诫，决定趁着晋文公易簀之际，大起三军，越过晋国境土，去袭击郑国，企图占领地处天下之中的战略要地，作为自己称霸中原的前进基地。他一厢情愿地认为，晋襄公（在名义上算是他的外孙）刚刚即位，正忙于稳定内部，无暇顾及秦国方面的军事行动。于是，他在没有向晋国借道的情况下（即便去借，晋国也不肯借给秦国，何必白费口舌），派遣孟明视等三位大将，统率三百辆战车去偷袭郑国，以图圆自己的霸主之梦。

劳师袭远，兵家大忌；弃信背盟，庸人短视。结果自然可想而知，秦军不但没有攻克郑国，反而"偷鸡不着蚀把米"，在崤山一带被晋国的伏兵杀得大败，三百辆战车全军覆没，"匹马只轮不返"，孟明视、西乞术、白乙丙三位统帅一个不曾走脱，全部做了晋军的俘虏。而秦晋两国之间保持多年的传统友谊（尽管仅仅是表面上的），也随着崤函山谷中刀戟喊杀声的响起而烟消云散了。这真可谓是"天作孽，犹可违，自作孽，不可活"。

更为糟糕的是，秦穆公似乎有心理障碍，脾气古怪而又偏激固执，见了黄河仍不死心，撞了南墙仍死不回头。在他看来，姥爷被外孙这么"修理"，实在太窝囊，太没面子，非得翻盘不可。于是为报崤山惨败之仇，他一而再，再而三动用军队去找晋国的晦气，结果越输越惨，在彭衙之战中又被晋军杀得一败涂地，惨不忍睹，使秦军成了名副其实的"拜赐"之师，距离成为中原霸主的目标越来越远，甚至遥不可及了。尽管他后来转而同楚国结盟，企图通过南北夹击将晋国从中原霸主的宝座上给掀下来，但是他这么做，除了让楚国"渔翁得利"之外，对自己实现光荣的霸主梦想半点儿帮助也没有，干的还是替别人火中取栗的傻事。到头来，秦穆公依旧是个跑龙套的角色，一点长进都没有。秦穆公战略眼光之差，实在是让人难以恭维。

有"雄才"而无"大略"，秦穆公毕竟算不得真正意义上的霸主，让他混迹于"春秋五霸"之列，似乎也太抬举了他。

未来的战争是信息化战争，与孙子所处的冷兵器时代有很大的不同，那么，《孙子兵法》是否过时了？答案是否定的。因为《孙子兵法》中所讲的基本战争指导原则是战争哲理的高度浓缩和抽象，是超越时空界限的，在当今和未来的信息化战争中不仅不会过时，还会进一步凸现其时代价值。

大家知道，出于对现代武器，特别是核武器巨大的毁伤性、消耗性的顾虑，各国特别是军事大国的军事战略都采取和体现出了《孙子兵法》的"慎战"而又积极"备战"的思想。例如1962年古巴危机，双方都没有越过核门槛，而是转变为外交和军事部署上的斗争，结果苏联撤出部署在古巴的导弹，美国撤出部署在土耳其的导弹。又如英国、阿根廷的马岛战争，双方都没有袭击对方的本土，随之而来的是各国之间的"暗战"。什么是"暗战"呢？就是信息时代的军事战略不仅是利用军事力量赢得战争胜利的战略，更是运用国家综合实力争取和平、遏制战争或使人屈服的战略，这就体现了孙子的"上兵伐谋，其次伐交，其次伐兵，其下攻城"（《谋攻篇》）的思想。只有综合运用军事、政治、外交等多种斗争手段，充分发挥各个领域的制衡作用，才能掌握战略上的主导权，达到"屈人之兵而非战也，拔人之城而非攻也，毁人之国而非久也""全国为上，破国次之；全军为上，破军次之"的目的，积极追求"不战而屈人之兵，善之善者也""必以全争于天下"的理想境界。而一旦信息化战争爆发或即将爆发，其军事谋略的根本目标也是"不战而屈人之兵"的全胜战略。20世纪90年代，在波黑战争的国际干预中，美国模拟了"波黑虚拟战"，让参加谈判的波黑穆斯林、克罗地亚、塞尔维亚三方领导人坐在计算机大屏幕前"看到"战争的结果，令三方领导人不得不服，最终达成和解协议，这就是一个"不战而屈人之兵"的典型案例。很明显，要达到这一点，武器装备的现代化、高科技与信息化就是重要的保证，是以最小的代价和最少的附带性损伤实现"全胜"战略目标的必要条件。

大家都知道，高科技战争的一个重要特点就是军事力量的强弱很大程度上不在于数量、规模，而在于质量、效能，这既是指参战人员又包括武器装备。正如孙子所说："兵非益多也，惟无武进，足以并力、料敌、取人而已。"（《行军篇》）孙子的这段话包含了两层意思，"兵非贵益多"是说兵不在多而在精，质量要高；"足以并力"是说兵力使用要集中，战力要高度聚合。而在信息时代，军事斗争则要求实行战争体系的综合集成——"集成"已经大大拓展了"集中"的内涵，它已不是过去那种人力集中、形成数量规模的概念，而是战争体系经过信息链接后形成的技术与能量的交融聚合，对作战能力的提升已不是简单代数和，而是乘积、乘方意义上的指数递增。过去，战争强调的"足以并力"是指在战术、战役、战略三个层面上集中兵力。现代战争体系的综合集成，恰恰是要打破层面和条块分割，改变过去那种层次传递的树状结构，实现指挥体系扁平化。这既是对孙子战术思想的继承，更是一种"权变"和升华。

再如"诡道十二法"。在信息化战争中，战场信息量剧增，作战行动突然性强、节奏快，杀伤力大，首战往往就是决战，同时由于侦察、监视技术的迅速发展和广泛运用，军队的行动日趋透明化，这就在客观上对信息使用谋略提出了更高的要求：一方面，要善于准确地收集和判断敌人的信息，识破敌人的"诡道"；另一方面，要善于利用信息技术给对方制造战争阻力，如综合运用电子伪装、电子佯动、网络欺骗、虚拟现实战等信息使用方法，隐蔽己方作战企图与兵力部署，迷惑、欺骗和调动敌人。如在科索沃战争中，面对北约的间谍卫星、预警飞机、高空侦察机等先进侦察技术手段，南斯拉夫军队充分利用复杂的地形，广泛采取隐真示假、人工遮障、频繁机动等战术手段，故意将淘汰的飞机暴露在机场上，在对方空袭目标附近燃烧轮胎形成烟幕伪装等，产生了很好的欺诈效果。这说明，传统的战术在信息化战争中仍有发挥作用的空间。《孙子兵法》的战术对现在战争的指导远不止这两点，只要我们认真研究、运用，它必然会给我们带来更多的制胜之道。

总之，尽管今天战场环境和空间已发生了天翻地覆的变化，高科技武器广泛运用于战场，作战系统构成更为复杂，战争方式今非昔比，但军事斗争的敌我对抗的本质属性并没有改变，因此，"示形动敌""兵者诡道"、不拘一格，从而"致人而不致于人"，掌握战争的主动权，仍然是制胜之道的灵魂，而全面运筹、灵活机动、随机应变、计高一筹，仍然是制胜的主要手段和方式。在这个意义上，如何秉承中国兵学的"尚智贵谋"的优秀遗产并完成其在新时代的转换，仍然是值得重视的重要课题。所以，有必要高度重视并合理运用《孙子兵法》，让孙子的智慧、思想给我们更多的启迪，成为全人类的宝贵财富。

三、知彼知己：情报先行原则

要点提示：

知彼知己者，百战不殆。(《谋攻篇》)

知彼知己，胜乃不殆；知天知地，胜乃可全。(《地形篇》)

料敌制胜，计险厄远近，上将之道也。(《地形篇》)

知战之地，知战之日，则可千里而会战。(《虚实篇》)

明君贤将所以动而胜人，成功出于众者，先知也。(《用间篇》)

先知迂直之计者胜。(《军争篇》)

在现代企业战略管理和规划中，企业战略分析方法（SWOT分析）是一个常见的诊断工具。所谓SWOT，指的是摸清对手相对于自己的优势和劣势，并掌握企业在这样的环境下会遇到什么样的机遇和挑战。实际上，早在两千多年以前，孙子就懂得SWOT分析的道理了。他说："知彼知己，胜乃不殆；知天知地，胜乃可全。"这句《孙子兵法》中最常被引用的脍炙人口的话，就体现了SWOT分析的实质和精髓。"知彼知己"等于是了解己方相对于敌人的强点和弱点；"知天知地"是指了解环境给予的机遇和挑战。

由此可见，孙子重视战略规划和战略管理，并把"知彼知己""知天知地"作为谋划和指导战争的基本和先决条件。他不仅要求人们必须具备"知"的能力和"知"的方法，而且还要求在"知"的一切能力和方法上要超越敌人，在此基础上，知而能谋，谋定后战，从而达到克敌制胜之目的。

"知"的内涵

孙子曰："胜兵先胜而后求战，败兵先战而后求胜。"在他看来，作战必须如履薄冰，千万马虎不得；必须先有胜利的条件和应对方案，有了胜利的把握，才可以对敌一战。这就是所谓的"先胜"。因此，他不厌其烦地强调要"料敌制胜，计险厄远近"，认为这才是巧妙驾驭战争的"上将之道"。这就决定了孙子把战略决策和作战指导的制定和实施，立足于"先胜"的前提之上。

然而，如何达到"先胜"的目的呢？孙子认为，必须通过主观上的不懈努力来加以实现。努力的正确方向，则是全面了解和掌握各种情况，预测各种变数，在此基础上正确筹划战略全局，机宜实施战役指导，以赢得战争的胜利。用他的话说，即"知彼知己，胜乃不殆；知天知地，胜乃可全"（《地形篇》）。由此可见，以"知彼知己"为主要内容的"先胜"思想，是孙子制胜之道的出发点和基础。

孙子说："知彼知己者，百战不殆；不知彼而知己，一胜一负；不知彼不知己，每战必殆""知天知地，胜乃可全"。可见，孙子所说的"知"，既包括战略层次对双方综合实力的对比，如"五事""七计"；也包括对战术层次敌我双方虚实、强弱的比较，还包括对战场环境的了解，如"知天知地""知战之地，知战之日"。

孙子对"知"在战争中的地位和作用极为重视。他认为，战争中的"知"包括敌我双方政治、经济财力、军事和自然环境条件诸方面的因素。

具体来讲，首先是战争的决策谋划以及指挥者——国君与将领方面。国君必须善于"修道而保法""择人而任势""安国全军"，必须具备"动而胜人"的"先知"，从不"怒而兴师"。国君的政令、军令必须通畅无阻，兵民愿与他同生共死而"不畏危"。总的来讲，国君需要文武兼备，智谋超人，治国有道，安民有策，知战知兵。将领必须具有"智、信、仁、勇、严"的素质，必须"尽知用兵之利"，明察"九地之变、屈伸之利、人情之理"，善于"形兵""造势"，深谙"奇正之术""迂直之计"，能"伐谋"和"不战而屈人之兵"，深谙诡道，能做到"攻而必取""守而必固"，善"修其功"，"进不求名，退不避罪，唯人是保，而利合于主"。还要看兵器是否锐利、先进，兵士是否训练有素，粮饷是否充足，编制是否合理，通信联络是否通达，信息情报是否可靠。将领还要掌握季节、气候和天气的变化，了解地形、地理、地势、交通及行军路线情况，"知战之地，知战之日，则可千里而会战"。一言以蔽之，就是孙子概括的那句话："知彼知己，胜乃不殆；知天知地，胜乃可全。"

还需要特别指出的是，《孙子兵法》中有关"知"的内涵其实包含了"知行合一"这一根本要素，也就是尊重客观规律与发挥主观能动性的统一。《孙子兵法》中有些论述，我们今天看起来，表面上似乎存在着很大的矛盾，前后说法颇不一样。如《形篇》中讲："胜可知而不可为。"意即胜利可以预知，但是不能强求。然而《虚实篇》又讲："胜可为也。敌虽众，可使无斗。"这里"不可为"变成了"可为"，似乎讲不通，在同一本《孙子兵法》里面，五千多字中怎么会出现两种截然不同的说法呢？其实这并不是传抄时出现了错讹，而恰恰反映了孙子思维理性的深刻与辩证，它包含了一种深层次的哲理性思考。孙子认为，战争是一种客观社会现象，你必须实事求是，尊重客观实际，不能在客观条件不成熟的情况下从事军事活动；但是作为战争指导者，在战争面前不能无所作为，不能被动而应该发挥主观能动性，积极主动地创造条件，使胜利的可能及早转化为现实。可见"胜可知而不可为"与"胜可为"两者之间不是相互排斥的，而是对立统一的，前者是自尊重战争客观规律性角度发论，后者则是从发挥将帅主观能动性发论，浑然一体，相辅相成，知行合一，是中国古代哲学认识论发展史上的一个重大贡献。

日本学者山鹿素行认为"知"是孙子兵学的核心。他在《孙子谚义》中阐述了对《孙子兵法》理论体系的认识："愚谓，《始计》之一篇者，兵法之大纲大要也。《作战》《谋攻》者次之，兵争在战与攻也，战攻相通，以形制虚实，是所以《军形》《兵势》《虚实》并次，此三篇全在知己。知己而后可军争，军争有变有行，故《军争》《九变》《行军》次之，是料敌知彼也。知己知彼而可知天知地，故《地形》《九地》《火攻》次之。《地形》《九地》者地也，《火攻》因时日者天也。自《始计》迄修功未尝不先知，是所以序《用间》于篇末，三军所恃而动也。然乃《始计》《用间》二篇，知己知彼、知天知地之纲领。军旅之事，件件不可外之。《作战》《谋攻》可通读，《形势》《虚实》一串也，《地形》《九地》一意也，《火攻》一意。《始计》《用间》在首尾，通篇自有率然之势。"① 山鹿素行从"知"的角度分析孙子兵学的体系结构，视角独特，观点新颖。其观点虽然还有待商榷，但他揭示了"知"在孙子兵学体系中的重要地位，这一点值得肯定。

在先秦兵家中，对"知彼知己"的重要性与迫切性乃是具有共识的。《管子》同样把它作为认识战争和指导战争的基本原则，主张知彼知己，明察敌情，了解全局，"遍知天下"。《管子》认为，战争指导者要想做到"审御机数"，就必须充分了解各方面的情况，洞察和掌握全局。而"遍知天下"是"审御机数"的基础，"审御机数"则是"遍知天下"的逻辑结果。两者

---

① ［日］佐藤坚司著，高殿芳等译：《孙子研究在日本》，军事科学出版社，1993年版，第32页。

互为因果，共同作用于战争的进程。

《管子》指出"为兵之数……存乎遍知天下，而遍知天下无敌"[①]。"遍知天下"不单是指了解敌我双方的情况，还包括对所有相关国家的态度、力量、可能采取的行动等情况的全面了解。在当时多极斗争的格局下，这一思想的提出显然是有其合理性的。当然在《管子》的具体论述中，"遍知天下"的重心还是在明察敌情这一点上，这就是"四明"："必明其情，必明其将，必明其政，必明其士"[②]，从而做到"以众击寡，以治击乱，以富击贫，以能击不能，以教卒、练士击驱众、白徒，故十战十胜，百战百胜"[③]。《管子》还进一步提出了"遍知"的三个主要方面，即"知形""知能"和"知意"。"人之众寡，士之精粗，器之功苦，尽知之，此乃知形者也。知形不如知能，知能不如知意。故主兵必参具者也。"[④]这就是说，要认识敌我双方军事物质力量的"轻重强弱之形"（"知形"），要认识敌我双方将帅的才能（"知能"），要认识敌我双方的战略意图（"知意"）。战争指导者必须具备这三方面的能力，做到"闻无极""见未形""知未知"[⑤]，方能无敌于天下。

《管子》不但主张"遍知天下"，而且特别提出了"早知"的概念，即"蚤（早）知敌，则独行"[⑥]。这说明《管子》的作者已经认识到预测和情报的时效性问题。因为战争形势瞬息万变，"知"而不早，落后于形势变化，"知"就失去了应有的价值，成了"马后炮""事后诸葛亮"，这样的"知"还不如不知，免得自寻烦恼，徒增痛苦，揪心后悔，嗟叹丧气。而只有"蚤

---

① 《管子·七法》。
② 《管子·幼官》。
③ 《管子·七法》。
④ 《管子·地图》。
⑤ 《管子·幼官》。
⑥ 《管子·兵法》

知"，方可预先准备，使自己牢牢占据主动地位，可见"盇知"与"遍知"是联系在一起的。《管子》既重"遍知"，又讲"盇知"，实乃是对《孙子》"知彼知己"思想的一种演化，具有独到的理论价值。

知彼知己

战争是敌我双方的决斗，敌与我是战争中的一对基本矛盾。战争指导者如果对双方的情况没有一个全面的了解，或者知彼不知己，或者知己不知彼，甚或既不知彼又不知己，都无法使对战争的主观指导符合战争的客观实际。《管子·七法》有云："不明于敌人之政，不能加也；不明于敌人之情，不可约也。"对战略形势的分析与判断，关键在于要透过错综复杂、真伪混糅的表面现象，看清问题的本质，就是说要"必见其阳，又见其阴，乃知其心。必见其外，又见其内，乃知其意。必见其疏，又见其亲，乃知其情"[1]，如此方能"谋胜于未胜，慎于未失"[2]，方能使自己"立于不败之地，而不失敌之败也"（《形篇》）。

孙子认为，"知彼知己"是作战的先决条件，因为只有全面了解各种情况、正确估量敌我态势，才能做出正确的判断并制定正确的作战方针。鉴于这样的认识，孙子主张在开战之前对敌我双方的主客观条件——"五事七计"进行全面的了解，并仔细、周密地考察、比较，以期对战争的胜负趋势做出高明的预测，并据此来制定己方的战略、战术方针。孙子一再强调这样做的必要性，认为不如此就意味着失败："不知彼而知己，一胜一负；不知彼不知己，每战必殆"（《谋攻篇》）。

---

[1] 《六韬·武韬·发启》。
[2] 《虎钤经·料用地形》。

孙子进而认为，不但在战前战略决策中要贯彻"知彼知己"的原则，而且在实施作战指导的整个过程中，也要始终不渝地将"知彼知己""知天知地"作为自己行动的最高纲领。他首先通过对未能"知彼知己"而造成不利后果的论述，从反面印证了全面了解、掌握敌情的重要性："不知战地，不知战日，则左不能救右，右不能救左，前不能救后，后不能救前"（《虚实篇》），"知吾卒之可以击，而不知敌之不可击，胜之半也；知敌之可击，而不知吾卒之不可以击，胜之半也；知敌之可击，知吾卒之可以击，而不知地形之不可以战，胜之半也"（《地形篇》）。他强调指出，"知可以战与不可以战者胜，识众寡之用者胜，上下同欲者胜，以虞待不虞者胜，将能而君不御者胜"（《谋攻篇》）。他还从正面充分肯定了"知彼知己"对于指导战役胜利的意义："故知战之地，知战之日，则可千里而会战"（《虚实篇》），"故知兵者，动而不迷，举而不穷"（《地形篇》）。层层递进，环环紧扣，反复论证，鞭辟入里，从战役战术的层次将"知彼知己"、预见胜负的要义阐述无遗。《军争篇》中有这么一段精彩的文字："不知诸侯之谋者，不能豫交；不知山林、险阻、沮泽之形者，不能行军；不用乡导者，不能得地利。"可见，上至"伐谋"这样的战略层次，下至行军、屯兵这样的具体举措，都不能须臾违背"知彼知己""知天知地"的根本原则。

孙子还多处论述了"知彼知己"与战争胜败的关系。他说："知胜有五：知可以战与不可以战者胜，识众寡之用者胜，上下同欲者胜，以虞待不虞者胜，将能而君不御者胜。此五者，知胜之道也。"（《谋攻篇》）又说："知吾卒之可以击，而不知敌之不可击，胜之半也；知敌之可击，而不知吾卒之不可以击，胜之半也；知敌之可击，知吾卒之可以击，而不知地形之不可以战，胜之半也。"（《地形篇》）还提出将有五危、兵有六败。这些论述，可以理解为战争指导者应该了解彼己双方的情况——了解全面和指导正确的就胜利，否则就不能胜利。所以他说："知彼知己者，百战不殆……不知彼不知己，每战必殆。"《孙子兵法》中一系列作战原则，如作战方针、作战形式、作战指导等，都是以"知彼知己，百战不殆"这一思想为基础的。

孙子提出的"知彼知己，百战不殆"原则，其真理性已被古往今来的无数次战争实践反复证实。

20世纪初，日俄两国为争夺东北亚霸权而开战。俄国人既不知彼又不知己，竟然将日军比作"乳儿军"，自负地认为战胜日军易如反掌。他们不是与日军斗智，而是与日军斗气。结果俄军波罗的海舰队不远数万里，从大西洋绕过非洲好望角，经印度洋、太平洋驶到对马海峡，却因不明敌情，被以逸待劳的日本海军打得惨败。

第二次世界大战前，法国军事领导人自恃有马其诺防线，放松了警惕。尤其是艾伦赛元帅过高估计法军，过低估计德军，说德军将领"在第一次世界大战中，没有一个曾经做过比上尉更高的官职，这是德军的一个大弱点"。①结果，法军在二战初期，被德军打得一败涂地。

这些战例，充分说明了孙子"知彼知己"原则的正确和伟大。

毛泽东对孙子的"知彼知己"原则给予了很高的评价。他在《论持久战》中指出："我们承认战争现象是较之任何别的社会现象更难捉摸，更少确实性，即更带所谓'盖然性'。但战争不是神物，仍是世间的一种必然运动，因此，孙子的规律，'知彼知己，百战不殆'，仍是科学的真理。"②在这里，毛泽东不仅对"知彼知己"的重要性给予了充分的肯定，而且论述了"知彼知己"的可能性。毛泽东在《中国革命战争的战略问题》中又指出："有一种人，明于知己，暗于知彼，又有一种人，明于知彼，暗于知己，他

① ［英］利德尔·哈特：《战略论》，战士出版社，1981 年版。
② 毛泽东：《论持久战》，《毛泽东选集》第二卷，人民出版社 1991 年 6 月版，第 490 页。

们都是不能解决战争规律的学习和使用的问题的。中国古代大军事学家孙武子书上'知彼知己者，百战不殆'这句话，是包括学习和使用两个阶段而说的，包括从认识客观实际中的发展规律，并按照这些规律去决定自己行动克服当前敌人而说的，我们不要看轻这句话。"[1]

李际均将军指出："计划总是着眼于将来的事情，不管是长期计划还是当前计划，都是对尚未到来的事情进行安排。所以，就计划的认识特征来讲，它的本质是预见，其矛盾在于将来的情况是未知的，可以依据的只有过去的经验和当前已知的事情。"[2]任何计划都面临这个矛盾，但在战争中这个矛盾最突出，因为战争的未来行程不仅是未知的，而且是不断变动着的，包含着极大的盖然性即不确定性。所以18世纪法国元帅萨克森说，战争是蒙着一层阴影的科学，因为一切科学都有自己的原理，唯独战争没有这样的原理。克劳塞维茨也认为，在战争中"只有各种可能性、盖然性、幸运和不幸运的活动，它们像织物的经纬线一样交织在战争中，使战争在人类各种活动中最近似赌博"。[3]战略判断与预见的认识职能是克服盖然性，由未知到已知，由不确实到确实，"知"的含义不仅是掌握情况，更重要的是依据得到的情况做出正确的判断与预见。由于战争双方都会隐真示假，避免让对方了解自己的实力与意图，而战争又总是在互动中发展的，此时的情况到彼时往往会发生变化，所以，所谓"知"，其本质乃是在情况不够确实、不够完整且又随时改变的条件下进行尽可能准确的判断与预见。要想从纷繁多变的表面现象中寻真究底，得出对客观情况的正确认识，同时又

---

① 毛泽东：《中国革命战争的战略问题》，《毛泽东选集》第一卷，人民出版社1991年6月版，第182页。

② 李际均：《论战略》解放军出版社，2002年版，第165页。

③ ［德］克劳塞维茨著，中国人民解放军军事科学院译：《战争论》，解放军出版社，2021年版，第23页。

不为敌方的大量隐蔽和欺骗措施所迷惑，就必须进行深入的本质分析，透过错综复杂的表象找出那些反映事情相互关联和各自内在本质的主导方面，从大量的不确定因素和不稳定因素中发现那些决定事情发展的必然规律，抓住关系到国家安全和战争全局的最直接、最重要的关键环节，进行深层的分析评估和科学的推理论证，达成对形势和情况的基本认识。[①]

既然战争的盖然性影响很难被消除，那么，战略的判断和预见就很少是非此即彼的简单结论，而是包含着多种多样的可能性。这种盖然性的特征在决策者判断战略形势时同样会有顽强的体现。他们对情况的掌握不论多么全面，对形势的判断不论如何精到，仍无法绝对保证不会出现百密一疏的可能。例如著名的《隆中对》，虽然正确判断了三分天下的战略前景，堪称卓绝千古的战略名对，但是，分析依据依然存在着许多不可捉摸的变数，并非完美无缺。其失误主要表现为对刘备一方发展前景的过于乐观，"两路进兵"的长期目标过于理想化，未能判断刘备取益州和收汉中之后，孙刘联盟之间的关系必然会发生微妙的变化，存在着由盟友转化为对手的巨大可能性。这正如毛泽东所言："其始误于隆中对，千里之遥而二分兵力。其终则关羽、刘备、诸葛亮三分兵力，安得不败。"[②]这里讲的二分兵力，指的就是《隆中对》所设想的从荆州、益州发动钳形攻势，北伐中原、统一全国的长远目标。为大巴山、巫山相阻的荆、益二州，很难相互支援。尤其是在当时的通信、交通条件下，悬隔千里而要协调战场上的举措，使双方互相配合与支援，实难做到；加上刘备兵力本来就单薄，二分兵力正犯了兵家之大忌。所以毛泽东的批评无疑是正确的。而《隆中对》提出既要"跨有荆益"，又要"结好孙权"，即希望刘备在保有荆州这一战略要地的前提

① 李际均：《论战略》，解放军出版社，2002 年版，第 166—167 页。
② 中共中央文献研究室编：《毛泽东读文史古籍批语集》，中央文献出版社，1993 年版，第 106 页。

下，维持与东吴的联盟关系，这多少也有些一厢情愿，在现实中实难鱼与熊掌兼得，必然碰壁。由此可知，决策者虽然无不致力于正确判断形势，预见胜负，但是在现实生活中，要真正高明地做到这一点是极为不易的，即便聪明睿智如诸葛亮，在这方面也会或多或少留下战略上的败笔。

古人云："知人者智，自知者明。"了解自己靠的是头脑清醒，了解别人则靠的是运用智谋。《孙子兵法》中"知彼"的方法大致可以归纳为三种，即"用间""相敌""动敌"。

所谓"用间"就是使用间谍。孙子大力提倡"用间"，把这看成是"知彼"，也即"知敌之情实"最重要的手段之一，将其提高到战略的高度上来加以认识，"故惟明君贤将，能以上智为间者，必成大功。此兵之要，三军之所恃而动也"（《用间篇》）。为此，孙子专门撰写了《用间篇》，集中论述"用间"的原则和方法。他主张"乡间""内间""反间""死间""生间"等"五间并起"，而以"反间"为主；并主张通过间谍将敌人方方面面的情况侦察得一清二楚，以确保自己的战略方针得以顺利实施。

所谓"相敌"，其本义是战场交锋之前仔细观察敌情，并在此基础上判断敌人的行动意图，从而根据正确的判断，相应地决定自己的作战措施。孙子在《行军篇》中列举了三十二种具体的"相敌"之法，如"近而静""远而挑战""所居易""散而条达""少而往来""奔走而陈兵车""半进半退""见利而不进""夜呼""军扰""旌旗动""众树动""众草多障""鸟起""兽骇""尘高而锐""鸟集"等，通过对敌人言论行动的观察以判断敌之作战意图，通过对鸟兽、草木和尘埃的观察以判断敌人的行动意向，通过对敌人活动情况的观察来判断敌人的劳逸、虚实、士气以及后勤补给等情况。

孙子从实战经验中概括出来的这些"相敌"之法，大多都可从实战中得到印证。如公元前615年，秦国攻打晋国。晋军在赵盾率领下与秦军相持于河曲（今山西省永济市），赵盾针对秦军出国迢远、难以持久的特点，采取"深垒固军"，待其撤退而击之的方针。秦国因久战不胜，决定撤退，为掩饰意图，派使者以强硬言辞约晋军于第二天决战。晋军的一位副将从秦使的眼神和口气中察觉到秦军行将撤退，建议乘其撤离时予以截击，但未被采纳，致使秦军在当晚得以全师而退。这就是"辞强而进驱者，退也"的例证。其他诸如"敌近而静者，恃其险也""辞卑而益备者，进也""无约而请和者，谋也""半进半退者，诱也""鸟集者，虚也"等"相敌"之法，我们同样能在漫长的战争史长河中，找到具体的例证。

毋庸讳言，孙子高度重视"相敌"在战场交锋中的作用。他总结的三十二条"相敌之法"，是十分古老、简单、直观的，同当今先进的侦察手段和技术相比显得落后，其中有许多已不适用于现代战争。然而它所包含的透过现象看本质的思想，却依然闪烁着朴素的唯物辩证法的光芒，对我们今天从事军事活动仍具有一定的启发和参考价值。

所谓"动敌"，主要是通过试探性进攻，来进一步了解和掌握敌情。在《虚实篇》中，孙子论述了四种具体的试探敌人虚实的方法："故策之而知得失之计，作之而知动静之理，形之而知死生之地，角之而知有余不足之处。"意思是说，要通过认真的筹算，来分析敌人作战计划的优劣得失；要通过挑动敌人，来了解敌人的活动规律；要通过示形佯动，来试探敌人生死命脉之所在；要通过小规模交锋，来探明敌人兵力的虚实强弱。所有这些，都是在临战状态之下为了获取敌人情报而采用的方法，是孙子对战争经验的总结，并在战争实践中屡试不爽。它们的提出，表明孙子"知彼知己"的指导思想，已在具体的作战行动的各个环节上得到了实实在在的贯彻。

了解敌情的另一面，就是要隐蔽我情，即孙子所谓"形人而我无形"。要达到"我无形"的目的，最能动、有效的手段莫过于"形兵之极，至于无形"，即运用"诡道"，"示形"惑敌，制造虚假信息，以假乱真，造成敌人的误判，以至"形之，敌必从之"（《势篇》）；敌人对我之假象越是深信不疑，我之真情也就隐蔽得越好，以至"深间不能窥，智者不能谋"。做到了"形人而我无形"，就能使战场信息完全掌握在我方手中。"形人而我无形"的目的在于"致人而不致于人"，即通过对战场信息的控制，夺取战场的主动权，确保我方的行动自由，同时实现对敌方的误导和操纵，玩敌于股掌之上。

战国时期，魏惠王违背孙子所倡导的"知彼知己"这一军事斗争指导原则，在战略主攻方向的选择上发生严重失误，导致魏国霸权的中衰，早早地在战国七雄兼并统一战争中黯然出局，是很有警示意义的反面例子。

公元前453年，韩、魏、赵三家分晋，揭开了战国历史的帷幕。在当时的七雄之中，魏文侯第一个实行改革，礼遇卜子夏、田子方、段干木等名流贤达，重用吴起、李悝、西门豹等才俊能士，行"地力之教"，施"平籴之法"，创"武卒之制"，建"《法经》之治"，励精图治，富国强兵。而后魏国充当三晋老大，联合韩、赵诸国，先后西伐秦，占秦河西之地；南击楚，夺楚睢之间；东攻齐，入齐长城；北征中山，一度奄有其地。这一系列举措使得魏国在当时率先崛起，称霸中原。继起的魏武侯"萧规曹随"，保证了魏国的霸业得以平稳维持并有所发展。等到魏惠王即位时，魏国已是战国七雄中的头号强国，如果战略决策正确，假以时日，未尝不能成为统一天下的承担者。

然而，魏惠王（即梁惠王）好大喜功，昧于"知彼知己"，加上随之而来的战略主攻方向抉择上的失误，最终使魏国的大好战略形势发生逆转，其进一步发展进而统一天下的机遇彻底丧失。

从战国兵要地理考察，魏国北邻赵，西接秦，南连楚、韩，东毗齐、宋，国土四通八达，多面受敌，无险要可供守御，处于四战之地的战略内线地位，这决定了魏国的中原霸权有着一定程度上的内在脆弱性。所以，魏惠王上台后最应该做的，是凭借已有的实力地位，恰当、正确地选择战略主攻方向，避免四面出击，到处树敌。就当时的实际情况看，他的正确选择无疑应该为东守而西攻，即据有河西之地，乘秦国退守洛水的有利形势向西发展，夺占泾、渭，控制崤、函，争取战略上的主动，为日后兼并列强、统一国家创造条件。

遗憾的是，魏惠王本人是彻头彻尾的战略短视者，对当时的整个战略形势以及走向茫然无知，一头雾水。他所追求的是表面上的风光，贪图的是虚幻意义上的荣耀。在他看来，秦国"僻在雍州，不与中国诸侯之会盟，夷翟遇之"①，完全不配当自己的对手，胜之不武，服之无名，激发不起自己的兴趣。相反，控制三晋，压服齐、楚，才是煌煌伟业，才是号令天下、颜面上有光彩的象征。在这种自高自大的心理驱使下，他轻率地做出了战略方向东移的选择，西守而东攻。为此，他干脆把都城从安邑（今山西省运城市夏县西北）搬迁到了大梁（今河南省开封市），自以为居天下之中，便理所当然地成了天下的领袖。

意识深处的霸主心态越强烈，表现在行动上的乖张轻妄也就越极端。魏惠王在当时的军事外交上变本加厉地推行"单边主义"，动辄对其他诸侯国付诸武力，用戈戟而不是樽俎来发言。这样一来，长期形成的魏、韩、赵三晋联合阵线破裂了，魏国与齐、楚等大国的关系恶化了，与秦国的矛盾也丝毫未因迁都大梁而有所缓解。一句话，魏惠王终于因自己的好大喜功，锋芒毕露，四面出击，战略方向选择错误而陷入了战略上的极大被动。

尤为可悲的是，魏惠王始终不曾意识到自己处境的危殆，反而沾沾自喜，继续在那里营造"慕虚名而处实祸"的"形象工程"。而他的对手恰好利用这一点，推波助澜，兴风作浪，诱使他在失败的道路上死不旋踵地走

---

① 《史记·秦本纪》。

下去。自视甚高实则头脑简单的魏惠王果然中计，进入人家预设的圈套。

这方面的典型事例是魏惠王接受商鞅的献策，释秦而攻宋，自称为王。商鞅入秦主政之后，敏锐地看到秦、魏争霸，互为死敌的本质，认为魏是秦的"腹心之疾"，是秦国在统一斗争道路上第一个要干掉的对手，"非魏并秦，秦即并魏"，于是处心积虑地"借刀杀人"，以图削弱乃至摧毁魏国的实力地位。为此，他出使魏国，实施祸水东引、坐收渔利之策。一到魏国，他便当面给魏惠王戴高帽子、灌迷魂汤："大王之功大矣！令行于天下矣。"①爱面子的魏惠王当然听得满心舒坦，飘飘然起来。

商鞅见招数奏效，进而居心叵测地建议魏惠王"先行王服，然后图齐、楚"②，即鼓动魏惠王公开称王，然后联合秦国，用兵齐、楚。"王"是当时的最高称号，地位在诸侯之上，魏惠王对这个名号早已朝思暮想、垂涎已久，只是担心他国的反对才不敢仓促行事。现在既然得到秦国的"鼎力支持"，那也就不必再半抱琵琶，讲什么客气了。于是，魏惠王兴致勃勃地按照周天子的礼制准备舆服仪仗，修筑宫殿，在周显王二十五年（公元前344年）正式加冕称王。同时，魏惠王以霸主的身份召集诸侯会盟，把场面撑得大大的：宋、卫、邹、鲁诸国国君应邀与会，秦国也派使节到会捧场。这时候的魏惠王真的是挣足了面子，摆够了威风。殊不知这种利令智昏的举动，恰恰使他成为众矢之的，陷于孤立的困境，到头来为面子上一时的光鲜付出了惨重的代价："于是齐、楚怒，诸侯奔齐，齐人伐魏，杀太子，覆其十万之军。"③以桂陵、马陵之战为标志，魏国的霸权宣告终结，由魏来统一天下的可能性被彻底排除。

《老子》说，"知人者智，自知者明。胜人者有力，自胜者强"，魏惠王

---

① 《战国策·齐策五》。
② 《战国策·齐策五》。
③ 《战国策·齐策五》。

的可悲，正在于他既不知人，更不自知，好高骛远，忘乎所以，稍有资本便炫耀，一旦得势便摆谱，在战略主攻方向的选择上犯了无可弥补的大错。更让人可叹的是，他至死也不曾悟出自己之所以倒霉、魏国中衰的原因，而只知道一味抱怨命运的不济，怪罪天道的不公。这从他和孟子的谈话中反映得非常清楚："晋国，天下莫强焉，叟之所知也。及寡人之身，东败于齐，长子死焉；西丧地于秦七百里，南辱于楚。寡人耻之。"①一点儿也没有自我批评的精神，根本不曾反省那明摆着的事实，魏国的中衰，根源在于战略主攻方向选择的错误。魏惠王不虚心、不自重到了这种地步，魏国国势日渐衰落，自然是"无可奈何花落去"了。

知天知地

天与地，是战争的舞台，是影响战争进程和结局的重要因素。孙子曰："知天知地，胜乃可全。"察知天候地理，巧妙利用地利，根据地理条件制定切合实际的战略战术，确保作战的胜利，乃是孙子制胜之道的重要内容。

对于地理条件在战争中的重要地位，孙子也有明确的认识。孙子继承了春秋以来"天人相分"的进步哲学思想，进一步摒弃了商周以来"天道""天命"观念的残余。商周之际，是"天命""天道"思想十分盛行的时期。"天"在人们心目中占有崇高的地位，被视为超自然的主宰力量，人们用"天命"和"天道"来解释社会生活和自然界的各种现象。春秋时期，是古代社会发生变革的重要时期，也是人们的思想观念发生重要变化的阶段。这表现在天人关系的认识上就是，人们开始逐渐剔除商周"天命""天道"思想中"天"的人格神的含义，疑天轻神的思想发展成一种比较普遍的社会

---

① 《孟子·梁惠王上》。

思潮。当时一些进步的思想家提出了"重民轻神""天人相分"的思想命题，他们鲜明地提出"吉凶由人""天道远，人道迩，非所及也"①等进步观点。

孙子对待"天"的基本态度是重视"天"，但不迷信"天"。他说："先知者，不可取于鬼神，不可象于事，不可验于度，必取于人，知敌之情者也。"（《用间篇》）孙子能够以朴素唯物主义的观点看待天时、气候等种种自然现象："天者，阴阳、寒暑、时制也。"（《计篇》）他把"天"直接归结为自然天候和时制变化，并指出，军队出现"走、弛、陷、崩、乱、北"六种打败仗的情况，原因"非天之灾"，而是"将之过也"。（《地形篇》）这在当时对于解放思想，摆脱"天命""天道"等迷信思想的束缚，无疑具有重要的思想启迪意义。

孙子把"天"作为"五事七计"的重要内容，并将能否得到天时之利看作是决定战争胜负的重要因素之一。孙子非常注重天候条件对战争的影响，他在《虚实篇》中说，"故五行无常胜，四时无常位，日有短长，月有死生"，表明他认识到自然界变化的规律，并以此来比喻战争双方虚实对比的变化。孙子根据夜战与昼战的特点，提出应采取不同的指挥手段，"故夜战多火鼓，昼战多旌旗，所以变人之耳目也"（《军争篇》）。孙子通过"朝气锐，昼气惰，暮气归"的自然现象，提出"避其锐气，击其惰归"的作战原则；又根据天候条件的变化与特点，提出了行军扎营的一些重要原则，如"视生处高，无迎水流，此处水上之军也""凡军好高而恶下，贵阳而贱阴，养生而处实""上雨，水沫至，欲涉者，待其定也"（《行军篇》）等。孙子在《火攻篇》中还提出："发火有时，起火有日。时者，天之燥也；日者，月在箕、壁、翼、轸也。凡此四宿者，风起之日也。""火发上风，无攻下风。昼风久，夜风止。"所有这些，都体现了孙子利用天候条件、灵活用兵的思想。

---

① 《左传·昭公十八年》。

三国时期，在决定魏、蜀、吴三方命运的赤壁之战中，蜀吴联军由于掌握了天气变化的规律，才有火烧赤壁的战果，正所谓"万事俱备，只欠东风"，假如没有天公作美，"东风不与周郎便，铜雀春深锁二乔"，战争则可能是另外一种结局了。在西方古代战争史上被誉为"军事艺术典范"的坎尼会战中，汉尼拔之所以取得胜利，也得益于对天气条件的巧妙利用。在这次战役中，汉尼拔在会战前几天就掌握了当地天气变化的规律，他知道这里大约中午时分常常有强烈的东南风，因此，他针对罗马人的战术特点，制定了简单而大胆的作战计划。作战时正值中午，令人目眩的东南风大作，狂风卷起大量沙石扑向罗马阵地，罗马人两眼被风沙所眯，投射的箭石也因逆风而速度减慢、力度减弱、准度降低，而迦太基人投射的箭石因顺风而速度加快、力量加强，杀伤效果甚佳。战到天黑，敌军大败，约七万人丧生，而汉尼拔仅伤亡六千多人。而有"军事天才"之称的拿破仑之所以在俄国遭到惨败，一个重要原因就是对俄罗斯独特的天候条件对战争的影响估计不足。因此，自然气象条件对战争的影响的确不容忽视。

在现代战争中，人们改造自然、利用自然的能力有了质的飞跃，人们已经能够通过现代技术手段改变自然气象条件，为我所用。这就是所谓的"气象战"。越南战争中，美军在越南地区实施的人工降雨计划就是一个典型的例子。

1961年5月，美国为了推进其殖民主义政策，开始了长达十四年的侵越战争。在战争中，美军屡遭失败，深陷越战的泥潭不能自拔。当时，由于越南北方沿"胡志明小道"的后勤运输十分活跃，南方战线有充分的军火、给养供应补充，美军每推进一步，都要付出很大的代价。在这种情况下，美国国防研究和工程局在美国科学院的支持下，于1966年提出了一个设想，针对越南的气候特点，使用人工降雨的方法来切断或阻止越南北方沿"胡志明小道"的后勤运输。1967年2月，美国总统约翰逊正式批准了这项秘密气象计划，即利用WC-130气象侦察飞机和RF-4C侦察飞机投放装有碘化银的催化弹以进行人工降雨，作业区域在老挝、柬埔寨、越南南方和北方毗邻地区。据有关资料统计，在1967年—1972年的六年间，美军在东南亚每个西南季风期的雨季，都进行人工降雨作业，共飞行2600多架次，向云中投放碘化银烟弹47400多枚，耗资达2160万美元。

美军实施的人工降雨行动取得了明显的效果。从美国国防部1971年6月提供的两张越南降雨区雨量等值线图上可以看出，实施人工降雨后该地区的降雨量较此前增加了18厘米—25厘米。美军的这项人工降雨计划，造成"胡志明小道"运输线上道路泥泞、公路塌方、桥梁被毁，迫使越南北方军队不得不抽出部分人员和物资整修道路，在一定程度上阻碍了越南北方部队的调动和物资运输。在美军未实施人工降雨计划之前，越南在老挝东部进行后勤运输每周超9000次，而实施人工降雨计划后则连900次也不到了。此外，人工降雨计划还被用来影响越南北部的天气，以利于美军轰炸任务的实施，并为越南南方突击队和谍报队向越南北方渗透提供了云雨掩护。美国的这项用于军事目的的人工影响天气的方法，不可避免地给越南造成了严重的洪水灾害。在最为严重的1971年，越南北方有3个月洪水泛滥，致使近百万人死亡，相当于越南北方总人口的5%。美军在越战中的人工降雨行动违背道义，遭到了强烈的舆论谴责，但从军事上看是达到了预期的目的。

对于地理条件在战争中的重要地位，孙子也有明确的认识。所谓"地"，就是"远近，险易，广狭，死生"。他一再强调高明的指挥员应该"知天知地"，认为这是"胜乃可全"的前提条件。

在冷兵器作战时代，掌握和利用地形地理，对决定战争的胜负关系尤为重要。因此早在孙子之前，人们即开始探讨军事与地理条件的关系，并留下了不少足资启迪的理论雏形。如《易·师》有云："师左次，无咎。"

意思是军队在作战中只要占据有利的地形，就不会有危险。又如《易·同人》亦云："伏戎于莽，升其高陵，三岁不兴。"意谓利用多草地形隐蔽军队，并抢先占据有利的制高点，就能够战胜敌人，并使敌人大伤元气，多年无法恢复。这些都成了孙子构筑其军事地理思想的重要理论来源。

然而，在孙子之前，关于地形运用原则的论述远远未臻成熟，这表现为两方面：一是片言只语，缺乏深度；二是没有涉及兵要地理问题，缺乏广度。直到孙子出现，利用地理条件以克敌制胜，才成为军事理论体系中的重要组成部分，军事地理学才基本具备规模。换言之，孙子乃是中国古代第一位系统探讨地形、地理条件与军事斗争成败的相互关系的军事大师。

明末清初的学者顾祖禹指出："夫论兵之妙，莫如孙子；而论地形之妙，亦莫如孙子。"[①]孙子对地理条件在战争中的地位和作用极为重视，在十三篇中专辟两篇——《地形》和《九地》——论述军事地理问题。他指出地理条件与作战的胜负有着密切的联系，主张把熟悉和利用地利提到战略的高度来加以重视："夫地形者，兵之助也。料敌制胜，计险厄远近，上将之道也。"（《地形篇》）基于这样的认识，孙子进而强调行军作战时，要侦察或利用乡导（向导）去了解、掌握地形，指出"不知山林、险阻、沮泽之形者，不能行军；不用乡导者，不能得地利"（《军争篇》）。

孙子的军事地理学思想主要包括两个方面：一是对兵要地理的论述，《九地篇》中对这一问题进行了集中探讨，提出了军队在九种不同的战略地理环境中展开行动的基本指导原则；二是对战术地理的论述，主要见于《行军》《地形》诸篇。以下我们就根据这一线索做一番必要的概述。

孙子高度重视对兵要地理的研究。在《九地篇》中，他把战略地理区分为"散地""轻地""争地""交地""衢地""重地""圮地""围地""死

---

① 《读史方舆纪要》。

地"九大类，对它们的内涵和特点进行了扼要而精辟的概括归纳："诸侯自战其地，为散地。入人之地而不深者，为轻地。我得则利，彼得亦利者，为争地。我可以往，彼可以来者，为交地。诸侯之地三属，先至而得天下之众者，为衢地。入人之地深，背城邑多者，为重地。行山林、险阻、沮泽，凡难行之道者，为圮地。所由入者隘，所从归者迂，彼寡可以击吾之众者，为围地。疾战则存，不疾战则亡者，为死地。"

针对上述不同的战略地理条件，孙子进而论述了具体的军事行动方案：处于"散地"就不宜作战，应先统一军队的意志。处于"轻地"就不宜停留，即使不得不屯驻，也要使营阵紧密相连。遇上"争地"就不要勉强进攻，而应迅速出兵包抄敌人的侧后。遇上"交地"就不要断绝队伍间的联络，同时谨慎进行防守。进入"衢地"就应该争取邻国，巩固与其他诸侯之间的联盟。深入"重地"就要掠取敌国，保障己方军粮的供应。碰到"圮地"就必须迅速通过。陷入"围地"，就要设计快速脱险。处于"死地"，就要展示殊死奋战的决心，力战求生。

从这些战略地理学说的内涵来看，孙子的重点是放在纵深奔袭这一点上的，即了解兵要地理的目的，是为了更好地展开战略突袭，迅速以坚决果敢的行动将军队插到敌国的腹心地区，与敌军展开决定性的会战，争取一战而胜，成就霸王之业。用他自己的话说，就是："凡为客之道，深入则专，主人不克。"（《九地篇》）由此可知，孙子的兵要地理理论，是其进攻战略观念在军事地理学上的具体反映。两者之间存在着一种"体"与"用"的逻辑关系。

战国中后期秦国战略优势地位的确立，是与其优越的地缘战略环境密切相连的。班固有云："秦地天下三分之一，而人众不过什三，然量其富居什六。"[1]秦统治中心关中地区的地理条件更是十分优越：它作为四塞之地，

---

① 《汉书·地理志》。

"带河阻山，地势便利"①，处于进可以攻、退可以守的有利地位，占有了它，对敌便拥有了主动权和行动的自由。兼之土地肥饶，水利灌溉系统发达，物产丰富，"号称陆海，为九州膏腴""沃野千里，民以富饶"②，能够支持长期的战争活动，一直是秦国实施兼并统一战略的有力保障。值得注意的是，秦国长期贯彻拓土开疆、扩展战略纵深、巩固战略后方、争夺战略要枢的方针，先后攻占河西、上郡、陕等地，完全控制了黄河天险与崤、函要塞；灭亡南方的巴蜀，夺取汉中；攻灭西北方向的义渠，进而占领黔中、陶邑、南阳、河内等战略要地。秦国将大部分兵家必争的战略形胜地区都收入自己的疆域，进一步占有地理环境上的优势，为开展席卷天下、统一六国的战略行动创造了非常有利的条件。用苏秦的话说就是："秦四塞之国，被山带渭，东有关河，西有汉中，南有巴蜀，北有代马，此天府也。以秦士民之众，兵法之教，可以吞天下，称帝而治。"③

孙子的战术地理思想同样相当丰富，精彩迭呈。他指出，在行军作战过程中，首先要将军队处置好，即所谓的"处军"。而"处军"的重要环节，便是要善于利用有利的地形，避开不利的地形，占据战场上的主动地位。为此他具体、细致地列举了在山地、江河、沼泽、平原以及"绝涧""天井"等特殊地形的"处军"原则。具体地说，在平原地带，要占领平坦、开阔地带，而侧翼应倚托高地，做到前高后低，居高临下，居生击死，同时还要保持粮道的畅通；在山岭地带，要靠近有水草的山谷，驻扎在居高且向阳的地方，同时避免仰攻业已为敌人占领的高地。这是总的原则。在《地形篇》中，孙子还通过对在"挂形""支形""隘形""险形"四种地形作战的原则的阐述，进一步揭示了在山地"处军"作战的要领。孙子认为，在

---

① 《资治通鉴·汉纪·太祖高皇帝六年》。

② 《汉书·地理志》。

③ 《史记·苏秦列传》。

江河地带作战必须掌握以下要领：第一，"绝水必远水"，即横渡江河，必须在远离江河之处驻扎；第二，实施"半济而击"，即敌人渡水来战，不要在江河中予以迎击，而要等敌军全员渡过一半，未及整队时再发起攻击；第三，"欲战者，无附于水而迎客"，意即如果要同敌人决战，则不要紧挨水边布兵列阵；第四，"视生处高"，意即在江河地带驻扎，也应当在居高、向阳处；第五，"无迎水流"，意即不可面迎上流，以防止敌军顺流而下或决堤放水、投放毒药。在盐碱沼泽地带，孙子认为"处军"要迅速离开，不要停留，以摆脱被动。倘若不得已同敌人遭遇于盐碱沼泽地带，就一定要靠近水草并背靠树林，努力化被动为主动。孙子认为，各种特殊地形的地带都是极不利于军队的行动的。一旦遇到这类地形，就要善于判断，果断决策，迅速离开，把它们留给敌人，陷敌于被动之中："凡地，有绝涧、天井、天牢、天罗、天陷、天隙，必亟去之，勿近也。吾远之，敌近之；吾迎之，敌背之。"（《行军篇》）

在具体分析了江河、平原、山地的地形特点以及不同的军事对策之后，孙子进而概括和揭示了利用地形的一般规律，阐述了其战术地形学的基本指导思想："凡军好高而恶下，贵阳而贱阴，养生而处实，军无百疾，是谓必胜。丘陵堤防，必处其阳而右背之。此兵之利，地之助也。"（《行军篇》）可见，无论在平原、山岭地带，还是在江河、天险、沼泽地带，都要居高且向阳处，梯次配备兵力，保证军需供给，巧妙利用地形，牢牢掌握主动权，力争克敌制胜。

孙子重视地形的思想被后人继承和发展。诸葛亮《将苑·地势》曰："夫地势者，兵之助也。不知战地而求胜者，未之有也。山林土陵，丘阜大川，此步兵之地；土高山狭，蔓衍相属，此车骑之地；依山附涧，高林深谷，此弓弩之地；草浅土平，可前可后，此长戟之地；芦苇相参，竹树交映，此枪矛之地也。"《大唐卫公李靖兵法》（后简称《卫公兵法》）中说：

"不明地利，其败不旋踵矣。"《武经总要》中说："若择地顿兵，不能趋利避害，是驱百万之众而自投死所，非天之灾，将之过也。"《兵法百言·法部·地》中曰："凡进师克敌，必先相敌地之形势。十里有十里之形势，百里有百里之形势，千里有千里之形势。即数里之间，一营一阵，亦有形势……利骑利步，利短利长，利纵利横，业有成算，而后或扼吭，或抚背，或穿夹，或制根基要害。"这些论述在继承孙子军事地理思想的同时，具体展现了各种地理、地形条件下的战法，使孙子的军事地理思想得到了具体化和可操作的发展。

四、非利不动：以利为本原则

要点提示：

兵者，国之大事，死生之地，存亡之道，不可不察也。（《计篇》）

兵久而国利者，未之有也。（《作战篇》）

非利不动，非得不用，非危不战。（《火攻篇》）

合于利而动，不合于利而止。（《九地篇》）

不尽知用兵之害者，则不能尽知用兵之利。（《作战篇》）

以利动之，以卒待之。（《势篇》）

屈诸侯者以害，役诸侯者以业，趋诸侯者以利。（《九变篇》）

稍早于孙子的哲学家老子有句名言："祸兮，福之所倚；福兮，祸之所伏。"意思是事物之间具有普遍联系的特征，即使是同一事物的内部，也存在着因不同倾向而相互对立、互相渗透的属性，都是矛盾的对立统一体。矛盾的对立统一是事物存在与发展的根本规律，存在或消亡，困难或容易，修长或粗短，高尚或低下，超前或落后，等等，都是通过相互对立、相互比较而得以体现的，彼此之间并无绝对的标准，即常言所谓的"尺有所短，寸有所长"。只有一方存在，另一方才得以存在。任何事物都有其独特的地方，都有值得肯定的优点和精华，从"道"充斥宇宙的角度而言，世上没有一无是处之人，亦无一无是处之事，"无弃人""无弃物"。高明的统治者要善于辩证地观察问题，做到善于资鉴，从而更好地充实、丰富自己，把握战略主动权。毫无疑义，老子这些看法是正确的。军事上有一条重要原则恰与老子的观点相吻合，即"最佳的学习途径，是向自己的敌人学习"。

在现实中，不少人的成功秘诀在于"有所为有所不为""弃小利而获大利"，虚怀若谷，不为人先，谦让以取美誉，韬晦以待时机。这表面上是多让步，少争先，多投入，少产出，实际上是"以迂为直，以患为利"，以间接路线达到直接路线所不能达到的战略目标。这才是真正的人生大智慧。

军事斗争的性质也不例外。以孙子为代表的中国古代兵家，也善于以普遍联系、相互依存的观点、立场和方法来全面认识和宏观把握军事问题。在他们看来，兵学理论的基本范畴，如"奇正""虚实""宽严""主客""攻守""形势""速拙""迂直"等，无不以相互依存的形式存在，一方不存在，另一方也就不存在。无"虚"即无"实"，无"奇"即无"正"，无"主"即无"客"，这正如老子哲学中的美丑、难易、长短、高下、前后、有无、损益、刚柔、强弱、祸福、荣辱、智愚、巧拙、大小、生死、胜败、静躁、轻重一样，彼此都存在对立的统一和普遍的联系。不仅对立的事物具有联系、统一性，就是同一事物内部也存在着不同倾向之间相互对立、互为渗透的属性。用兵打仗作为一种特定的社会现象，本身就包含"利"与"害"两种倾向。

孙子曰："军争为利，军争为危。""不尽知用兵之害者，则不能尽知用兵之利也。"战争既可能带来"战胜而强立"[1]，也可能导致覆军杀将，国家灭亡。因此，孙子在全书开篇就大声疾呼："兵者，国之大事，死生之地，

---

[1] 《孙膑兵法·见威王》。

存亡之道，不可不察也。"对于战争中的利与害，那些头脑清醒的政治家和军事家从来都不会等闲视之。

兵以利动

众所周知，《孙子兵法》这部经典诞生的春秋时期，是中国古代社会由奴隶制向封建制过渡的大变革时代，也是中国古典兵学从军法到兵法、从重礼到重利、从"以仁为本"到"兵以诈立"发展递嬗的过渡时期。

自西周初年至春秋中期的兵学，其载体形式主要表现为"军法"，还不是纯粹意义上的"兵法"。"军法"与"兵法"的区分，按李零先生的观点，即"广义的军事艺术"和"狭义的军事艺术"之别。"兵法"主要是指"用兵之法""作战指挥之法"，而"军法"则多带有条例与操典的性质，包括军赋制度、军队编制、军事装备、指挥联络方式、阵法与垒法、军中礼仪与奖惩措施等，它一般属于官修文书的范畴。由于它是西周礼乐文明在军事领域内的集中体现，所以又可以称为"军礼"。这一阶段兵学的主要特点体现在战争观、治军理论、作战指导原则上，反映和贯彻"军礼"的基本精神，提倡"以礼为固，以仁为胜"[①]；主张行"九伐之法"[②]"不鼓不成列"[③]"不杀黄口，不获二毛"[④]"服而舍之"[⑤]；贵"偏战"而贱"诈战"，"结日定地，各居一面，鸣鼓而战，不相诈"[⑥]。这就是班固在《汉书·艺文志·兵书略序》中总结和揭示的："下及汤武受命，以师克乱而济百姓，动之以仁义，行之

---

① 《司马法·无子之义》。
② 《周礼·夏官·大司马》。
③ 《左传·僖公二十二年》。
④ 《淮南子·氾论训》。
⑤ 《左传·隐公十一年》。
⑥ 《左传·桓公十年》。

以礼让，《司马法》是其遗事也。"

这一点在西周和春秋前期的历史记载中有具体而丰富的例子。从《左传》《国语》等文献所反映的史实看，当时的战争是非常温文尔雅的，大家都是彬彬君子，这种战争并不是宋襄公一个人的发明，而是当时整个社会潮流背景下的一种战争形态。经过一定时期，由于各种条件的变化，这种战争就慢慢过渡到孙武所提倡的"兵以诈立"式的那种战争。

宋襄公的争霸之战——泓水之战，爆发在公元前638年。宋国是个非常有意思的国家，我们知道，它是商朝的后裔微子的封地。当时的战争并不追求赶尽杀绝，而是会保留一部分前朝的后裔，继承宗祀，于是周朝灭商朝后把微子封在商朝故地，建立宋国。宋国的地位很高，宋襄公的"公"，在当时五等爵位"公、侯、伯、子、男"中是最高的一级。后来的所谓楚庄王是自封的，他真正的爵位就是《左传》里所记载的"楚子"；齐桓公也不是真正的"公"，他的爵位是"侯"；郑庄公的爵位是"伯"。再比如"许男"，许国是那时很小的一个国家，所以许国国君的爵位最低，仅仅是"男"。而宋襄公的地位很高，是"上公"。他本来是前朝整个国家领袖的后代，现在是封国的领袖，当时叫作"宾客之国"。可先秦对宋国人是常加以嘲笑的，大家可能还有印象，先秦的好多寓言都是嘲笑宋国的，像"揠苗助长""守株待兔"等，反正只要大家开玩笑，就拿宋国人开涮。连带宋国的国君也跟着倒霉，宋襄公在历史上也没留下好的形象。"春秋五霸"中有宋襄公一席之地。其他的霸主都像个霸主，而他这位霸主的形象好像看不出来。他留给大家的唯一印象就是在泓水之战中打了败仗，然后他发表了一番打败仗的高论为自己辩护。所以他就成为历史上一个被讽刺的对象，以自以为是、顽固不化、不会打仗的形象为众人所知。毛泽东有句话叫作"蠢猪似的仁义"，说的就是他。我们写历史文章或历史小故事，提到他的死，就会说"宋襄公带着他那花岗岩脑袋见阎王去了"，都是调侃的味道。为什么会这样呢？最大的原因就是我们看到了他在"泓水之战"中的表现。齐桓公死后，中原没有霸主了，楚国的势力咄咄北上——那时楚国被看作南蛮，被中原诸侯瞧不起。所以当时要团结中原的诸侯，防御楚国北上。宋襄公就跑出来搞会盟，充当霸主。他当时也有一点儿资本：在齐桓公死后，他帮助齐国平定了内乱。楚国人是用实力说话的，就和他干上了。春秋时都有"折冲樽俎"的说法，就是外交斗争通过谈判来解决问题。在谈判中，宋襄公就显示出他的蠢笨了：当时有人提醒他，说楚国人很狡猾，不讲信义，应该"兵车赴会"，要他带兵前去。他不听，反而说，在这种场合下怎么能带兵去呢？我偏不。结果去了之后，在会上谈不拢，楚国人早就做好了准备，就把他作为人质，押着他去打宋国——有点像后来"土木之变"中的明英宗。守城的宋襄公同父异母的哥哥对楚军说，你们尽管扣押着他好了，反正宋国是不会投降的。楚国弄了半天发现宋襄公没有什么用，废物一个，还得给他吃好喝好，住五星级宾馆——国君嘛，待遇也不能太差。于是就由鲁国做中间调停人，又把他送了回去。

回国之后，宋襄公窝了一肚子的火，时刻想着报仇。可是他知道楚国是惹不得的，于是盯上了那些见风使舵的小国，先打的就是郑国。这时郑国实力已经下降了，它是第一个和楚国勾勾搭搭、背叛中原诸侯联盟的。有人劝宋襄公不要打，他偏要去打。宋襄公一打郑国，楚国果然出兵了。宋襄公一看，赶紧收兵，可是楚军已经大军压境了，就在宋国边境的泓水打了一仗。宋襄公在这一仗中的表现，我们的中学课本上讲过。当楚军渡河时，有人建议他开打，他说："我们是仁义之师，怎么可以这样打呢？我们不做这种偷鸡摸狗的事情。"楚军渡过河之后，还没有排好队列，又有人建议他打，他还是不打，说你怎么老是想着做些不地道的事情，我们要打"堂堂之阵"。结果楚国排好队列之后，两军开打。楚国的军队相对于宋国军队来说是个庞然大物，就好像日本的相扑运动员和一个普通的人对摔，所以宋国的军队几乎全军覆没。幸亏宋襄公跑得快才侥幸逃脱，不过他还是受了伤，《左传》记载说是"公伤股"，"股"就是大腿，伤势还很重，而且"门官歼焉"，侍卫队也全部被歼。事后有人批评他，仗怎么能够这么打呢？他就发表了一番高论："君子不重伤"，就是说，人家受了伤你不能再去补上一刀；"不擒二毛"，年龄大了，头发有白的有黑的就叫作"二毛"，在古代战争中是要受优待的；"不以阻隘""不鼓不成列"，不能利用有利的地形去打，人家没有摆好阵形也不能打。当然，他这话出来受到不少的批评，但他没有悔改。第二年，由于伤势过重，那时医疗条件也比较差，宋襄公就死了。于是后人就把他定格在"傻瓜蛋"的形象上了。

现在看来，宋襄公确实很好笑，说他"蠢猪似的仁义"也是有道理的。但是我们把《左传》《国语》等先秦的古书好好梳理一下的话，就会发现，宋襄公实施这种战法，并不是一时的心血来潮，也不是他自己别出心裁，而是军礼传统下的一种必然产物。什么是军礼？军礼就是西周初年，周公制礼作乐之后，大家在战争中共同遵循的一些基本规则。

《司马法》第一篇《仁本》里面，就包含了宋襄公那种战法的一些基本原则。宋襄公说"不重伤""不擒二毛"，它里面有"不穷不能而哀怜伤病"，就是说不能穷追猛打已经失去抵抗能力的敌人，而且他如果受了伤，你还要关心爱护他，给他医治。我们共产党优待俘虏的原则就是从这里学的。它还讲到"成列而鼓，是以明其信也"，和宋襄公"不鼓不成列"的意思是一样的，只是一个是肯定句一个是否定句。双方排好队列之后再打，偷袭之类的事是绝对不允许的。这些原则在《司马法》里面已经有所表现，这是军事传统。它还提倡"争义不争利"，中国传统文化讲"义利之辩"，这不仅仅是儒家的东西，兵家也有。战争争的是道义，不是利益。这与宋襄公的思想是一致的。还有"逐奔不过百步"，追赶逃跑的敌人不要超过一百步；"纵绥不过三舍"，敌人退避三舍就不能再打了。所以城濮之战中楚国没有打就已经失败了，因为晋文公已经退避三舍，楚国再打就失了道义。这些都是《司马法》中保留下来的古军礼的基本传统，恰好和宋襄公在泓水之战中的表现是一致的。还有最后一条，"又能舍服"，就是打赢了以后，还要放人一马。从理论上来看，大家就会发现宋襄公时代，战争都还是必须按军礼来做，否则别人要指责他"违礼"。这在《左传》里面有很多例子，比如有次晋国要打齐国，正好齐国的国君死了，于是晋国就停止进军，回去了，要等齐国立好新国君，安定下来再打——从三十六计的角度来看，这恰恰是个好机会，可以乘机捞上一把。假如对方国家赶上凶年，粮食歉收，百姓都没有饭吃，这时候也不能打。这些都是基本原则。所以《左传》中对宋襄公的评价是"礼也"，就是说他能够遵守军礼。

我们继续看《左传》中的两个事例，非常有意思，不像是克劳塞维茨所说的"绝对战争"，也不像秦赵长平之战，一下杀了四十多万人的残酷的战争，而是反映了军礼传统下战争的有限性、可控性的典型。

春秋早期的一条主线就是晋楚争霸，晋楚之间一共有三次大规模的战争。第一次是城濮之战，晋国打赢了；第二次是在公元前597年，楚国打赢了；第三次是公元前575年的鄢陵之战，风水转过去了，又轮到晋国打赢了。这三仗决定了晋楚争霸的最后格局。晋国占了一点儿上风，但也没有完全把楚国打败。楚国进攻的势头虽然受到压抑，但也没有完全屈服。自此以后大家就改为打盟友战，晋国拉拢吴国在背后打楚国，楚国也如法炮制，拉拢越国去打吴国。战争自此向南方转移，晋、楚两国之间的战争反而少了。这两场战争有个非常有趣的文化现象，在《左传》里有清楚的记载。第一个是邲之战时，晋国的一支战车队伍由于车子太宽，加上道路比较泥泞，车子走不动，马也动弹不了，陷在那里了，晋国的士兵急得满头大汗。这时楚军追上来了——按照我们的想法，他们应该上去就是一番砍杀，把晋军士兵的首级割下来就完了。结果他们追上晋军后把矛一扎，停下来看热闹，看了半天，发现晋军陷在泥中走不了了，就大声叫喊："你们晋国人真笨，我告诉你们，把车上装的多余的东西卸下来，车不就轻一些了吗？再给马松松绑，捆得太紧了，马使不上劲；再在车轮子下面垫垫石头，就能起来了。"晋军一听，感觉有些道理，于是就按楚军士兵的话去做了，结果战车果然出来了。晋军感到很没面子，打了败仗还要让对方教自己怎么逃跑，于是就自我解嘲说，我们晋国的军队，从城濮之战以来一直打胜仗，所以从来没有逃跑的经验，不像你们楚国的军队，老打败仗，逃跑经验非常丰富，今天算是领教了！然后拔腿就跑了。这是史书上记载的，一点儿没夸张。当时的战争就是这么打的，今天我们看来就像玩游戏一样，所以这次楚国帮助晋国，很友好地打了一仗。

再看鄢陵之战。楚国方面是楚国和郑国的联军，其中郑国的军队要弱一点儿。这两个国家联合起来对付晋国。结果开打时晋国占了上风，就追赶战败逃跑的楚郑联军。当时的国君都身先士卒，亲自在战场上指挥，不在后方躲着。郑、楚两国的国君郑伯和楚子是联军的统帅，晋国带兵的不是国君，是大将郤至。晋军追赶郑国国君时，晋国驾车的人对郤至说，你看郑国的国君已经心里发慌了，老是回头看，我们加把劲就能追上他了。郤至却批评他说，追是要追一下的，但不能当真追，他是国君，追上抓住很麻烦，不但要管他吃、管他住，要是他再受点伤，那就更麻烦了，所以我们象征性地追赶一下就行了。所以晋军追了半天，还是让郑伯跑掉了。追楚国国君时又重演了这一幕：有人提议从小路赶超时，也被拒绝了。当时的战场可能不是太大，战车都像无头苍蝇一样乱转，结果本来在前面的楚国国君不知怎么从后面转了过来，躲也躲不开。郤至一看，人家是国君啊，虽然是敌国，但臣子对国君还是要讲一定的军礼的。他灵机一动，赶紧从车上跳下来，"免胄而趋风"——这句话写得很生动——他摘下头盔，小步快跑迎上前，向楚国国君行了个大礼。楚国国君一看，这个人很不错，还给我行个礼，于是就在车上向他打了个招呼，车子就过去了。到了晚上，楚国国君一想，这个人还是很不错的，就派了个人，带了点楚国的土特产去看望郤至，表示对他白天的礼节的感谢。对这件事，《左传》和《国语》有个评论："见楚子必下而趋，礼也；能获郑伯而赦之，仁也。"意思是看到楚国的国君，能够从车上跳下来，免胄行礼，这人懂礼；能够俘虏郑伯而放他一马，是仁义心肠。当然，在现在看来，他有点妇人之仁了。

通过这两个事例的印证，我们可以发现宋襄公在战争中的做法，在当时绝对不是孤立的，而是一种普遍的军事文化现象，是当时军礼传统下的一种主要的战争模式。所以《淮南子》中说："古之伐国，不杀黄口，不获二毛，于古为义，于今为笑。古之所以为荣者，今之所以为辱也。"

为什么会出现这种情况呢？有几个原因。第一个原因，古代的政治斗争和军事斗争的目的，并不是把对方赶尽杀绝——当然赶尽杀绝的情况也有，但不是主流。比如，商纣王被武王灭了以后，武王做的几件大事。第一件就是把商朝原来的社会贤达微子、箕子等找出来，安排他们做官；把受冤屈死的比干等人好好地安葬；把商纣王的儿子立为国君，封地给他继续当国君。当然，武王也派了自己的三个兄弟管叔、蔡叔、霍叔去监视纣王的儿子，称为"三监"。后来，商朝旧人贼心不死，继续造反，周公东征将其平定。平定他们之后还要再找一个继承人，就把微子封到宋国，继承商朝宗祀。孔子在《论语》中说过"兴灭国、继绝世、举逸民"，就是把前朝的遗老遗少推举到重要的岗位上，不让他们掌握实权，但官位要保留——当时就是这么做的。所以当时背景不一样，一般不采取赶尽杀绝的做法。第二个很重要的原因就是当时战争的宗旨不同。当时战争的宗旨是争霸，当霸主就行了；到战国时候就不同了，战争变成为了兼并、统一。要兼并对方的土地，对方当然不会轻易投降，没有办法，只好像《英雄》里面描写的那样，赶尽杀绝。而争霸战争是争个名分，只要承认我的权威，听从我的指挥，做我的小伙伴，尊我为老大，就可以了，和兼并战争是很不一样的。第三个原因就是当时的中原诸侯国都是亲戚关系：要么是兄弟、叔侄关系，像晋国、鲁国，是同姓之国；要么就是甥舅之国，像齐国和周王朝，一个姓姜一个姓姬，但是甥舅关系。且他们一般都缔结了婚姻关系。就像管仲说的那样："诸夏亲昵，不可弃也。"诸夏就是指当时的中原诸侯国。亲戚之间打仗怎么好往死里打呢？就是有也是少数。第四个原因就是当时战争规模也比较小，出动几百辆战车那就是了不起的大战争了。打的时间也比较短，打一天肯定解决问题了，至多第二天再稍微打一下。一方的车阵被冲垮，就算分出胜负了。就像长勺之战那样，齐桓公去攻打鲁国，鲁军任他冲，冲三次冲不动，人家乘机反击，"齐师败绩"，鲁军稍微追一下也就结束了。还有一点，当时战争的形势也非常温和，战场上强调的是正大光明，都是大方阵作战。《尚书·牧誓》里面讲到武王伐纣，就像大家在电影里看到的欧洲十八至十九世纪时的战争场面，譬如拿破仑所打的战争，都穿着红军服，排着大方阵，敲着鼓，现在大家感觉无法想象。当时的规定很死板，"不愆于四步、五步、六步"，走个五六步就要停顿下来，重新看齐，排好队；"不愆于四伐、五伐、六伐"，砍杀四五下一定要停顿下来，大家再重新开始。这样战争的节奏是很缓慢的，在这种背景下才会出现《司马法》所说的"逐奔不过百步""纵绥不过三舍"等情况，要"成列而鼓"，因为大方阵打仗，大家不成列还真不好打——不是游击战，也不是运动战，打的是阵地战，并用战车来打。那种车又高，轮子又大，是木头做的，驾驭战车需要很高的技巧，搞不好就掉下来了。这样战争必然要打得缓慢、温和。

可是，宋襄公的故事也透露出一些信息，即这样的战争是不可能永远打下去的，战争形态要慢慢转变了。当时不就有大臣对宋襄公的做法表示怀疑吗？这就预示着一个新的战争时代要来临，这就是战争的第二种形态，我把它叫作"诡道战法"。春秋战国时期是个大变革时期，大变革既是指政治、经济、文化领域的大变革，也是军事领域里的大变革。战争形态要出现一些新气象。

第一，当时军队的人数急剧扩充，成分基本上完全改变了。我们知道西周时期有个"国野制"，即只有国人才能当兵，普通的老百姓是没有当兵的权利的。"执干戈以卫社稷"在那时是一种光荣的权利，不像后世说的"好铁不打钉，好男不当兵"。可是当时的战争很多，贵族们过惯了好日子，也不太愿意去打仗，再说人数也不能满足不断扩大的战争规模的需要，所以最后只好打破"国野制"，就是说国人可以当兵，"野"人也可以当兵了。这个"野"人可不是神农架那种野人，是指普通的种田的老百姓。"野"人的特点是，他们是种田的农民，社会地位很低，也没有学过当时贵族们讲究的礼仪。他们一上战场，就顾不得那些东西了，军队的成分变了，大量的普通老百姓涌进了军队，贵族就成为少数了。《司马法》记载，最初每乘①是三十人制，可是到了后期，慢慢发展到七十五人制。三十人制的时候，军队里大部分都是贵族，当然也有少量的奴隶来干一些比较低下的活；七十五人制时就不同了，只有战车上的三个人是贵族，其他七十二人都是普通农民，军队的成分大大改变了。

第二，战争规模大大扩大，战争频率大大加快。以前城濮之战，晋文公一共出动七百乘兵车，到了春秋晚期，光是楚国就有一万多乘兵车，号称万乘之国，规模已经非常大了。当然也有夸大的地方，但是比此前的战争规模起码翻了八九倍。规模扩大了，场面也惨烈多了，更重要的是，春秋早期的战争大都是在黄河中下游打的，也就是河南、山西、陕西、山东等当时最繁华的地方，后来越打越远，会在浙江、江苏一带打仗。这就带

---

① "乘"是我国古代作战单位，一乘包括一辆战车、四匹马、甲士三人（乘车）、步卒若干。此处指后来的步卒人数大大扩充了。

来了一个问题：原来都是在平原地带打车战，到了南方，河多、水多，碰到这种情况，战车就派不上用场了，所以车战肯定是无法再继续推行了。

第三，吴国、越国的参战。尽管他们自称也是周朝的后代，是太伯、仲雍等人让位跑过去的，可是他们当时的风俗和周文化很不一样，大家都知道那里的人"断发文身"，还有就是"男女同川共浴"，有点像日本的公共澡堂了。他们的风俗和中原地区看起来是完全不一样的，对周礼和《司马法》完全不感兴趣。孙子为什么在齐国混不下去，跑到吴国去了？齐国还是属于中原文化圈，只有到了吴国才能找到发挥他的"阴谋诡计"的舞台。吴、越这样的南方国家对周礼和《司马法》不感兴趣，完全把它们抛到一边去了。在这种情况下，战争的形态慢慢就变了。

第四，我们前面提到战争的性质慢慢变了，由争霸战争慢慢过渡为兼并战争，当然这一过程是非常漫长的。战争持续的时间、战争的方式也变化了。最典型的就是孙子亲自参与的"五战入郢"，即《吴越春秋》上记载的吴国把楚国打败的那场战争。那是一场连续作战的战争，吴国发扬连续作战、不怕牺牲的精神，连续突破，乘胜追击。其实早在齐晋的平阴之战中就出现了这样的苗头，迂回包抄之类的战法都有了。至于作战方式，过去作战的主力是车兵，到了这时候步兵慢慢成为主要兵种，用步兵作战，丘陵也好，山泽也好，湖泊、河流也好，都是拦不住他们的。而且步兵的机动性比车兵要强多了。

第五，战争的观念也变了。以前在战争中大家都做"君子"，但做"君子"很吃亏，宋襄公就是个典型例子。要做"君子"，阴谋诡计是不能搞的，但战争要搞些阴谋诡计才能赢。"君子"老是吃亏，就会使"小人"越来越多，"君子"越来越少。"君子"老吃亏心里也不平衡，要战胜"小人"，首先就要变成"小人"，而变成"小人"之后就再也不会变回"君子"。"小人"就越来越多，"君子"则越来越少，所以过去那种贵族精神，在宋襄公这样的人倒霉之后，会被大家抛弃，这就是行为科学。所以从宋襄公死后，观念整个变了，这种贵族精神在战争领域慢慢死亡了。大家都是怎么有利怎么来，这是《孙子兵法》中讲到的"合于利而动，不合于利而止"——有利就干，不利就不干，利大就大干，利小就小干。

第六，武器装备的改进。古时武器装备落后时，打人民战争，人越多越好，搞人海战术。现在不行了，美伊战争就是很好的例子。伊拉克的导弹还没打到美军，就被美军击落了，人也给打死了，所以武器还是起很大作用的。那时有一种非常重要的武器出现了，这就是弩机。弩机既有弓箭的功能，又可以瞄准。一般的士兵用弓箭是射不准的，弩机就不同了，射得既准又远，还可以"积弩齐发"，这在当时是最有杀伤力的武器。当时的贵族都在兵车上，就像遭受机关枪扫射一样，肯定受不了。吃过几次亏之后，他们发现，不能再打车战了。这就与枪械的出现对欧洲封建贵族骑兵造成的毁灭性的打击相似。为什么英国、法国能够统一，就是因为火器能够摧毁封建贵族的城堡，正如恩格斯所说，"火器摧毁了欧洲封建贵族的城堡"。弩机的出现，虽然不能说对当时的战争产生了决定性的影响，但影响是极大的。

由此可见，春秋战国之际，随着整个战争环境发生根本性的变化，原先反映奴隶制社会军事礼乐文明的"军法""军礼"传统渐渐趋于式微，而代表新兴势力兵学诉求的"兵法"则蓬勃兴起，成为军事思想领域中的主导力量。这决定了该阶段兵学的基本特征是军事思想摆脱"军礼"的束缚，对过去那种"鸣鼓而战"的堂堂之阵战法予以坚决的否定，确立了"兵以诈立，以利动，以分合为变"的基本原则。战争靠诡诈来取得成功，根据利益的大小和有无来决定行动，靠军队的分合变化来取得主动权。这就是《孙子兵法》的一个基本的也是核心的内容，更准确地体现了军事斗争的规律和特点。对此，班固也曾有过洗练而准确的揭示："自春秋至于战国，出奇设伏，变诈之兵并作。"（《汉书·艺文志·兵书略序》）换言之，《孙子兵法》诞生的时代，就是绝对战争取代可控性战争的时期。南宋郑友贤对《司马法》和《孙子兵法》所述的两种战争形态做了很好的对比："《司马法》以仁为本，孙武以诈立；《司马法》以义治之，孙武以利动；《司马法》以正，不获意则权，孙武以分合为变。"

利像一条红线，贯穿于整部《孙子兵法》。《孙子兵法》开篇第一句"兵者，国之大事也，死生之地，存亡之道，不可不察也"，从国家生死存亡的根本利益出发，强调了战争与国家命运休戚相关的利害关系。常言道，良好的开始只是成功的一半，"算计"精明，"算计"正确，就为夺取战争的胜利创造了可能性，然而可能性毕竟不等同于现实，要使它真正转化为现实，就必须发挥主观能动性，运用一切有用的方法，来达到消灭敌人、保存自己的目的。因此，孙子提出，何时发动战争，如何进行战争，取决于"利"，也就是看战争是否于己有利。他提出了"非利不动，非得不用，非危不战""合于利而动，不合于利而止"（《火攻篇》）的用兵原则；在作战过程中，他强调"上兵伐谋，其次伐交，其次伐兵，其下攻城"，要"以全争于天下"，从而达到"兵不顿而利可全"（《谋攻篇》）的目的；强调速战速决，原因是"兵久而国利者，未之有也"（《作战篇》）；战争计划已定，"计利以听，乃为之势，以佐其外。势者，因利而制权也"（《计篇》）；进入敌境作战则要"掠乡分众，廓地分利"（《军争篇》）。一切军事行动，都要以合乎"利"的要求为根据。同时，孙子认为，"兵以利动"的原则，不但己方必须遵循，敌方也会遵循。因此，他主张对敌"诱之以利"，"趋诸侯者以利"，用利害关系来调动敌人，"致人而不致于人"，牢牢掌握住战争的主动权。这些论述，充分体现了孙子军事思想中重"利"的特点。

孙子要求作战指导者在军队接敌运动过程中，应自始至终坚持和贯彻"兵以诈立，以利动，以分合为变"的指导原则。所谓"以利动"，说的是战争当以利害关系为最高标准。有利则打，无利则止，一切以利益的大小为转移，这实际上反映了孙子的战争宗旨，是其新兴阶级功利主义立场在军事斗争原则上的具体体现。所谓"以分合为变"，指的是孙子制胜之道的重要手段，中心含义是灵活用兵，巧妙自如地变换战术，或分或合，"悬权而动"，掌握战场主动权。它是"兵以诈立"的必然要求，体现了孙子兵学注重灵活变化，讲求出奇制胜的精神风貌。

孙子的"兵以利动"思想，具有重要的时代意义。它从根本上划清了同《司马法》代表的旧"军礼"的界限，正确揭示了军事斗争的基本规律。应该说，周礼传统下的那种战争，是一般战争的异样形态，不应该是主流。在古代，战争的目的确实应该是保存自己，消灭敌人。前一种战争，应该是暂时的、次要的形态，大家打起来都要留一手。《孙子兵法》的诞生使战争回到了战争本身、符合军事规律的形态。从这个意义上说，孙子兵学不愧为迎合"出奇设伏，变诈之兵并作"这一时代要求的杰出代表。

"利"的三个层次

《孙子兵法》"利"的思想，内涵十分丰富。概括地说，大致有以下三层含义：战略上的"胜"、政略上的"全"和理想境界的"善"。

第一层次，战略上的"胜"。

战争中，获取最后胜利无疑是交战双方的最直接目的。《孙子兵法》作为一部兵学圣典，即是讲如何克敌制胜这一核心问题。于汝波先生在《试论孙子兵法以"胜"为核心的战争理论体系》一文中提出，《孙子兵法》战争理论的"核心是一个'胜'字"，并提出"胜"的三个范畴：先胜、全胜和战胜。虽然在"胜"的具体内涵上，人们可能有各种各样的理解，但"胜"是《孙子兵法》的理论核心，这一点已是学界共识。

主张"兵以利动"的孙子，把"胜"作为"利"的实现途径。从词源学的角度，"胜利"一词深刻揭示了"胜"与"利"之间的因果关系。战争中，"利"的获得必须先要战胜对手，只有取得胜利，才能"安国全军"、保民利主，才能实现孙子所说的"掠乡分众，廓地分利"（《军争篇》）。"利"既是战争的根本动因与目标，又是影响和制约战争进程的深层根源；另一方面，战争中是否取胜，往往也要以是否获"利"为标准来判断。"胜"与"利"是战争目标中不可分割的两个方面，一般来说，没有无"利"之"胜"，也没有不"胜"之"利"。

为了达到克敌制胜的目的，孙子主张"胜兵先胜而后求战，败兵先战而后求胜"（《形篇》），重视战前的计划、运筹、预测和谋划，要"知彼知己"；要"经之以五事，校之以计而索其情：一曰道，二曰天，三曰地，四曰将，五曰法"（《计篇》），全面考察战争的主客观因素及其相互关系；要努力形成"胜兵若以镒称铢"（《形篇》）的有利态势。在作战指导方面，孙子提出"兵贵胜，不贵久"（《作战篇》）的速胜思想、"以正合，以奇胜"（《势篇》）的灵活用兵思想、"致人而不致于人"（《虚实篇》）的掌握战场主动权的思想，以及示形动敌、把握主动、集中兵力、各个击破、巧用地形、攻守得宜、因粮于敌、取用于国等许多重要原则。孙子提出的克敌制胜理论，成为后世兵家构筑军事学说的思想来源和理论指导，但它也因为带有鲜明的功利主义色彩，常常受到封建卫道士的攻讦。儒学冬烘先生群起而谩骂孙子诡诈不仁，直斥《孙子兵法》为"盗术"："非诈不为兵，盖自孙武始。甚矣，人心之不仁也。"[1]"兵流于毒，始于孙武乎！武称雄于言兵，往往舍正而凿奇，背信而依诈。"[2] 这是拿儒家的"仁义"来否

---

① 叶适《水心别集·兵权》。
② 高似孙《子略·孙子》。

定兵家的"诡诈"。

第二层次，政略上的"全"。

在"兵以利动"的战争中，克敌制胜是获取利益的前提条件，但是获得战争的胜利，并不能保证一定能够带来各方面的利益。事实上，如果处理不好的话，战争中的"胜"有时还可能造成政治、经济、外交等方面的损失。

胜利的结果并非都是"胜敌而益强"，如果为了获取胜利付出的代价过于昂贵，反而可能会事与愿违，胜而不利。正如墨子所揭示的那样，一旦发动战争，就要大量动员民众，"春则废耕稼树艺，秋则废民获敛"，人员的伤亡和物质的损失不可胜计。因此，"古者封国于天下，尚者以耳之所闻，近者以目之所见，以攻战亡者不可胜数"①，古代封建诸侯，数量多达万国，但绝大部分都在无休无止的攻战中灭亡了。与孙子齐名的军事家吴起说："天下战国，五胜者祸，四胜者弊，三胜者霸，二胜者王，一胜者帝。是以数胜得天下者稀，以亡者众。"②

后世汉武帝反击匈奴之战的利弊得失，从史实的角度证明了这层道理。

汉武帝自元光二年（公元前133年）起，便开始了对匈奴持续三十九年的全国性战争。其间又平东瓯、南越，通"西南夷"。在这段时间里，国家的全部政治、经济力量，一切人力和物力都被动员起来，投入到战争之中，全部国家生活，实际上转入了战时体制。

这场旷日持久的战争基本上实现了汉武帝的战略意图。其一，基本上摧毁了匈奴赖以发动骚扰战争的军事实力，使匈奴再也无力对汉王朝构成巨大的军事威胁。战争中，匈奴被歼人数累计高达十五万，匈奴无力再与

---

① 《墨子·非攻》。
② 《吴子·图国》。

汉室抗衡："匈奴远遁，而幕（漠）南无王庭"①。匈奴失去水草丰盛、气候温和的河南、阴山和河西两大基地，远徙漠北苦寒之地，人畜锐减，开始走向衰落。其二，为汉王朝加强和巩固边防建设，促进中国与中亚各国人民的友好往来开辟了道路。汉武帝在反击匈奴的同时移民垦边。公元前127年，在河南筑朔方城，置朔方、五原郡，从内地徙民十万人到那里安家落户。公元前119年，又一次移民七十余万，与边地的屯戍部队几十万人一起，加强北部边防。为确保河西地区的安全，汉武帝又修筑了新的长城。在对匈奴的战争过程中，汉朝为了争取与国，曾派张骞等人通西域，扩大了中外交流。而对匈奴战争的胜利，则帮助东北、西北各少数民族解除了匈奴的威胁，送去了汉族先进的农业、手工业技术和文化成就，促进各族人民的通商和友好往来，推动了边疆少数民族的发展和民族间的融合，也使中国同中亚各国的经济文化交流比较顺畅地发展起来。

正因为汉武帝对匈奴的战争具有上述正面意义，所以汉代人对武帝的战争业绩予以积极的评价。《汉书》中引刘歆等人所说："孝武皇帝愍中国罢劳无安宁之时，乃遣大将军、骠骑……北攘匈奴，降昆邪十万之众，置五属国，起朔方，以夺其肥饶之地……功业既定，……至今累世赖之。"②东汉桓谭也说："汉武帝材质高妙，有崇先广统之规，故即位而开发大志……招选俊杰，奋扬威怒，武义四加，所征者服。"③仰慕崇敬之心，跃然笔端。从战争的基本性质与其所具有的积极意义来看，这些颂扬不是没有道理的。

但是，任何历史事件都不可能只对社会产生一种效应，武帝时期的战争活动亦复如此，其给汉朝自身带来的巨大后遗症也不能无视。

第一，汉朝军队自身的实力受到严重削弱。如第三次战争（与匈奴的战

① 《汉书·匈奴传》。
② 《汉书·韦贤传》。
③ 《新论·识通》。

略决战）中，出发时精骑四万，"私负从马"四万匹，胜利归来时，官、私马匹不足三万。在后期战争中，汉武帝又任用李广利等纨绔子弟统率军队，以致多次丧师辱国，军队元气大伤。

第二，汉朝财力、物力损失惨重，"海内虚耗，户口减半"。[1]战争引起的阶级矛盾日益尖锐。三十九年持续不断的战争，服役、租税、酷刑、征调、瘟疫、饥馑，使广大人民筋疲力尽、痛苦万分。社会政治、经济矛盾的空前激化，不仅使战争无法进行下去，就连统治集团也面临着农民起义的威胁。"盗贼滋起，……大群至数千人，擅自号，攻城邑，取库兵，释死罪，缚辱郡太守、都尉，杀二千石。"[2]农民起义大大震撼了西汉王朝的封建统治，这也是对武帝对匈奴战争在某种意义上的否定。

第三，战争的严重后果，还表现为汉朝封建统治阶级内部因战争造成的困境而发生的某种分化与对立，这严重地影响了封建统治机器的正常运转。为了保证战争顺利进行，汉武帝采取了一系列强制性的经济措施，如卖爵、盐铁国营、算缗告缗等。这些措施，对商人和地主阶级打击沉重，尤其是由杨可主持的告缗活动，使得中等以上的商人几乎全部破产，这样就激化了阶级内部的矛盾。许多地主、商人不参军，不支边，对战争采取袖手旁观的态度。武帝虽树立了卜式等少数几个典型以号召天下，但依然无济于事，不得已，乃任用酷吏强制推行，更激起强烈的不满和抵制。这种矛盾也反映到最高统治集团内部，"巫蛊"事件的发生就是典型的例子。另外，纯正儒生由于在残酷的战争面前不能像桑弘羊、张汤等人那样遵奉旨意，使唤起来得心应手，因此也明显地受到冷落，这就引起普通地主阶级知识分子的愤懑。所有这一切，归根结底都是由武帝连年不断的战争所带来的。

---

[1] 《汉书·昭帝纪》。
[2] 《史记·酷吏列传》。

如何在战争中趋利避害呢？春秋时期的战争实践，为孙子提供了启示。春秋时期，诸侯争霸，大国一方面兼并小国，另一方面在同其他较大国家发生战争时，多以双方妥协或使敌方屈服为结局，而彻底消灭敌方武装力量、摧毁对方政权的现象相当罕见。齐桓公在位四十三年，"九合诸侯，一匡天下，不以兵车"，进行战争二十余次，除个别战争外，基本上都是凭借军事活动的威慑作用，达到预期的政治目的。

齐桓公的成功得益于他的稳重。由于稳重，他善于权衡利弊，及时变招，一旦遇上问题或挫折，知道从中认真汲取教训，尽快刹车，条条道路通罗马，此路不顺换他路，而不至于一条黑道走到底，直至闹到不可收拾的地步。这不是容易做到的事情，历史上有多少大人物，明明知道原先的计划和方法有问题，但或因碍于面子，或因赌气，或因心存侥幸，总是在那里死顶硬撑，结果事情越来越糟糕，直弄到山穷水尽，无法挽回。然而，齐桓公与他们不同，他懂得该撒手时就撒手的道理，所以他成功了。

他刚即位时，也一样是雄心勃勃、血气方刚，老是想做一番惊天动地的伟业，早早确立起齐国的霸权，汲汲于"欲诛大国之无道者"。管仲谏阻他，告诉他时机并不成熟，"不可，甲兵未足"（《管子·中匡》）。可他全然当作耳边风，一意孤行，按着自己的性情去做，满心以为中原霸主的宝座唾手可得。

然而，他的热情之火，很快便让长勺之战那一大盆冷水给浇灭了。他引以为傲的强大齐军，居然让曹刿率领的鲁国兵马杀得丢盔弃甲、狼狈逃窜，真是败得无话可说，窝囊透顶。不过这次出乎意料的惨败，也有一个好处，就是使齐桓公发热的头脑得以冷静下来，急功近利的浮躁心态得以平复下来。既然单纯的战争手段连鲁国这样军力很一般的国家都摆不平，那么，想靠它去对付比鲁国强大得多的楚国，比鲁军能打仗的戎狄，不纯粹就是自讨没趣吗？齐桓公意识到不能单纯依赖战争来实现自己的称霸目标，而应该更多地运用政治、外交手段，"伐谋""伐交""伐兵"三管齐下，才是正道。于是他马上调整了自己的争霸战略方针，改急取冒进为稳重待机，变单凭武力为文武并举。正是这种稳重的做法，保证了他日后少走弯路，一步步走向自己事业的巅峰。

齐桓公的稳重，也表现在他善于正确判断形势，根据实际情况对对手做必要的妥协，进两步退一步，见好便收，在可能的范围内满足自己的战略诉求。战略是否成功，不在于战略利益的内涵有多大、战略目标的设定有多高，关键看它实现的可能性有多大。如果脱离客观实际，那么，再好的战略方案也只能是望梅止渴、画饼充饥。所以，善于妥协，本身就是战略运筹中的一门高明的艺术，是寻求战略利益的一个重要手段。在这方面驾轻就熟、得心应手，无疑是一位政治家高度成熟的突出标志。

齐桓公就是这样一位成熟的政治人物。公元前656年举行的召陵（今河南省漯河市召陵区）之盟，充分体现了他通过妥协的方式，实现虽说有限却实在的战略利益的稳重政治风格。当时，楚国兵锋咄咄北上，成为中原诸侯的巨大威胁，所谓"南夷与北狄交，中国不绝若线"①。在这种情况下，当缩头乌龟是不成的，保护不了中原的中小诸侯，任凭"南夷"四处横行，齐国岂能称为"霸主"？然而，如果心血来潮、孤注一掷，真的同楚国真刀真枪干上一仗，弄得两败俱伤，恐怕也不是正确的选择。最好的办法是齐国出面组织起一支多国部队，兵临楚国边境，给楚国施加巨大的政治、军事、外交压力，迫使对手做出一定的让步。如此，既压制了楚国嚣张的气焰，安定了中原动荡的局面，又不必使自己陷入战争的深渊，付出过于沉重的代价。这叫作"全胜不斗，大兵无创"②"不战而屈人之兵"（《谋攻篇》），是战

---

① 《公羊传·僖公四年》。
② 《六韬·武韬》。

略运用上的"善之善者也"。

于是，齐桓公与楚国方面便在召陵地区联袂上演了一出妥协大戏，楚国承认了不向周天子进贡"苞茅"的过错，表示愿意承担服从"王室"的义务，算是多少做了让步，给了齐桓公所需要的脸面；而齐桓公也达到了警告楚国、阻遏其迅猛北进的有限战略目的，于是也就适可而止、见好就收。这种战略上不走极端、巧妙妥协的做法，可能会让习惯唱"攘夷"高调的人觉得不够过瘾，可它恰恰是当时齐桓公唯一可行的正确抉择。

齐桓公的稳重，更表现为善于把握时机，算账算得十分精明，从不做赔本的买卖，总是用最小的投入换回最可观的利益，不费多少功夫而赢得充分的好处，不花多少成本而博取漂亮的名声。成本要低，回报要大，这是从事政治、军事斗争时必须遵循的基本原则，也是衡量、评估任何战略决策高下得失的主要指标。"杀敌一千，自伤八百"绝不是聪明人所干的事情，在战略运用上，与其焦头烂额，不如曲突徙薪。战略利益是要争取，但要争得巧妙、自然、冠冕堂皇。否则，便是犯傻，便是笨拙，会落下话柄，留下后遗症。

齐桓公的高明，就是求稳、求全，善于借力，走间接路线，做到名利双收。他为后人津津乐道的几件大事，如迁邢、存卫、救助周室等，都是投入甚少而收益甚大的合算买卖。譬如，他迁邢、存卫，并不是在邢国与卫国一遭到戎狄的攻击时立刻出兵援救，而是等局势明朗之后才展开行动，所以齐兵姗姗来迟，抵达邢、卫时，邢、卫早已被戎狄所攻破，这样齐军就不必同戎狄军队正面交锋，只需要做点场面上的文章：收容一下邢、卫两国的难民，然后再予以安置抚恤便成了。如此一来，齐军并未遭受损失，却赢得了抗击戎狄、拯救危难的美誉。齐桓公本人也几乎成了人们的大救星，歌颂之声此起彼落，高大形象巍然屹立，"邢迁如归，卫国忘亡"①，普天下感恩戴德，全社会讴歌颂扬。这时的齐桓公岂止是"霸主"，简直是"圣人"了！这不能不教人佩服他的老谋深算、收放自如。春秋其他几位霸主同他一比，无不小巫见大巫，统统黯然失色！

孙子从正、反两方面的战争实践中，认识到战争后果的两重性，并在此基础上提出了"全"胜的思想。孙子认为，"百战百胜""战胜而天下曰善"，并非最理想的境界。因为"百战百胜"只是沉醉于一种实力消耗式的胜利，"战胜而天下曰善"只是看重"胜"的外在表现与社会评价，而没有注重诸侯国之间实力对比的消长与战胜的综合效益。孙子从战争全局考虑，冷静地分析战争利害，认识到必须"以全争于天下"，认为只有这样，才能在诸侯争霸的斗争中保全自己，不断壮大实力，最终称霸天下。

《孙子兵法》"全胜"思想的实质是"全利"，是以最小的代价换取最大的利益。"凡用兵之法，全国为上，破国次之；全军为上，破军次之；全旅为上，破旅次之；全卒为上，破卒次之；全伍为上，破伍次之。"（《谋攻篇》）在孙子看来，谋求"全胜"的手段有多种，首先是以谋制敌，其次是外交服敌，再次是威加于敌，如果这些手段都不能奏效，就只好诉诸武力了。如果说孙子的"胜"是战略层次上的，那么他的"全"就是政略②上的，不单指军事方面而言。孙子从"利"的角度提出了"全"的思想，把暴力的战争手段引向非暴力的政治、外交领域，确实是其高明之处。

第三层次，理想境界的"善"。

用兵求"善"是孙子独树一帜的思想。孙子从"利"的角度，提出"胜"与"全"的概念，这两者都是现实的境界；孙子并不满足于此，又提出"善"的概念。

---

① 《左传·闵公二年》。
② 所谓政略，是指为达到一定军事目的而采取的政治、经济、外交、军事等方略。

孙子所谓的"善"，是用兵的一种理想境界；"善"战思想，充溢于《孙子兵法》的每一章。如孙子认为百战百胜固然不错，但不战而胜才是最高境界："百战百胜，非善之善者也；不战而屈人之兵，善之善者也"（《谋攻篇》），"战胜而天下曰善，非善之善者也"（《形篇》）。如果不得已诉诸武力的话，要先使自己立于不败之地，"昔之善战者，先为不可胜，以待敌之可胜"（《形篇》）。在具体作战行动中，孙子也提出了一些"善"战原则，如"善用兵者，役不再籍，粮不三载。取用于国，因粮于敌"（《作战篇》），"善守者，藏于九地之下，善攻者，动于九天之上"（《形篇》），"善攻者，敌不知其所守；善守者，敌不知其所攻"（《虚实篇》），"故善战者，求之于势，不责于人，故能择人而任势"（《势篇》），"善用兵者，譬如率然；率然者，常山之蛇也。击其首则尾至，击其尾则首至，击其中则首尾俱至"（《九地篇》），等等。孙子的这些论述，都是用兵求"善"思想的具体表现，即孙子提出的用兵理想境界。

春秋时期，历史上最能体现孙子用兵之"善"理想境界的，非那位"一鸣惊人"的楚庄王莫属。

在赫赫有名的"春秋五霸"之中，有的实至名归，有的徒有虚名，但是若论功业之巨、霸权之盛，楚庄王当属首屈一指。他在位二十三年，大刀阔斧地平息内乱，锐意进取，拓疆开土，伐郑服宋，号令天下，大破晋师，执掌霸权，陈兵周疆，问鼎轻重，俨然是货真价实的旷世霸主。其实，早在即位之初，他与大臣伍举打哑谜时，就发出了令所有对手都心惊胆战的誓言："不鸣则已，一鸣惊人；不飞则已，一飞冲天。"历史的进程证明，这不是他心血来潮时的梦呓，而是雄才大略驱动下的心声。春秋历史上，齐桓公称霸的时间比他要长，可是霸业的规模却远不相逮；晋文公的霸业规模也许不亚于他，然而称霸的时间要短暂得多；至于秦穆公、宋襄公之流，似乎更上不得台盘了。从这个意义上讲，楚庄王才是春秋期间大大小小霸主中的第一人。

楚庄王能成为春秋霸主第一人，最重要的条件是他具备了雄才大略，而"雄才大略"正是衡量历史人物成败得失的主要标志。这种雄才大略所体现的正是战略指导上的"善"的理想境界。诸多春秋霸主中，齐桓公有大略而无雄才，秦穆公有雄才而无大略；晋文公倒是两者兼有，只可惜天不假年，城濮之战杀声甫定，践土之会钟鼓才歇，他便追随晋献公、晋惠公去黄泉饮孟婆茶了，没有机会充分释放自己的能量，尽情地施展自己的才能。唯独楚庄王摆脱了所有的阻碍，能够在历史舞台上做淋漓尽致的表演。

楚庄王的战略指导之"善"，首先表现为战略目标选择的始终如一，战略手段运用的文武并举。战略目标选择得当与否，是霸业成功的前提条件。在诸侯列国争霸无已、多种势力此消彼长的背景下，作为战略决策者，最主要的任务是清醒分析形势，透过扑朔迷离、错综复杂的现象，把握住问题的实质，区别主要对手与次要对手，决定根本的进攻方向，确立最终的战略目标。这方面，楚庄王的选择可谓高度明智、十分清醒：他上台后，始终把重振楚国雄风、角逐中原霸权作为毕生奋斗的终极目标，同时他清醒地意识到，要达成这一目标遇上的最大障碍将来自晋国，必须尽全国之力，一举击败晋国，才能真正号令天下。正是基于这样的认识，楚庄王才能有针对性地展开全方位政治、军事、外交、文化活动，使自己的一切努力都围绕战胜晋国这个目标旋转，从而更加合理地配置各种战略资源，一步一个脚印地走近既定的战略目的。

在战略目标确定之后，战略手段的运用也就成了亟须解决的问题，是单纯用军事暴力推进事业，还是文武并用，通过政治、军事、外交、经济等综合手段去实现自己的战略规划，这必须做出明智的抉择。楚庄王的高明在于，他既注重武力的主导作用，又不单纯迷信武力，而是特别重视用政治、外交等手段配合、策应军事行动，"伐谋""伐交"与"伐兵""攻城"

多管齐下。如在平定国内若敖氏叛乱的过程中，楚庄王就注意以政治攻心的方法，瓦解叛军的意志、分化敌人的营垒；又如在邲地会战前夕，他用外交手段分化、拆散晋国的同盟，将郑、蔡、陈、曹、卫、鲁等中小诸侯国拉拢在楚国的周围，使晋国处于孤立无援的状态，从而为楚军一战而胜创造了条件。

楚庄王的战略指导之"善"，其次表现为战略准备工作的充分扎实、战略谋划酝酿的细致全面。要实现理想的战略目标，必须做好最充分的准备，即所谓"合抱之木，生于毫末；九层之台，起于累土；千里之行，始于足下"（《老子》）。楚庄王当然是深谙这层道理的。为了最终击败宿敌晋国，他脚踏实地、有条不紊地从事各方面的准备工作。一是选拔与任用各类人才，将孙叔敖、沈令尹、伍举等贤能放到重要岗位上，发挥应有的作用。二是致力于教育军民、统一思想，为即将到来的晋楚决战凝聚士气，鼓舞斗志："无日不讨国人而训之于民生之不易，祸至之无日，戒惧之不可以怠。在军，无日不讨军实而申儆之于胜之不可保。"[1]三是健全各种制度，改良政治，发展经济，为战略决战提供物质与政治上的保证："荆尸而举，商农工贾不败其业……蒍敖为宰，择楚国之令典……百官象物而动，军政不戒而备，能用典矣。其君之举也，内姓选于亲，外姓选于旧，举不失德，赏不失劳，老有加惠，旅有施舍，君子小人，物有服章，贵有常尊，贱有等威，礼不逆矣。"[2]在做好战争准备的基础上，楚庄王能注意使战略谋划的酝酿尽可能细密成熟，避免在具体决策上犯轻敌冒进、顾此失彼的过错。具体做法是广泛听取谋臣的意见，择善而从。如邲之战前夕，孙叔敖反对与晋国全面交锋，楚庄王本人对是否立即与晋决战也心存疑虑。此时是近侍伍参

---

[1] 《左传·宣公十二年》。
[2] 《左传·宣公十二年》。

对双方军情的分析使得楚庄王豁然开朗，遂纳其言而与晋军在邲地展开决战，并最终取得决定性的胜利。

楚庄王的战略指导之"善"，其三表现为战略步骤实施的循序渐进，战略时机把握得恰到火候。有正确的战略方向与充分的战略准备，只意味着战略成功的可能性，并不等于战略成功的必然性。要圆满实现既定的战略目标，战略步骤是否合理、战略时机是否恰当实是其中不可忽略的环节。楚庄王在这方面的作为，也进入了炉火纯青的境界。在战略步骤的实施上，他坚持循序渐进、步步为营的稳妥方针，具体地说，就是先内后外，先周边后中原，先易后难，先弱后强，率先平定内部，安顿后方；接着廓清周边，灭亡群夷小国，拓展楚国的战略纵深；再打击郑、宋等国，最后一切就绪之后，才同晋国进行决定性的会战。在战略时机的把握上，楚庄王善于利用晋国全面树敌、陷入多线作战的被动局面，抓住晋国"虽鞭之长，不及马腹"的无奈处境，步步进逼、将对手压迫到死角，使晋国君臣"不竞于楚"的忧虑与恐惧最终转变为现实。

楚庄王的战略指导之"善"，其四表现为战略善后的做法有礼有节，战略头脑清醒得无可挑剔。楚庄王最让人肃然起敬的，还不是他的功业显赫，而是他对待皇皇霸业时所反映出来的谦和心态和节制立场。作为成就一代大业的君主，最容易滋生的毛病就是忘乎所以、骄傲自大，即所谓在逆境中奋进固然颇不容易，而在顺境中发展更加困难。历史上吴王夫差、唐玄宗、后唐庄宗李存勖等人的沉浮就是典型的例子。因此，《诗经·大雅·荡》所说的"靡不有初，鲜克有终"便成了永具警示意义的宝训。而楚庄王很好地摆脱了这种宿命的怪圈。他在实现自己的战略目标的过程中，始终坚持有礼有节的原则，力求战争善后做到平和顺当，尽可能消除各种矛盾与隐患，化解来自敌方的反抗，使自己的军事胜利建立在稳固的基础之上，争取政治上的最大主动。这一理念，在楚庄王的具体军事行动中有不止一次的体现：当郑国表示屈服的时候，他主动撤围，同意对方的请和要求；当宋国顽固抵抗最终不支、愿意媾和时，他能非常大度地宽恕宋国的所作所为，放其一马；当陈国灭亡后，他能根据"兴灭国，继绝世"的礼乐文明精神，同意其恢复国家，再造社稷。凡此种种，不一而足。尤其教人佩服的是，邲之战中楚国大获全胜，许多楚国将领主张将晋军尸身叠垒为京观[①]，向晋国炫耀楚军的神勇，以报城濮之战惨败之仇。然而，楚庄王坚决制止了这种耀武扬威的残暴举动，并就战争提出了一番发人深省的见解："夫文，止戈为武……夫武，禁暴、戢兵、保大、定功、安民、和众、丰财者也。"[②]他强调，战争不是目的，只是一种为实现和平而迫不得已动用的手段。这一见识的确是超越一般古人而长领历史风骚的。由此可见，楚庄王不仅是一位大战略家，更是一位不世出的政治家。

孙子提出的"利"的"胜、全、善"三层次说，反映了中国人传统思维方式中"取法乎上，仅得其中"的特点。古人论学习有"技、艺、道"三种层次，进行战略谋划有上、中、下三策，《孙子兵法》中"伐谋""伐交""伐兵""攻城"的战略选择序列等，与孙子"利"的三个层次一样，反映了中国人理性务实又追求完美的思维特点。孙子提出的"善"战思想，既是其功利思想的内容，又超越功利，达到了一种形而上的层次。

---

① 古代战胜方为炫耀战功，将敌人尸首聚集起来，封土堆成的高冢。
② 《左传·宣公十二年》。

五、以患为利：杂于利害原则

要点提示：

兵久而国利者，未之有也。(《作战篇》)

不尽知用兵之害者，则不能尽知用兵之利。(《作战篇》)

以迂为直，以患为利。(《军争篇》)

故迂其途而诱之以利。(《军争篇》)

军争为利，军争为危。(《军争篇》)

智者之虑，必杂于利害。(《九变篇》)

途有所不由，军有所不击，城有所不攻，地有所不争，君命有所不受。
(《九变篇》)

　　世界上任何事物，都同时包含着利与害两个方面，所谓"祸兮，福之
所倚；福兮，祸之所伏"，战争也是如此。你要接近和驾驭战争，光想从中
获得利益而彻底远离它本身所带来的祸害，那是不现实的。晚清洋务运动
之所以失败（甲午战争已给它盖棺定论），原因便是李鸿章、张之洞等人只
想学近代西方的技术工艺，而排斥近代西方的体制与观念，殊不知西方的
技术工艺成就完全建立在其体制和观念、文化上，要么作为一个整体来学

习，要么干脆什么都不学。只学其中有利的那部分，而拒绝自己认为有害的那部分，纯粹是一厢情愿而已。

孙子深刻地认识到，在战争与作战的问题上利与害是如影随形、相生相成的，"不尽知用兵之害者，则不能尽知用兵之利"（《作战篇》），"智者之虑，必杂于利害，杂于利而务可信也，杂于害而患可解也"（《九变篇》）。在他眼里，胜利和失败仅仅一线之隔，胜利中往往隐藏着危机，失败里也常常包含着制胜的因素。因此他要求战争指导者要善于保持清醒的头脑，尽可能做到全面、辩证地观察问题，正确地处理战争中的利害得失，趋利避害，防患于未然，制胜于久远。

智者之虑，必杂于利害

孙子认为，看似有利的事物，可能会带来危害。《孙子兵法·九变篇》提出："途有所不由，军有所不击，城有所不攻，地有所不争，君命有所不受。"有的道路可以走却不走，有的敌人可以攻打却不打，有的城邑可以攻取却不攻，有的地方可以争下却不争，有的君命可以执行却不执行。以"五不"措施为基本内容的作战原则，正是孙子"杂于利害"思想的很好体现。孙子认为，将帅应该根据不同的地理条件灵活指挥，明确提出以"五不"为内容的随机应变、处置军事行动的具体要求。"五不"原则的要义，是要求战争指导者透过现象看清本质，综合比较，深入分析，权衡利弊，唯利是动。假如权衡后得出的结论于实现战略目标有碍，损害到己方的根本利益，那就必须舍弃眼前的小利，不汲汲于一城一地的得失，暂时放过某些敌人，留待日后时机成熟后再去解决。如果国君的命令不符合实际情况，不利于军事行动的展开，那么就应该本着"进不求名，退不避罪，唯人是保，而利合于主"的态度，拒绝执行。这样做表面上似乎是违背了常理，否定了成规，实际上正好相反，乃是更好地遵循了军事斗争的基本规律，有利于最大限度地争取主动，夺取战争的胜利，因此应充分加以肯定。历史上，夫差强争中原酿覆亡，马援误择险道致兵败，岑彭长驱入蜀击公孙，李渊不攻河东入关中，岳飞君命不受进中原，就分别从正反两个方面对孙子"五不"为中心的机变思想做出了具有说服力的实战诠释。

同样，有些看似不利甚至是有害的东西，其实也包含着有利的成分，就拿孙子坚决排斥，认为是用兵之害、用兵下策的"攻城"来说吧，它虽然会导致进攻的一方损失惨重，可往深处想，又何尝没有利的一面？众所周知，城池，尤其是国家的首都，作为政治、经济、文化、军事的中心，它的战略地位是无可替代的，一旦占领并控制它，对敌方抵抗意志的摧毁、对整个战局的影响，常常是决定性的，远非在野战中消灭敌人一个军、一个师、一个旅所可比拟的。所以，攻城成功的战略意义之大，怎么衡估也不为过。美英攻打伊拉克之战中，巴格达、巴士拉等战略要地一旦易手，萨达姆政权便树倒猢狲散，大势尽去，就是这场战争胜负谜团最终解开的象征。可见，战争和世界上的其他事物一样，也存在着两重性，敌对双方往往都是利害兼而有之，利与害相辅相成，如影随形，没有无害之利，也没有无利之害，而且越是大的利，越是大的害，它相应的害与利也越多，最安全的地方往往最危险，而最危险的地方又往往最安全。

孙子提出的"杂于利害"思想的重要意义在于，它提醒战争指导者在从事军事行动时，一定要克服认识上的片面性，走出思维的误区，对利与害有通盘的了解，有互补的体会，有巧妙的转换。道理很简单，见利而忘害，不利的因素就有恶性发展的可能，最终影响整个战争的结局，"采得百花成蜜后，为谁辛苦为谁甜"，空欢喜一场。见害而忘利，则有可能使自己丧失必胜的信心和斗志，不再去通过自己不懈的努力而有所作为，"破罐子破摔"，一蹶不振，成为扶不起的阿斗。所以，孙子认为要追求功利，实现自己的战略目标，前提是要解决"功利"的界定和衡估问题。而要解决这个问题，关键看你是否拥有"杂于利害"的哲学智慧，有了，便可灵活机变，牢牢掌握住战争的主动权，便可在复杂激烈的战争冲突中游刃有余，左右逢源。

从事任何社会活动，都要求人们具有战略意识，要深谋远虑，未雨绸缪，趋利避害，把握主动，这在生死较量的军事斗争方面尤其如此。作为军事统帅或将领，如果不能做到洞察几微，参悟长远战略利益与眼前战术得失之间的关系，只顾局部的、暂时的蝇头小利，而忽略根本的、全局的战略目标，那么，他至多只能成为普通的战将，而不可能成为高明的战略家。

春秋时期，晋国厉公在位时的重卿范文子可算是一位富有长远战略眼光的杰出人物。我们从他对晋楚鄢陵之战的认识就能看出他的战略观念高人一筹，善于从大局出发，着眼于根本利益，去伪存真，去芜取精，能正确理解并评估战略前景。

众所周知，晋楚争霸是整个春秋历史时期的关键节目和主旋律。而在晋楚争霸战争史上，城濮之战、邲之战、鄢陵之战又各具其里程碑的意义。公元前632年爆发的城濮之战使得晋文公"取威定霸"，召开轰轰烈烈的践土会盟，一跃成为中原地区的霸主，睥睨天下，号令诸侯，使曾经屈服于楚国的鲁、曹、卫、郑、陈、蔡诸国摆脱楚国，重新回到中原集团，结束了齐桓公去世后十余年间中原"诸侯无伯"的混乱状态，确立了"晋为伯"的相对和平稳定的局面。楚国北进中原的势头在很长时间里受到了遏制。而公元前597年打响的邲之战的结果是楚庄王兵进中原，陈师周疆，耀武扬威，问鼎之轻重，从而一洗城濮之战失败的耻辱，在中原争霸斗争中暂时占了上风。至于楚庄王本人，也凭着这一仗痛快淋漓的胜利，而无可争辩地跻身于"春秋五霸"的行列，楚国也俨然取代晋国而为诸侯之伯。鄢陵之战则是晋楚争霸的第三次交战，也是两国军队最后一次主力会战。是役晋胜楚败的结局标志着楚国对中原的争夺从此走向颓势，晋国再一次对楚形成明显的优势，其霸业发展到极盛阶段。

按理说，作为晋国统治集团核心成员之一的范文子，应该对晋国的大获全胜感到由衷的欢欣鼓舞才是。把多年的劲敌楚国杀得大败亏输，狼狈逃窜，使郑、宋等中小诸侯国纷纷叛楚附晋，无疑是件扬眉吐气、极有面子的事情！然而，实际上的情况完全不是这样，范文子从一开始就反对晋国发动这场战争，认为这是图慕虚名而取实祸的抉择，而战争的获胜同样也不能激起他的兴趣。

早在进行鄢陵之战战略决策之时，范文子就明确表示不赞成晋楚开战。他的主要理由是，晋国的忧患在内部而不在外部，在晋国面临着深重的内部危机、形势吊诡、不可捉摸的关键时刻，最佳的选择是一动不如一静。"我伪逃楚，可以纾忧……我若群臣辑睦以事君，多矣。"①他还进一步论证，晋国的战略决策必须随着战略形势的变化而及时进行相应的调整：在战败后，晋国的战略处境恶化危殆，周边强敌环伺，南有楚国的攻势，西有秦国的威胁，东有齐国的捣乱，北有戎狄趁火打劫，在这样的局面下，晋国只有以硬对硬，以军事手段各个击破对手，确保国家的生存和发展。但是，现在的形势完全不同了，晋国已经摆平了秦、齐、戎狄三大敌人，只剩下楚国一个强敌仍然在那里负隅顽抗。"今三强服矣，敌楚而已。"②所以晋国实在不必急于收拾楚国，恰恰相反，倒是应该有意识地保留这个对手来为晋国的国家整体利益服务：政治生态学的基本特征之一，就是"除恶"绝对不能"务尽"，永远要留对手，切不可一统江山，弄成"白茫茫大地真干净"！认识到这一点，范文子强调指出，不如保留楚国这个外患以稳定晋

---

① 《左传·成公十六年》。
② 《左传·成公十六年》。

国内部，"唯圣人能外内无患，自非圣人，外宁必有内忧。盍释楚以为外惧乎"①。所以，他一再主张避免和楚军正面交锋。应该说，他的这个认识与后来孟子"无敌国外患者，国恒亡"的见解相一致，也与晋国当时的社会政治局面相符合。长期以来，晋国统治集团内部存在着尖锐的矛盾，并曾多次激化为血腥的冲突。曲沃篡晋、骊妃之乱、尽诛群公子、灵公被弑等恶性案件纷至沓来，流血掉脑袋早已经成了政治生活中的常态。其卿权太重，各拥军队，内部不团结，钩心斗角，政出多门，互相拆台，乃是无法治愈的痼疾，严重影响了晋国称霸中原大业的顺利进行。在外患严重的情况下，国君与卿大夫为了抵御外患，尚能够齐心协力、一致对外，使得种种内部矛盾还可以暂时被掩盖起来，一旦外患清除，那么原先潜伏的国内政治矛盾便会迅速激化，导致残酷的内讧。《孙子兵法·九变篇》有云："是故智者之虑，必杂于利害。杂于利而务可信也，杂于害而患可解也。"范文子正是朴素辩证地看待利害得失关系，从根本战略利益考虑问题，才坚决主张不与楚军决战的。

遗憾的是，晋国当时的中军将栾书却是战略目光短浅而又自以为是的庸人，他只看到表面上对晋军有利的作战形势，认为与楚军作战有胜出的把握，坚决主张早打，大打，斩钉截铁地表示："不可以当吾世而失诸侯，必伐郑。"②拳头出真理，刀剑定是非。战略意识同样平庸的晋厉公采纳了栾书的意见，于是大举兴师，与楚军在鄢陵一决雌雄。

从表面上看，鄢陵一役晋军如栾书之流所料打赢了，这当然使晋国上下欢腾雀跃，把酒庆功。然而头脑异常冷静的范文子并不为这种胜利的表象所迷惑，仍然坚持自己的判断，面对晋军自鄢陵凯旋的热闹场面，他不但

① 《左传·成公十六年》。
② 《左传·成公十六年》。

没有感到高兴，反而更加忧心忡忡，认为整个国家实际上正处于深渊边缘，内乱就要爆发。为了逃过这一劫难，他甚至希望自己快点死去，一死百了，眼不见为净，以免于难。他说："君骄侈而克敌，是天益其疾也。难将作矣！爱我者唯祝我，使我速死，无及于难，范氏之福也。"①

俗谚讲"塞翁失马，焉知非福"。形势的发展果真证实了范文子的战略远见。晋国的霸业达到辉煌顶点之时，也正是晋国衰运萌芽之始。晋厉公取得鄢陵之战大捷后，认为已无外患对自己构成威胁，遂集中精力对付国内的强卿和宗室。"晋厉公侈，多外嬖。反自鄢陵，欲尽去群大夫，而立其左右。"②于是，诛杀"三郤"，剥夺栾氏、中行氏的权力。由于此举严重触犯了强卿和宗室的既得利益，晋国内部矛盾迅速激化，动乱随之爆发，晋厉公的亲信胥童等人丧命刀下，厉公本人也最终走上不归路。这场残酷血腥的内部动乱使得晋国在鄢陵之战取得的相对战略优势很快化为乌有，也导致晋国的政局长期处于动荡不安之中。日后虽也短暂出现过"晋悼公复霸"的历史场面，所谓"三驾而楚不能与争"，但毕竟是回光返照。从某种意义上说，后来齐、晋盟国关系破裂，晋公室一蹶不振，乃至最终导致"六卿相残""四卿争权""三家分晋"格局的形成，都可从鄢陵之战看出端倪。由此可见，范文子有关鄢陵之战的认识，的确是极其宝贵的战略远见，这正是孙子所谓"知彼知己，胜乃不殆；知天知地，胜乃可全"（《地形篇》）；可惜的是，他的战略远见未能为决策者所重视，枉费他一番良苦用心。否则，春秋后期的历史也许可以改写。

这里，范文子看到的是长远利益，其观察问题的角度是"杂于利害"；而晋厉公和中军将栾书看到的是眼前利益，思维方式是单向、直观的，结

---

① 《左传·成公十七年》。
② 《左传·成公十七年》。

果让暂时的表面利益遮蔽了自己的理智，做出极其错误的战略抉择，损害了根本的战略利益。由此可见，脱离长远的利益去追求一时的成功，是多么危险和愚蠢！

杂于利害，还要求战略决策者妥善处理道德与功利的关系，即做到义与利的高度统一。我们知道，中国古代文化的核心是儒家文化，而儒家是非常讨厌谈论功利的，"耻于言利"。孟子见梁惠王，第一句话便是："王何必曰利，亦有仁义而已矣。"他的前辈孔老夫子也说："君子喻于义，小人喻于利。"宋朝那些理学家，像程颢、程颐、朱熹等辈，更进一步开口闭口"存天理、灭人欲""饿死事小，失节事大"。而兵家是不信这一套鬼话的，不但不信，还要奚落、挖苦。他们把追求功利放在第一位，认为"兵以利动"，这当然是对的，不像儒家那样"迂远而阔于事情"，但是，这并不意味着义与利应该完全对立，水火不容，而是应该有机统一起来，见利思义，见义思利，这也是"杂于利害"的应有之义。否则打破了道德的最后底线，就会为非作歹，百无禁忌，"水至清则无鱼，人至察则无徒"，所有的掩饰都不要，所有的招牌都打碎，人欲横流，利令智昏，其实只会对赢得真正的利益造成障碍，到头来因小而失大，得不偿失。法家的沉沦就是典型。法家的功利主义思想学派，不承认世上有什么道德，对所谓的"仁义礼乐"那套东西深恶痛绝，把其贬斥为"六虱""五蠹"，即危害国家安全，导致民风萎靡不振、国家削弱危亡的丑恶事物，必欲去之而后快。在他们看来，所有人都是讲求现实的，即十分功利与势利的，连父母与子女的关系都不例外："且父母之于子也，产男则相贺，产女则杀之。此俱出父母之怀衽，然男子受贺，女子杀之者，虑其后便，计之长利也。"[1]有血缘骨肉之亲的父母子女关系尚且如此，那就更不必说没有血缘骨肉之亲的陌生人之间的关

---

[1] 《韩非子·六反》。

系了。所以，按他们的理解，君臣关系也好，君民关系也罢，就本质而言，都是赤裸裸的利害关系、买卖关系，"臣尽死力以与君市，君垂爵禄以与臣市，君臣之际，非父子之亲也，计数之所出也"①。

韩非子认为，人人逐利的情况并不奇怪，他曾对此做过非常形象的比喻：开棺材店的老板，总是希望人死得越多越好，这样自己的生意才会红火；而做官帽的人则希望大家都升官发财，如此，自己做的官帽才可以大量销售出去，从而牟取自己的利益。

可是以势利相交，必定是利尽而交随之中绝。然而恰恰是这种"算计之心""自为之心"的张扬，使得人与人之间的关系极端紧张、冲突迭起，连法家内部也不得安生，师生反目，同门相残，韩非子被同窗好友李斯活活整死，便是明证。过于言利，结果不是别的，就是法家在后世学统不彰、声势消沉。可见，杂于利害考虑问题，"利"与"义"就应该协调一致，可以分出轩轾、区别主次，但不可以一笔抹杀其中的任何一个，像儒家那样做谦谦君子固然大可不必，但是"义"作为一种补充、一种价值观，也不可以彻底被拒绝。

其实，即使是儒家，也不是不讲"利"，而是强调必须以仁义为统帅，"利"应当服从于"义"，他们所反对的只是唯利是图。孔子说"放于利而行，多怨"②，问题不是"利"而出于"放"，过了度，超过了限就不行。董仲舒讲"修其理不急其功"③，"功"是可以求的，关键是不要太热衷、太急切，即"不急"而已。由此可见，孙子的"杂于利害"观点与儒家的思想方式是可以沟通的，优势互补是它们共同作用于中华文化发展的最佳选择。

《孙子兵法》特别强调趋利避害，这正是它实用、理性的显著体现。在

---

① 《韩非子·难一》。
② 《论语·里仁》。
③ 《春秋繁露·卷九》。

孙子看来，如何对待战争，是否从事战争，怎样驾驭战争，出发点是考察事物本身的利益大小、得失多少。因此他一再强调"合于利而动，不合于利而止"（《火攻篇》），"非利不动，非得不用，非危不战"（《火攻篇》）。其根本宗旨，就是要以尽可能小的代价，换取最大的利益。

以迂为直，以患为利

如果孙子的利害观止步于"趋利避害"这一点上，那么他的见解也就谈不上什么特别卓越了。毕竟"趋利避害"的意识是大多数人所共有的，不由孙子一人独享专利。孙子的高明在于他和老子一样，能够辩证地看待利弊得失，认识到"利"与"害"既是辩证统一的，又是互相交杂，你中有我、我中有你的，还是随时转化、变易无定的，更是层次丰富、对象有别的。

《道德经》中说："有无相生，难易相成，长短相形，高下相倾，音声相和，前后相随"（第二章），"祸兮，福之所倚；福兮，祸之所伏"（第五十八章）。这指的是"利"与"害"是辩证统一的，各以对方的存在而存在，无"难"即无"易"，无"利"也就无所谓"害"，利害、难易、长短、高下、前后、祸福，均以对立统一的共生体形式出现。对此，孙子同样有极其深刻的认识。他认为"利"与"害"处于同一事物之中，两者如影相随、不离须臾，"故不尽知用兵之害者，则不能尽知用兵之利也"（《作战篇》）。所以，高明的战略家或指挥者，应该将"利"与"害"作为一个统一的整体来考虑、对待，见利思害，见害思利，即所谓"智者之虑，必杂于利害。杂于利而务可信也，杂于害而患可解也"（《九变篇》）。

可别小觑了这个"杂"字。它的精髓在于孙子清醒地看到，"利"与"害"错综交杂在同一事物的内部，凡事有一利必有一弊，没有单纯、绝对之利，也无单纯、绝对之弊。在一个人、一件事上，优点与缺点、长处与短处、优势与劣势，形影不离，生死与共，乃是一个铜钱的正反两面，在去掉了他（它）的缺点的同时也去掉了他（它）的优点；同样的道理，要保留他（它）的优点，同时也得容忍、接受他（它）的缺点，绝没有光得利不涉害的好事，也坏不到尽是弊害不见益处的程度。总之，在"利"与"害"关系上只能是"杂于利害"，切不可一厢情愿。

孙子有关"利"与"害"对立统一关系的认识，深刻地揭示了事物运动的基本性质与一般规律。在历史上，在现实生活中，"利"与"害"共生一体乃是普遍的现象，而你对它只能包容、接受，无法追逐单纯之"利"，排斥单纯之"害"，否则必然会受到历史的惩罚与生活的嘲弄。

洋务运动的失败就是这方面十分典型的例子。鸦片战争以来，中国遭受了千年首遇的奇耻大辱。为了抗衡西方列强的侵略，一些开明的官僚开始对近代西方文明产生兴趣，希望"师夷之长技以制夷"。然而，由于他们都是生存于封建体制内的重要人员，所以在他们看来，西方的近代技术，如"船坚炮利"等可学，而西方的政治制度和文化思想则是万万不可学的，这就是张之洞所说的"中学为体，西学为用"。换言之，洋务运动的主持者想要的只是西方近代文明之"利"，而绝对不愿接受西方近代文明之"害"。

这种思维方式当然是违背孙子"杂于利害"的哲学精髓的。因为按照"利"与"害"相"杂"的原理，西方的近代文明是一个完整的体系，既包括技术层面，也包括制度层面，还包括观念层面，换言之，当时西方近代先进的生产力（当然包括"船坚炮利"）是建立在西方近代的制度架构与文化观念基础之上的。这意味着，洋务派要么把西方近代文明作为一个整体全面地学习（当然这并不排斥结合中国近代国情有所改造或调整），要么干脆什么都不学，要知道光得"利"不沾"害"这样的思维从一开始就错了，而将它付诸实践更是贻祸无穷。

事实也证明了这一点。甲午海战的惨败宣告洋务运动完全走入了死胡同。在甲午海战中，中日海军从武器技术的层面来说是各有千秋，不相伯仲。当时，北洋水师的军舰吨位比对手大，舰炮的口径比对手大，军舰的铁甲比对手厚；而日本海军也有其优势，一是航速比北洋水师的军舰快，二是大炮发射的速度比北洋水师快。可见双方各有优势，也各有弱点。按常理，双方打下来应该是个平手，可交战的事实却表明，北洋水师根本打不过日本海军，北洋舰队全军覆灭，可日本的军舰却一艘也没被打沉。

有几个细节其实透露了北洋舰队的覆灭不是偶然的：当"致远号"中鱼雷沉没时，军舰管带邓世昌有一条爱犬过来咬住他的衣襟，不让他沉入海底，这时，邓世昌已抱定殉国的决心，所以不但不让爱犬救他，反而把爱犬也摁入水中，一起死去。邓世昌无疑是个英雄，他英勇作战、矢志殉国的壮举可歌可泣，可是身为一舰之长，怎么打仗时还带着狗呢？可见平时他在军队管理上是有问题的。应该说，这不是邓世昌一个人的问题，整个北洋水师在管理上无序和不足的情况实际上要严重得多。由此可见，西方近代先进技术学得再多，硬件条件再好，如果"软件"跟不上去，那么有再多的军舰和大炮，还是打不了胜仗。而所谓"软件""软实力"，对洋务派而言，光学西方的"船坚炮利"是远远不够的。他们一厢情愿取"利"弃"害"，违背了孙子所揭示的辩证法，独吞苦果也就是理所当然了。

孙子所阐发的"利"与"害"相交"杂"，无单纯之利也无单纯之害的深刻哲理，在我们周围的生活中也大量存在。譬如有的人很有才干，但同时恃才傲物，你要让他发挥才干，多做贡献，使他的优点、长处充分得以展现，就必须容忍他个性孤傲、处世乖张的缺陷，否则就只好去任用听话老实的人，而很多情况下，这样的人很可能是庸才。但对事业来说，用人才总比用庸才更有意义。所以，事物有一利必有一弊的现象具有时间的超越性和空间的普遍性，是不以人们的意识为转移的。

这种"利"与"害"并存的哲学思维，也是我们今天观察一切问题的正确视野，解决一切问题的有效手段。改革开放以来，我们国家的发展变化之巨大是举世瞩目的，成就有目共睹，进步显而易见，这无疑是国家之"利"，民族之"利"，百姓之"利"。但是，用"利害相杂"的观点来考察，在取得大"利"的同时，必定也存在着一定程度的"不利"，它们是并存的。如在经济腾飞、GDP猛升的同时，我们的各种资源也在急剧减少，生态环境遭污染、遭破坏的情况日益严重可见，"利"与"害"如影相随，交杂共生。作为决策者，一定要对此予以高度的重视，在充分肯定成就（"利"）的同时，也清醒地看到"利"之背后所隐藏的"害"，这样才能在抓住主要矛盾的同时，不忽略次要矛盾。

"利"与"害"是辩证的统一；而在主体上，看待"利"与"害"也应持辩证的态度。高明的战略家从来不否定同一事物中"利"与"害"的客观存在，只是特别强调要把"利"与"害"控制在一定的范围之内，不让任何一方无限制地膨胀（即便是"利"也不宜过分追求，如投资股票、经营房地产所获之"利"远远大于储蓄生息之"利"，可它们的风险性——"害"之大也是具有毁灭性的）。总之，一切应取舍得当、张弛有度。

战略家、决策者的高明，在于有全面驾驭"利"与"害"关系的杰出智慧，尤其是在看待"利"与"害"的时候能够清醒地分清主次轻重、要害缓急。换言之，趋利避害，不是一个功利选择问题，更是一个哲学考察问题。

就"利"而言，"利"有根本之"利"与枝节之"利"之别，有长远之"利"与眼前之"利"之别，有全局之"利"与局部之"利"之别，有实质之"利"与表面之"利"之别。"害"的情况也对应，同样有根本与枝节、长远与眼前、全局与局部、实质与表面之区分。高明的决策者"趋利避害"的关键就在于求根本之"利"、长远之"利"、全局之"利"、实质之"利"，而不要为枝节之"利"、眼前之"利"、局部之"利"、表面之"利"所迷惑，以致做出错误或短视的决策，干扰了根本利益的实现。决策者要善于做到有勇气牺牲眼前之"利"，去赢得长远之"利"（如汉朝初年统治者对匈奴贵族实行"和亲"政策）；牺牲枝节之"利"，去赢得根本之"利"（如春秋时期晋国范文子反对与楚国展开鄢陵之战）；牺牲表面之"利"，去赢得本质之"利"（如战国时秦国实施范雎的远交近攻策略方针）；牺牲局部之"利"，去赢得全局之"利"（如我国加入世贸组织，参与国际经济一体化）等。

为了真正做到趋利避害，决策者在不少情况下要做出"欲取先予"的姿态，走后发制人的间接路线，这在孙子那里，就是所谓的"以迂为直，以患为利"（《军争篇》）。

我们知道，两点之间的最短距离是直线，如果是曲线的话，肯定要绕弯，从表面上看起来肯定是加大了距离，走了远路。但实际上问题并没有这么简单。在许多情况下，迂回曲折比直截了当更有效果，更能达到自己的目的。孙子对此有清醒的认识，提出了"以迂为直，以患为利"的思想认识论，表面上这是多付出，多耗费，实际上却是"后人发，先人至"（《军争篇》），好像走的是远路，其实走的是捷径。在人生竞争之中，往往是退一步海阔天空，如果事事争先，处处冒尖，企图"全有"，效果多是适得其反。正确的做法是，退一步进两步，这样，反而能赢得大家的爱戴，实现自己的人生价值——这叫作"我为人人，人人为我"。处于柔弱的一方，只要能真正做到韬光养晦、隐忍待机，"不为天下先"，以时间换空间，暗中积蓄力量，创造条件，欲擒先纵，后发制人，必定能巧妙顺利地完成优劣态势的转变，化被动为主动，转弱小为强大，最终达到自己的战略目标。

这种"以迂为直"的方法，对今天从事任何工作都是有启示意义的。在很多情况下，开门见山、刺刀见红是笨伯的行为方式，高明的人往往善于用迂回的手段，一步步接近他的既定战略目标。"以迂为直""以患为利"的"军争"之法，包含着极其深刻的哲理，今天的人们仍可以从中体悟出直接手段与间接手段的内在辩证关系，作为进行战略、战术决策的重要依据。英国著名战略学家利德尔·哈特就在其代表作《战略论》中申明，自己受孙子这一原则的启示，提出了间接路线战略。他强调，在战略上，表面上最漫长的迂回道路常常是达到目标的最短途径，间接路线往往比直接路线更近捷、有效。

总而言之，孙子"杂于利害"的主张，乃是一个带有普遍性的指导原则。它的精义在于辩证地对待利害关系，知于未萌，预作准备，顺利时能做到冷静沉着地找到差距，从而保持优势，防止意外；遭到挫折时能做到不丧失信心，正视现实，坚持不懈，从而摆脱被动，走向胜利。从这层意义上看，孙子"杂于利害"的思想，又是超越单纯的军事领域的，具有方法论的普遍意义，对于我们从事任何工作，都有着深刻的启示作用。

六、有所不争：权衡得失原则

要点提示：

故善用兵者，屈人之兵而非战也，拔人之城而非攻也，毁人之国而非久也，必以全争于天下。（《谋攻篇》）

凡用兵之法，全国为上，破国次之。（《谋攻篇》）

必以全争于天下，故兵不顿而利可全。（《谋攻篇》）

故备前则后寡，备后则前寡，备左则右寡，备右则左寡，无所不备，则无所不寡。（《虚实篇》）

途有所不由，军有所不击，城有所不攻，地有所不争，君命有所不受。（《九变篇》）

中国传统文化有一个显著的特征，就是追求万全、崇尚圆满。这体现在日常社会生活和人们思想观念的方方面面：药品喜欢取名为"十全大补丸""十全大补酒"，宴席推重的是"满汉全席"，旅游服务的高标准是"全程服务"，连乾隆皇帝为了标榜自己的功业，亦自诩为"十全老人"。总之，一切唯"万全"是尚，一切唯"圆满"是冀。

在这种求"全"文化传统形成的过程中，《孙子兵法》的"全胜"理念起到了非常关键的作用。在诸子百家中，把"全"作为核心价值取向的，《孙子兵法》是其中的主要代表者。在《孙子兵法》十三篇中，提到"全"的地方多达十余处，如言"凡用兵之法，全国为上，破国次之……""必以全争于天下，故兵不顿而利可全"（《谋攻篇》），"修道而保法，故能为胜败之政"（《形篇》），"知彼知己，胜乃不殆；知天知地，胜乃可全"（《地形篇》）等。由此可见，"全"在《孙子兵法》思想体系中的地位，有如孔子学说的核心"仁"，老子哲学的核心"道"，墨子理论的核心"兼爱"，具有重要的意义。孙子认为，推行"全胜"战略，是理之所宜，势之必然。因为它对己方来说代价最小，对彼方来说反抗最弱，对普通民众来说灾难最微，对天下来说获益最大，所以无疑是最佳的选择、最合算的博弈。为此，孙子推导出用兵的最上乘的境界："上兵伐谋""不战而屈人之兵"，主张用"全胜"之策角逐于群雄，争胜于天下，即"屈人之兵而非战也，拔人之城而非攻也，毁人之国而非久也，必以全争于天下"（《谋攻篇》）。

孙子能有这样的境界，无疑是崇高的理想主义者，的确很了不起。但更加了不起的是，孙子还是一位清醒的现实主义者。在他的心目中，"求全"只能是一面旗帜、一种理想、一个口号，战略指导者如果过于拘泥、胶着于所谓的"全胜"，而忘却了战争厮杀这个残酷的铁血事实，将"理想"同"实际"简单地等同起来，则不免是"迂远而阔于事情"，自欺欺人了。换句话说，孙子本人已清醒地认识到，一味追求万全之策是不现实的，因为"先作万全之计，然后图彼，得之则大克，不得则自全"①，"全胜不斗，大兵无创，与鬼神通"②云云，只能看作是一种理想的追求，事实上天下之事"不如意者常八九，可心人儿无一二"，很难有真正的"万全"，更不应该为

---

① 《魏书·邢峦传》。
② 《六韬·武韬·发启》。

追求万全、争取圆满而患得患失，瞻前顾后，投鼠忌器，优柔寡断，以致错失战机，陷于被动，与成功失之交臂，图虚名而处实祸，要面子而不要里子。

正因为孙子早已将这层辩证关系了然于胸，所以，他在高举"全胜"这杆大旗、理念上汲汲追求万全之策的同时，也一直在具体操作的层面上磨砺"战胜"这把尖刀，注重"取偏"的实效。孙子特别强调突出重点，剑走偏锋，优化资源的配置，主张集中兵力，发挥优势，以十击一，扬长避短，寻找适宜的突破口，中心开花，各个击破，在此基础上扩大战果，克敌制胜。"故为兵之事，在于顺详敌之意，并敌一向，千里杀将"（《九地篇》）。孙子又指出战略指导者和作战指挥员最大的过错，在于不能分清轻重、缓急、主次，面面俱到，平均使用力量，所以"备前则后寡，备后则前寡，备左则右寡，备右则左寡，无所不备，则无所不寡"（《虚实篇》）。"万全""圆满"无疑是一种美好的事物，是值得锲而不舍、孜孜以求的理想目标。然而，正因为它太过美好，所以要真正做到"万全""圆满"实在是可遇而不求的境界，换句话说，这只能是一种美好的愿望，而不是一种客观的现实。在社会实践活动中，最应该避免的就是因追求万全而瞻前顾后、优柔寡断，以致错失时机、蹉跎岁月。如果处处求全、事事责备，就会不分主次、面面俱到，结果往往顾此失彼、进退维谷，什么都是浅尝辄止、蜻蜓点水，最终事与愿违，与战略目标渐行渐远。在某种程度上，残缺意味着"全"，意味着"美"，放弃部分，实际上能获得更多；牺牲局部，往往可赢得全局的主动。所谓"退一步，进两步"，所谓"丢卒保车"，就是"破中求全"的道理。

由此可见，在"兵圣"孙子那里，理想上求"全"与操作重"偏"是一个有机的整体，是高度统一的。孙子真正明白了"舍得"这层道理，看到得与失是辩证的，"舍得"说到底是有"舍"才有"得"。因此，孙子强调五"不"："途有所不由，军有所不击，城有所不攻，地有所不争，君命有所不受"（《九变篇》），强调决不能为"求全"而大包大揽，决不应为"全胜"而放弃"战胜"，要突出重点、抓住关键，以四两而拨千斤，"以正合，以奇胜"（《势篇》）。应该说，孙子有关"全""偏"关系的理性认识，是具有普遍意义的哲学精髓，老子尝云"曲则全，枉则直，洼则盈，敝则新，少则得，多则惑"（第二十二章），其所体现的精神旨趣，正与孙子"无所不备，则无所不寡"的理念相吻合。

英国著名战略学家利德尔·哈特在其《战略论》一书中指出：战略家智慧的第一个特征，就是要有能力来区别哪些是能够办到的，哪些是不能够办到的。很显然，孙子有关"全"与"偏"平衡统一的辩证思维，反映了理想与实际的统一、终极目标与阶段任务的统一。这种认识在今天也是非常有价值的，对我们今天观察问题、解决问题同样不无重大的启示意义。它提醒人们，凡事都要设立一个远大而崇高的理想目标，朝着"尽善尽美"的方向去积极努力。但是，在实际的操作过程中，则要时刻保持清醒的头脑，摆正位置，放低身段，调整心态，尊重客观观念，不做超越个人能力与水平的企冀，不做期盼天上掉馅饼之类的美梦，特别是要防止出现企求万全、事事渴望圆满的心理期待与行为方式。这包括制订方案上的面面俱到、方方皆足；博弈竞争活动中的通吃不漏，竭泽而渔；人才选拔任用上的求全责备、一杆标尺。总而言之，"全"只能是理想，是旗帜，是鼓舞人心、激励士气的美妙图景，"偏"才是现实，是真正可以践行、落实的选择。这也许可以称作"取法其上，得乎其中"。至于具体的运作过程，更有必要借鉴《孙子兵法》的用兵真艺术、人生大智慧，领悟"全"与"偏"辩证关系的真谛，做到"水因地而制流，兵因敌而制胜。故兵无常势，水无常形，能因敌变化而取胜者，谓之神"（《虚实篇》）。

分清缓急，甄别主次

军事斗争中首先要注意找到重点，把握关键，集中兵力，各个击破，逐次展开，有条不紊，所谓"先捡西瓜，后捡芝麻"，而千万不可不分重点撒网，平均使用力量，有枣没枣先打一竿子再说，结果导致捡了芝麻，丢了西瓜，甚至西瓜、芝麻统统丢光的局面发生。

当年解放战争中国民党军队之所以一败涂地，其政权之所以土崩瓦解，除了其反动性质决定了其前途黑暗、没有希望这个根本原因，其发动全面内战时战略进攻方向的全面铺开、面面俱到，淡化重点，平均使用力量，也是其中的一个因素，至少这起到了转换双方优劣态势，加速其走向灭亡的重要作用。全面进攻就会变成全都不能真正进攻，也就是说，个个是重点，结果个个都无法成为重点。等到蒋介石等人意识到"无所不备，则无所不寡"这层基本道理的时候，急忙调整战略进攻方针，改"全面进攻"为"以山东、陕北作目标的重点进攻"，但情况已经发生根本的变化，其拥有战略主动权的历史性机遇早就远远失去了，这种调整便完全成了明日黄花，毫无价值可言。由此可知，国民党政权的迅速垮台，与它在全面内战爆发时所做的"全面进攻"战略抉择有一定关系，而其之所以会做出这样愚蠢的决策，则与其不懂得"曲则全""偏则全""少则得，多则惑"的基本道理不无相关，自食了"贪多嚼不烂"的苦果。

在军事斗争中，突出重点的根本途径无疑是在作战过程中坚定不移地贯彻"尽敌为上"的基本原则。所谓"尽敌为上"，其实质就是打歼灭战的战略指挥原则。歼灭战是战争活动中的主要手段，因为，战争的进程和结局，归根结底取决于敌对双方有生力量的消长。所以，不论战略、战役或战斗，歼灭战都是从根本上解决问题的有效途径。近代德国著名军事理论家克劳塞维茨曾在其名著《战争论》中对这一问题做过精妙的阐述，他指出：“战斗是战争中唯一有效的活动。在战斗中，消灭同我们对峙的敌人是达到目的的手段，即使战斗实际上没有进行也是这样，因为在任何情况下，结局都是以消灭敌人军队已毫无疑问为前提的。因此消灭敌人军队是一切军事行动的基础，是一切行动最基本的支柱，一切行动建立在消灭敌人军队这个基础上，就好像拱门建立在石柱上一样。……在战争所能追求的目的中，消灭敌人军队永远是最高的目的。在这里我们不能不指出，用流血方式解决危机，即消灭敌人军队，这一企图是战争的长子。”①所以，无论战争在具体情况下是怎么多种多样，我们只要从战争这一概念出发，仍可以肯定以下几点：一、消灭敌人军队是战争的主要原则，对采取积极行动的一方来说，这是达到目标的主要途径；二、消灭敌人的军队主要是在战斗中实现的；三、具有一般目的的大的战斗才能产生大的结果。根据上述几点可以得出一个双重法则，它包含相辅相成的两个方面：消灭敌人军队主要是通过大会战及其结果来实现的，大会战又必须以消灭敌人军队为主要目的。因此，应该把主力会战看作是战争的集中表现，是整个战争或战局的重心。如同太阳光在凹镜的焦点上聚成太阳完整的像并发生极高的热度一样，战争的各种力量和条件也都集中在主力会战中，产生高度集中的效果。

中国古代兵家对主力会战，打歼灭战问题同样予以高度重视。早在先秦时期，就有人提出了打歼灭战、不打击溃战的基本认识，认为这是克敌制胜的最好结果：“夫战，尽敌为上”②“若车不得车，骑不得骑，徒不得徒，虽破军皆无功”③。《孙膑兵法》更是毫不含糊地将作战目标定在消灭敌人的军队上，明确地树立了歼灭战的战略指挥原则，认为只有“覆军杀将”，使

① ［德］克劳塞维茨，中国人民解放军军事科学院译：《战争论》，解放军出版社，2021 年版，第 286 页。
② 《国语·周语》。
③ 《吴子·励士》。

敌人"虽欲生而不可得"，才算是真正掌握了"战之道"，即作战的基本规律。[1]历代兵家对打歼灭战的指导原则也有充分的阐述，如西汉名将赵充国所言："击虏以殄灭为期，小利不足贪。"[2]

"尽敌为上"的主力会战、全线歼敌作战指导思想，同样适用于历史上的统一战争的战略指挥。因为在统一大业实施者看来，无论是速战速决还是相对持久，夺取统一战争胜利的关键都在于积极创造有利的战机，歼灭敌人的主力，只要摧毁了敌方的有生力量，那么，敌人再企冀负隅顽抗便丧失了所有资本。在这种情况之下，速战速决也好，相对持久亦罢，其区别便仅仅是时间问题了，而绝不会对胜利的最后归属产生任何实质性的影响。所以，统一战争的实施者都高度重视"尽敌为上"的意义，将它尊奉为实施战略指挥的一个重要原则，总是把寻机进行主力会战、歼敌主力作为作战的关键环节慎重、积极地加以处理。

历史事实也正是如此：伊阙之战中，白起所率秦军大破韩、魏联军，斩首二十四万余级，韩、魏两国实际上就失去了抵抗秦国战略进攻的能力，亡国也只是时间问题了。公元前260年，秦、赵双方在长平（今山西省高平市西北）地区进行战略决战，秦将白起"正合奇胜"，善察战机，诱敌出击，然后分割包围，聚歼赵括所率赵军主力四十五万人，从根本上削弱了秦当时在关东六国中最为强劲的对手，使得秦统一六国、混同天下的道路变得畅通无阻了。项燕所率的楚军主力数十万人，在秦国大将王翦指挥的六十万雄师劲旅的凌厉打击之下悉数就歼，楚国再也无法实施有效的抵抗，秦国平定楚地便水到渠成。在西晋灭吴、统一南北的战争中，吴国丞相张悌所率吴军主力三万人在版桥（今安徽省马鞍山市和县境内）为晋军一举

---

[1] 《孙膑兵法·月战》。
[2] 《资治通鉴·汉纪·中宗孝宣皇帝神爵元年》。

消灭后，吴国全国上下惊恐震动，顿呈瓦解之势，西晋灭吴也就一帆风顺，指日可待了。

应该说，秦灭六国，统一天下这一战略目标的最终实现是来之不易的，归根结底，乃是通过歼灭关东六国主力与精锐的途径，"尽敌为上"，剥夺了对手的抵抗能力之后，才如愿以偿的。由此可见，消灭敌人的军队，贯彻"消灭敌人，保全自己"的战争原则，始终是一种比其他一切手段更为优越、更为有效的手段。

敢冒风险，当断则断

军事斗争中切忌因求全、求稳而瞻前顾后、优柔寡断。杜预在劝谏晋武帝司马炎出兵攻打孙吴政权以完成国家统一时，始终强调："凡事当以利害相较，今此举（指伐吴统一天下）十有八九利，其一二止于无功耳。"[①]即便万一遭受挫折，也没有什么大不了的事情，完全不必裹足不前，以致错失良机："事为之制，务从完牢。若或有成，则开太平之基；不成，不过费损日月之间，何惜而不一试之！若当须后年，天时人事不得如常，臣恐其更难也。"[②]这无疑是辩证看待时机的正确态度，是"杂于利害"的高明时见。战前准备的充分只是相对的，战机成熟的界定也同样是相对的。在任何情况下，军事行动都带有一定的冒险性，即"在战略上，由于战争的不确定性难以完全克服的缘故，做出战略决策与战争计划往往面临一定的，甚至程度颇大的未知因素。因而在一定条件下是允许冒些风险的"[③]。更何况自己的对手也不会毫无作为，静静地待在那里被动挨打，等着被轻而易举地收

---

① 《晋书·杜预传》。

② 《晋书·杜预传》。

③ 李际均：《论战略》，解放军出版社，2002年版，第241页。

拾掉。因此，准备的充分性，计划的周密性，永远只能是相对的。完全明了敌情、拥有十成把握的指挥决心几乎是没有的，即使一时明了，但在我变敌变的动态运动过程中，也难以做到总是对敌情一清二楚，对战机把握得万无一失。"战争是充满盖然性的领域，必然因素和偶然因素交织作用于战场……指挥决心往往是在敌情不完全明了和有许多不确定因素条件下做出的。战场瞬息万变，要求快速决策；而面对不确定因素，又必须慎重决策。及早下定决心，带有一定的风险性，但长时间准备也有丧失速度与突然性的危险。所以，及时下达比较实际的决心，比拖延下达所谓'更好'的决心也许更有效。在坚持不打无把握、无准备之仗的军事原则中，并不排除指挥决心中的风险成分。"[1]杜预的观点表明，如果一味追求"完全"而在"十之一二"的不利条件（或不确定因素）面前患得患失，优柔寡断，那么，西晋灭吴统一全国的大业必将遥遥无期。

用兵打仗是如此，从事其他工作也不例外。求稳、求全就动机而言自然是好的，但是在实际社会生活中往往会导致保守，缺乏必要的进取精神，不敢去面对挑战，不敢去主动出击，以致丧失机会。正确的态度是，像用兵打仗那样，敢于冒一定的风险，以偏为全，以曲为全，破中求全，处处掌控主动，事事把握先机，从而在激烈的竞争中游刃有余、稳操胜券。

合理规划，把握好"度"

这在《孙子兵法》中就是强调"势"与"节"的统一。《孙子兵法·势篇》有云："故善战者，其势险，其节短。势如彍弩，节如发机。"孙子在重视造势、任势以夺取作战主动权的同时，还充分考虑到了"势"与"节"

---

① 李际均:《论战略》，解放军出版社，2002年版，第241页。

的关系，注意到以"节"制"势"的问题。他认为"势"与"节"两者互为关系，相辅相成。有势而无节，不能发其机；有节而无势，不能逞其威。他说："鸷鸟之疾，至于毁折者，节也。"(《势篇》)可见，只有节量远近，掌握时机，正中其宜，才能够充分发挥"势"的强大威力，使敌人遇之者毁、触之者折。

这里"势"所代表的强大有利的作战态势理解起来不是问题，我们认为倒是"节"的概念更需要加以关注。"节"的本质含义是"度"的问题，即分寸感的把握。

中国传统文化精神核心之一是"极高明而道中庸"。"中庸"便是合宜的分寸、合宜的"度"，所谓"无过无不及"，既不能做不到位，也不能画蛇添足，一切都要恰到好处、收放合宜。设法使事物保持相对的平衡，在处世接物等方面遵循比较适中、不偏激的原则，既不要"不及"，也不能太"过"，从而使协调统一体的对立双方不要产生激烈的矛盾，以致在冲突中两败俱伤，一起走向毁灭；应该努力争取和平共处、相辅相成，互为弥补，互相促进。

"中庸"自然是儒家提出的思想文化范畴。《孙子兵法》书中不可能有这个字眼，但是孙子有关"节"的思想，其内在的本质属性与儒家的"中庸"观是一致的，都是讲求对"度"的认识与把握。《孙子兵法》有不少内容是反映以"节"制"势"的基本旨趣的，换言之，孙子就是把"势"与"节"作为一个矛盾的对立统一体加以深刻的认识和正确的判断，在此基础上驾驭掌控事物变化的临界点——"度"。如《九变篇》论述将之"五危"，即将帅容易犯的五种过错及由此所造成的严重后果："必死，可杀也；必生，可虏也；忿速，可侮也；廉洁，可辱也；爱民，可烦也。"实际上我们都知道，不怕牺牲、善于保全、同仇敌忾、廉洁自律、爱护民众等都是优良的品德，应是为将帅者所具备的，可是如果做过了头，即发展到了"必"

这一程度，那么其性质就会发生变化，所谓真理多向前一步便成谬误，就会酿成"覆军杀将"的悲剧。

春秋初年的郑庄公就是在"度"的把握上体现出极高政治智慧的杰出代表。

郑庄公在历史上的最大作为，是通过各种手段使西周末期才立国的小小郑国在春秋初年率先崛起，"小霸"天下。当然，在今天看来，这点儿功业也算不得惊天动地，但若从郑庄公的所作所为体现的政治技巧来考察，就不能不让人对他表示佩服了。

郑庄公政治智慧的高，除了料事能准、遇事能忍、出手能狠，更表现为善后能稳。《孙子兵法》说："故军争为利，军争为危。举军而争利，则不及；委军而争利，则辎重捐。"（《军争篇》）所以，真正高明的战略家对战略目标的设定都是非常理智的，决不会在胜利面前头脑发热、忘乎所以，而是能注意掌握分寸、适可而止，用现代人的话讲，就是能做到"有理、有利、有节"。郑庄公在这方面的作为，同样可圈可点。当挫败姬段的叛乱阴谋并迫使姬段逃到共邑后，郑庄公便不再追击，因为他知道，姬段此时已如丧家之犬，再也折腾不起什么大浪了，实在不值得继续花功夫去对付。另外，由于郑庄公的母亲武姜在这一叛乱事件中曾扮演过很不光彩的角色，企图与姬段里应外合，置庄公于死地："大叔完聚，缮甲兵，具卒乘，将袭郑，夫人将启之。"[1]对此，郑庄公内心是既痛苦又愤恨的，曾发毒誓，永远不见武姜："不及黄泉，无相见也！"但为了社稷大局，他最终还是与武姜和解了，"大隧之中，其乐也融融""大隧之外，其乐也洩洩""遂为母子如初"，赢得"孝"名，在政治上替自己捞足了分数。

至于缥葛之战善后问题上的做法，更反映出郑庄公心机的深沉。当郑军

---

[1] 《左传·隐公元年》。

在和周桓王统率的周王室联军的作战中大获全胜，祝聃等将领建议乘胜追击以扩大战果之时，郑庄公头脑异常冷静地表示："君子不欲多上人，况敢陵天子乎？苟自救也，社稷无陨，多矣。"①他随即下令停止追击，放对手一马。不仅如此，他还在当天晚上派专人前往周军大营，慰问负伤的周桓王，从而给周桓王一个台阶下，使得双方的关系没有闹到彻底破裂的地步。既赢得了利益，显足了威风，又留有余地，杜绝了后患，左右逢源，一石二鸟。这是郑庄公战略意识高度成熟的显著标志。

由此可见，"度"的核心意义在于提醒人们：一切要适可而止，见好便收，切忌忘乎所以，失去方寸，即所谓"功成身退，天之道"。尤其是要摒弃强烈的占有欲，如死抓权力不放、占着位置不让、霸着财富不松手、滋生欲望永不满足等。要知道，名利富贵，犹如过眼云烟，对它们的追逐等于是追逐幻影，迟早会落得一无所有，甚至于身陷祸难，正像《红楼梦·好了歌》所称："因嫌纱帽小，致使枷锁扛。"

总之，看问题要冷静沉着；做事情要大处着眼，小处着手，要由易到难、由小及大，切不可头脑发热、心智迷失、贪多务得、好高骛远。道理很简单，"轻诺必寡信，多易必多难"。只有走出这种思维上的误区，才可以在人生竞争中保持主动，赢得生机，获取最大的成功，即所谓"圣人终不为大，故能成其大"。

荣华富贵，始终是世人竞相追逐的目标，功名利禄，永远是世人朝思暮想的期盼，在这种巨大的诱惑面前，人们总是很难把持住自己，于是忘恩负义、落井下石有之，患得患失、自寻烦恼亦有之，活得实在太累，甚至走向失败的深渊。韩愈《送李愿归盘谷序》曾对人类这种具有古今普遍共性的丑态做过入木三分的揭露："伺候于公卿之门，奔走于形势之途，足

---

① 《左传·桓公五年》。

将进而趑趄，口将言而嗫嚅，处污秽而不羞，触刑辟而诛戮。"这类人一旦得意便不免骄横跋扈、颐指气使、轻浮自大、忘乎所以，一朝失意则常常出主入奴、低三下四、丧失人格、摈弃尊严。其根源在于人们的心态不健康，患得患失。只有持平常心，诸事顺应自然之理者，方能在人生舞台上站稳脚跟，笑到最后。

兼容并蓄，学会包容

"全"与"偏"的辩证关系表明：事物都具有相对性，互补是事物顺利发展的基本前提。要做到互补，关键在于能够宽容和包纳。任何事物都有其独特的地方，都有值得肯定的优点和精华，即所谓"尺有所短，寸有所长"，从"道"充斥宇宙的角度而言，世上没有一无是处之人，亦无一无是处之事，"无弃人""无弃物"。高明的统治者要善于辩证地观察问题，做到善于资鉴，从而更好地充实和丰富自己。古人对此早有比较深刻的认识，强调指出，"和实生物，同则不继"[1]"万物并育而不相害，道并行而不相悖"[2]"天下一致而百虑，同归而殊途"[3]。在他们看来，过分狭隘的视野与心胸，是无助于事业的成功和社会的发展的，所谓"水至清则无鱼，人至察则无徒"。所以，真正理想的境界应该是，"海纳百川，有容乃大"。换言之，只有以极其博大的襟怀和勇气，容忍和接纳具有差异性的事物，才能不断丰富和充实自己，实现人与自然、人与人、人的身心之间的最大的"和谐"。在治国方面，就是要做到海涵一切、虚怀若谷、宽容包纳，不以一人之智为智，而以众人之智为智，"江海所以能为百谷王者，以其善下

---

① 《国语·郑语》。
② 《中庸·第三十章》。
③ 《周易·系辞》。

之，故能为百谷王"①。具体到用人上，就是要秉持宽松的尺度，切不可求全责备，应该博采众长，为我所用，"君子贤而能容罢，知而能容愚，博而能容浅，粹而能容杂"②，使得品德各异、能力有差的各色人等都能在社会生活中找到合适的位置，发挥自己的作用，为和谐社会的构筑做出不可或缺的努力。具体到文化选择上，便是在坚持统治思想主体性的同时，以开放的心态，充分汲取其他学派理论中的合理因素，为思想的整合、文化的构建创造更为广阔的空间，保持更为积极的活力，即所谓"犹百家众技也，皆有所长，时有所用"③"百川异源，而皆归于海；百家殊业，而皆务于治"④。

这里，我们可以重点谈谈在人才界定和任用问题上，如何运用"全"与"偏"辩证统一的观点与方法，超越"求全责备"的思维误区，从而调动一切积极因素，发挥各人不同的专长和优势，达成既定的战略目标。

"人君为政在于得人"，这层道理历朝历代的统治者都明白，因此，"举贤任能"的口号代代相袭，可以说是中国传统政治文化的一个图腾："帝王之道也，以择任贤俊为本，得人而后与之同治天下。"⑤

可是，大千世界，千奇百怪，人才的类型多种多样，最理想的人才自然是资兼文武、德才兼备，既有为人楷模之德，又不乏经国安邦之能。遗憾的是，"金无足赤，人无完人"，人才乃是"专才"而已，而绝非"全才"，"尺有所短，寸有所长"，任用人才上求全责备往往是一厢情愿的事情。实际生活之中，作为个体的人才通常难免有这样或那样的缺陷，而且才能越大，其他的毛病就越多，或操行有亏，或性格孤僻，或恃才傲物，或放荡

---

① 《道德经·第六十六章》。
② 《荀子·非相》。
③ 《庄子·天下》。
④ 《淮南子·氾论训》。
⑤ 《河南程氏经说》卷二。

不羁。总之，"尺有所短"，德行相悖乃是许多人才身上的普遍现象。人才能真正发挥作用，关键在于定位准确、任用合宜，能用其所长而避其所短，否则必定是事与愿违，越帮越忙。

对人才性质上的这种差异性，古人早已有所察觉，于是便有了"因人授任"的用人思路，"因事设官，量能授职"，即根据人才的具体条件，授予相应的职务，达成特定的目标："夫大将受任，必先料人。知其材力之勇怯，艺能之精粗，所使人各当其分。"①

对中国古代"因人授任"观念最形象、最贴切的表述，我个人认为当首推儒家"亚圣"孟子"尊贤使能"的理论。在孟子看来，人才形形色色、千奇百怪，但归根结底可以分为两大类：一类是道德情操特别优秀，素孚清望，堪为楷模，但办事能力相对薄弱，权略机变相对逊色的"贤者"；另一类是道德品质也许有瑕疵，声誉、名望或许不那么让人仰慕，可办事能力出色超众，韬略权谋老练娴熟的"能者"。前者乃是大旗、招牌，治国安邦固然不可或缺；后者则是得心应手的工具，是使国家机器运转的动力，治国安邦更是须臾难离。因此，统治者对他们都要倚重和任用，"自是任用，皆随其材"，犹如车之两轮、鸟之双翼，共生而互补，并存而互用，庶几合乎中国哲学"同则不济，和实生物"的旨要。

让我们对孟子感到佩服的，是他进一步说出了统治者任用"贤者"与"能者"的不同原则。按孟子的主张，对于"贤者"要"尊"，对于"能者"则要"使"，合在一起，便是所谓的"尊贤使能"。具体地说，对待"贤者"，统治者是要给予其崇高的地位，提供优厚的待遇，让他们以无与伦比的道德魅力感化民众，从而体现国家政治的正确导向，是谓"贤者在位"；对待"能者"，则应该充分发挥其办事能力强、应变功夫深的特殊优势，让他们

---

① 《武经总要·前集·料兵》。

担任具体的官职，委以干实事的权限，多出业绩，快出业绩，是谓"能者在职"。孟子认为，统治者如果能在"贤者""能者"两类人才的任用上做到无所偏废、各有侧重，那么就算是真正掌握了用人的艺术，治国安邦便可很好地达到预期的目标。

证之于史，孟子"尊贤使能"的用人理念可谓屡试不爽，成效卓著。战国初期，魏国在魏文侯的领导下率先崛起，称霸七雄，原因固然很多，但是其中非常重要的一个因素是魏文侯善于用人，充分发挥了人才群体上的矩阵优势。而魏文侯善于用人的标志，又在于他正确区分了人才的性质，对"贤者"与"能者"予以不同的任用。史载魏文侯"师卜子夏，友田子方，礼段干木"①，对德高望重的儒学大师卜子夏等人尊礼有加，从而争取到人心归附、民众拥戴，使自己的政权拥有了道德上的合法性与优越性，这一招便是所谓的"尊贤""贤者在位"。同时，魏文侯也知道儒家人物普遍存在着"迂远而阔于事情"的缺陷，要真正实现富国强兵的目的，实在少不了"能者"们的帮忙。所以，他在尊礼卜子夏等"贤者"的同时，更重视"能者在职"的用人方针，并在实际的政治操作当中加以具体的落实。于是他让翟璜、李悝、西门豹等能臣干吏站到政治前台，承担起处理具体军政事务的重任，甚至起用"母死不归，杀妻求将""贪而好色"、人品颇受诟议但能力超群、办事干练的吴起。这就是所谓的"使能""能者在职"。总之，"尊贤"与"使能"双管齐下，两手抓且两手都硬，魏文侯在治国安邦问题上不能不大获成功，而魏国在战国初期率先崛起也就丝毫没有悬念了。

这些人中，最富有争议、最有特色的人物首推吴起。战国时期著名的政治家、军事家吴起，可谓历史上德薄才高的一个典型人物。

---

① 《吕氏春秋·察贤》。

说起吴起的德操，委实让人无法恭维。此人从青少年时代起，便抱着强烈的功利心，时时刻刻渴望出人头地、扬名天下，为此竟不择手段，"怒从心底起，恶向胆边生"，动辄以最残忍甚至无耻的方式，实现自己向上爬攀、为官作宰的目的。

为了平步青云，吴起不惜花费千金，破家游历，奔走于列国之间，自荐于诸侯之前。然而，他的努力一开始就处处碰壁，不仅弄得家道破落，而且也受到邻里闲人们的讥笑嘲弄，成为他们茶余饭后的谈资。说实在的，这本来算不得什么大不了的事情，至多不加理睬，继续打拼，直至做出一番成绩，让闲杂人等在事实面前闭嘴就可以了。可是吴起却丝毫没有什么雅量，大怒之下，竟罔顾法纪，手刃了那帮说三道四的闲人。这些闲人尽管说话刻薄了一些，但毕竟罪不至死。吴起为出一口窝囊气，使三十多人喋血利剑、横尸堂前，视人命如草芥，其狠毒野蛮实在教人不寒而栗。

如果说，吴起对外人的狠心残忍多少可以理解，那么，他对自己亲人的所作所为则不免使人感到疯狂、可怖，简直灭绝人性，丧尽天良。在家乡卫国犯下命案后，吴起逃窜到鲁国，先是在曾子门下研读了一段时间经典，差一点儿混成一名大儒，可是他道德上的劣根性扼杀了这种可能：母亲在卫国老家忧愤去世，按传统的礼仪规范，吴起这时应该暂时中断学业，回家奔丧，以尽人子的孝道。但是，利欲熏心的吴起却没有这么做，这种藐视传统道德规范的惊世骇俗之举，自然无法在讲究纲常伦理的儒家门庭中立足，他与曾子的师生之谊也从此彻底断绝。

被逐出儒家门墙后，吴起转而研读兵书，揣摩韬略。凭着自己的天资，他很快在兵学领域有了一定的造诣，颇得鲁国朝廷的赏识。可是，当齐国军队大举来犯时，鲁穆公却在是否任命吴起为大将统军作战一事上举棋不定，原因就是吴起的妻子是齐国人，所以鲁穆公多少担心他在作战时放过齐军。吴起察知这一内情后，为了得到鲁穆公的信任，一不做，二不休，竟然不惜杀死妻子以表明心迹，终于依靠这种冷酷血腥的方法赢得大将的兵符，用妻子的鲜血和头颅圆了自己的升官梦，这就是人神共愤的"杀妻求将"。到这里，吴起已经完全突破了道德的底线，成为丧心病狂的嗜血恶魔。长期以来，吴起成为许多人厌恶、憎恨的对象，恐怕就是吴起的德操的确充满邪恶、丑陋的成分，实在让人喜欢不起来。

但是，如果撇开吴起的道德操守不论，那么，吴起在当时实实在在称得上是第一流的能臣干吏。他残杀妻子谋取大将一职后，统率鲁国军队以弱胜强，大破不可一世的齐军。日后，他又辗转来到魏国，在那里任职长达二十七年，辅佐魏文侯、魏武侯两代君主，治绩突出，战功卓著，"立为大将，守西河，与诸侯大战七十六，全胜六十四，余则钧解，辟土四面，拓地千里"。[①] 在铁马金戈的洗礼中，吴起作为威震八方的军事统帅名闻遐迩，声誉日隆。尤其是在与秦军的作战中，吴起奇正并用，避实击虚，扬长避短，指挥若定，多次战胜实力强大的秦军，攻克多座秦国的城池，夺得战略要地西河地区，使得魏国在与秦国的激烈角逐中占据了战略上的有利态势。

吴起的最后生涯是在楚国度过的。在那里，他辅佐楚悼王进行全面的改革，殚精竭虑、雷厉风行，制定了一系列变法的措施，并且坚决地贯彻执行。首先是"明法审令"，废除世卿世禄制度，规定分封贵族传了三代的，就一律收回封爵，取消俸禄，废除其公族的谱籍和各种世袭特权，并且将一些旧贵族迁徙到边远地区，从而有力地加强了中央集权统治。其次是实行精简，整顿财政，奖励耕战，撤并了不少冗余的政府机构，裁减了许多冗官，从而大大减少了国家的财政支出，提高了行政的效率，同时奖励耕战之士，使得楚国的经济日益繁荣和发展。最后是"要在强兵"，建立起一支

---

① 《吴子·图国》。

能征惯战的军队。吴起将取消贵族俸禄和裁减冗官而节省下来的钱财，用于养兵、扩充军备、增强国防，从而建立起一支强大的军队，为楚国从事兼并扩张战争直接提供服务。

吴起主持的变法改革，收到了显著的效果。他使得楚国的国力迅速得到恢复和发展，一跃成为当时屈指可数的头等强国，所谓"横成则秦帝，纵成则楚王"。吴起以雄厚的国力为基础，统率楚国雄师南征北战，所向无敌，取得了"南平百越，北并陈、蔡，却三晋，西伐秦"[①]的重大成就，威震天下，举世瞩目。

此外，吴起还在兵学理论的研究与总结方面做出了突出的成就，和兵圣孙武一样，为后世留下了一部价值不朽的兵学名著——《吴子》。该书较全面地反映了战国时期的战争特点和吴起本人独到的兵学观点，深刻地总结了战国前期丰富的实战经验，是继《孙子兵法》之后又一部体系完备、思想精辟、影响深远的兵学著作，在中国古典兵学发展史上具有不可磨灭的地位。

吴起在鲁、魏、楚等国经国治戎的经历和成就，以及他兵学理论的建树、在这方面的贡献，足以证明时人对他"用兵司马穰苴不能过也"的评价乃是实至名归、货真价实，同时也足以说明吴起才智过人，办事能力超群，这恰好与他龌龊卑劣的德操形成巨大而鲜明的反差。可见，一个人的德与才在很多的情况下处于相悖对立的状态，对不少人而言，德才兼备往往是理想态，志大才疏或者才高德薄才多为现实态，这乃是比较普遍的现象。

对于历史上高明的统治者来说，最理想的辅佐之才无疑应该是德才兼备者，但这往往是可遇而不可求的。这时候正确的态度是要正视现实，不拘一格地任用那些身上有种种毛病或者不足的人才，"因任而授官，循名

---

① 《史记·孙子吴起列传》。

而责实"，发挥他们在治国经武方面的长处，同时对他们的缺陷有清醒的认识，用制度乃至权术控制与制约他们的行为，将其消极的因素及影响控制到最低的程度。魏文侯、楚悼王对"贪而好色"的吴起的任用，刘邦对"盗嫂昧金"的陈平的驱使，都是这方面相当成功的例子。

区别对待，讲求实效

"全"与"偏"的辩证关系，也告诉人们，不同的问题有不同的解决方法，切不可按一个模式包打天下，追求一刀切，那样痛快倒是痛快，可往往牛头不对马嘴，出尽洋相。所以，正确的做法是，按照"全""偏"关系的辩证原理，不同质的矛盾用不同质的方法去解决，从而举重若轻、事半功倍。

历史上，司马穰苴"国容不入军，军容不入国"的治军理念，很典型地反映了这种区别对待事物、讲求工作实效的思想方法及其突出价值。

唐朝肃宗上元元年（公元760年），正是朝廷举全国之力平定安史之乱的重要关头。这时，统治者急切需要在兵林中树立一尊偶像来振奋民众的精神，鼓舞军队的士气，于是，兵学鼻祖姜太公便被推上了"武圣人"的宝座，朝廷"追谥太公望为武成王"，使其地位与"文宣王"孔子相颉颃。同时，朝廷又从历代名将中遴选出"十哲"，进入"武成王"庙中配享，这意味着武"亚圣"们，也得以际会风云、排定座次了。

春秋后期的齐国著名军事理论家司马穰苴很荣幸地入选"十哲"的行列，成为与白起、韩信、诸葛亮、孙武、吴起等兵家风云人物齐名的"亚圣"。他并非浪得虚名，而是因其兵学造诣赢得后人的推崇。当年，他曾以治军高明和率师逼退燕、晋联军而闻名天下，更以撰写著名兵书《司马法》一书惠泽后世，被齐国名相晏婴称誉为"文能附众，武能威敌"。如此"总文武"，这般"兼刚柔"，堪称名将的楷模、兵林的典范。

司马穰苴的兵学体系博大精深，而有关治军的理论阐述，则是其整个学说中的重要组成部分。它的最大特色是提出了治军的自身规律，即强调"国容不入军，军容不入国"①。其根本宗旨，是要区分治军与治国的不同，要清醒地认识到两者虽都有一个"治"字，但彼此的差异性却是客观的存在，千万不可任意混淆趋同了。在司马穰苴的眼中，朝廷的那一套礼仪规章万万不能搬用于军队，军队的那一套法令条例也不能作为治国的工具，两者各有不同的特点和要求："在国言文而语温，在朝恭以逊……在军抗而立，在行遂而果，介者不拜，兵车不式。"②如果哪位统治者心血来潮，混同了两者的区别，那么，必定会既在治国上捅娄子，又在治军上摔跟头，"军容入国则民德废，国容入军则民德弱"③。如果把军队的管理方法应用于国家、朝廷，民众就会变得暴戾刚狠，温情脉脉的礼让风气就会废弛；反之，倘若将国家、朝廷的礼仪规章贯彻于军队，军人就会变成一群温驯的绵羊，尚武勇迈的精神就会被削弱乃至消失。应该说，司马穰苴的这一观点完全符合军队建设与管理的规律和特点，因此得到后人的高度重视。西汉时期的名将周亚夫在细柳营军门挡住汉文帝的车驾，整肃军容、严明军纪的做法，就是借鉴"国容不入军"思想，将其高明地应用于治军实践的一个显著事例。因此，汉文帝不仅不以周亚夫的举动为忤，反而满心喜欢，一再褒扬周亚夫是顶天立地的"真将军"！

"国容不入军，军容不入国"，语言虽然朴素平白，但是这中间却蕴含着深刻的哲理。司马穰苴道出的不只是治军的基本要领，更是朴素辩证法的精髓，用今天的哲学语言来表述，便是不同质的矛盾必须用不同质的方

① 《司马法·天子之义》。
② 《司马法·天子之义》。
③ 《司马法·天子之义》。

法来解决，任何方法和手段是否真正管用，关键在于它是否具有针对性和适用性；任何理论和政策是否有益于事，症结在于它是否具备实践的土壤，是否能够避免水土不服。如果不能做到量体裁衣、对症下药，那么关注越多，越是添乱；投入越多，越是糟糕，南辕北辙，事与愿违，是谓"橘逾淮北而为枳"，明明要进这扇门，偏偏走进别的屋。西哲亦有云"播下的是龙种，收获的却是跳蚤"，到头来，竹篮打水一场空，全然是无谓的牺牲。

历史上，违背司马穰苴区分"国容"与"军容"的忠告，不分场合、条件、时间、对象，用一个模子对待和处理复杂的事物，结果导致破绽百出甚至全盘皆输的，可谓司空见惯、不胜枚举。这中间有的是错乱时空，脱离特定的环境穷折腾、瞎忙乎，因而自酿苦酒，自找晦气。如当年王莽面对土地兼并越演越烈、奴婢问题堆积如山的局面，智短计穷，居然祭起恢复周礼的法宝，打出推行"王田"的大旗。可惜的是，时过境迁，物是人非，王莽企图改良的愿望固然美好，但是他所选择的方子却完全离谱了，到头来不但没有能扭转乾坤，走出新路，反而是天下动乱，最终连自己的身家性命全都赔了进去。有的是鸡兔同笼，不分青红皂白，不区分事物的性质，捡到篮里都是菜，因而弄巧成拙，种瓜得豆。如当年诸葛亮起用马谡心切，拔苗助长，将本来是优秀参谋之材的马谡摆放到并非马谡之长的北伐前敌总指挥的位置上，混淆了参襄军务与独当一面的本质区别，结果"置将不慎，一败涂地"，不仅致使首次北伐中途夭折，而且害得本来可以成为优秀辅弼之才的马谡身败名裂，抱憾终天。

由此可见，避免一锅煮、防止简单化，说来容易做来难，司马穰苴能够清醒意识到这个问题，并且提出"国容不入军，军容不入国"这样高明的原则，多少表明他是真正参悟用兵治军的奥妙的。正是在这个意义上，司马穰苴才受到后人的普遍尊重，而他区别矛盾、不同对待的思想方法，也始终在为人们提供着智慧的启迪和文化的借鉴。

七、攻而必取：攻守统一原则

要点提示：

不可胜者，守也；可胜者，攻也。(《形篇》)

守则不足，攻则有余。(《形篇》)

攻其所必救。(《虚实篇》)

善用兵者，役不再籍，粮不三载。取用于国，因粮于敌。(《作战篇》)

善守者，藏于九地之下，善攻者，动于九天之上，故能自保而全胜也。
(《形篇》)

善攻者，敌不知其所守；善守者，敌不知其所攻。(《虚实篇》)

夫兵久而国利者，未之有也。(《作战篇》)

攻而必取者，攻其所不守也；守而必固者，守其所不攻也。(《虚实篇》)

"主客""攻守"是中国古代兵学中的两个重要范畴。其中"主客"主
要是指军队所处的地位问题，也即敌对双方所处的态势。一般地说，进攻
一方为"客"，防御一方为"主"；处于主动、有利地位的一方为"主"，处
于被动、不利地位的一方为"客"。至于"攻守"则是指作战的基本形式。
由于军队所处的地位往往是由其所采取的攻守形式来决定的，所以"主客"

与"攻守"二者之间既有区别又有内在联系。

春秋中期以来，随着新兴封建地主阶级的兴起，主张积极主动的进攻战略成为一种盛行的军事思想，"兵圣"孙武就是当时提倡进攻路线的代表人物之一。

可胜者，攻也

众所周知，孙子是主张进攻的，他奉行的是进攻战略指导原则。许多人对此已有论述，如关锋认为，"速决进攻的运动战是孙子战略战术的指导原则"；郭化若认为，"《孙子兵法》在作战方针上，主张进攻速胜，强调'兵贵胜，不贵久'"；吴如嵩也认为孙子是主张进攻的，他说，"孙子纵深奔袭的突袭论乃是为了达到一战而胜、力求速决所提出的一种进攻的构想"，又说，《作战篇》《军争篇》都是从军队后勤的战略地位出发，建立起他的进攻速胜的战略主张和先发制人、先机而动的战略思想的。可以说，主张进攻是孙子兵学的显著特征。

从《孙子兵法》的内容看，进攻战法是贯穿全书的一根主线，十三篇无一篇不属意于此。《计篇》阐述的是进攻前的战略谋划，杜牧注云"于庙堂之上，先以彼我之五事计算优劣，然后定胜负。胜负既定，然后兴师动众"。《作战篇》论述的是进攻前的准备，张预注云"计算已定，然后完车马、利器械、运粮草、约费用，以作战备，故次《计》"，李筌亦云"先定计，然后修战具"。《谋攻篇》讲如何谋划进攻，杜牧注"庙堂之上，计算已定，战争之具，粮食之费，悉已用备，可以谋攻。故曰《谋攻》也"。《形篇》和《势篇》分别讲进攻作战所必须的优势实力以及实力的运用。《虚实篇》主要讲进攻中的避实击虚问题。《军争篇》主要讲两军争先机之利问题。《九变篇》讲战场随机应变、灵活用兵的方法。

《行军篇》讲行军布阵、驻扎安营之法。《地形篇》讲如何利用地形，因地制胜。《九地篇》讲进入敌境作战的九种地理及相应处置方法。《火攻篇》讲用火攻来辅助进攻的问题。《用间篇》讲进攻中如何使用间谍侦知敌情。大体上说，前五篇从大战略的角度论述了进攻的谋划与准备，从战略谋划和决策、战争准备到积形造势，为发动进攻做好充分的准备。后八篇谈的是进攻的实施，从进攻的基本原则到具体的战术行动，从行军扎营到两军争锋，从利用地形到"以火佐攻"等，都是紧紧围绕"进攻"这一中心内容展开的。

具体地说：孙子强调"兵不厌诈"，主张遵循"兵之情主速，乘人之不及，由不虞之道，攻其所不戒也"（《九地篇》）、"攻其无备，出其不意"（《计篇》）的作战原则，致力于示形动敌、声东击西、奇正相生，力图避实击虚，欺敌误敌，以出其不意的方式发动突击猛攻，"夫霸王之兵，伐大国，则其众不得聚；威加于敌，则其交不得合"（《九地篇》）。孙子还强调作战应当"后如脱兔，敌不及拒"（《九地篇》），打得敌人惊慌失措，措手不及，形成迅雷不及掩耳之势，"故其疾如风，其徐如林，侵掠如火，不动如山，难知如阴，动如雷震"（《军争篇》）。

"先其所爱""兵贵胜，不贵久"，强调先发制人，推崇作战行动的突然性、主动性、进攻性、运动性，可谓是孙子关于制胜之道基本规律的深刻揭示。

在日常生活中，常可以听到这样的两句口头禅："先下手为强，后动手遭殃。""一步晚，步步晚。"在军事上，"先发制人"也是一个非常重要的命题。早在"古司马兵法"系统的兵书《军志》中便有"先人有夺人之心"的提法，《左传》里也有"宁我薄人，无人薄我"的见解。其实质含义即主动进攻，实施突然袭击，以争取作战上的先机之利。

"先发制人"的重要性自然不言而喻，那么剩下的问题，便是如何实施高明的作战指导，来贯彻"先发制人"的目的了。孙子认为，要"先发制人"，必须做到两点。一是应该创造和把握正确的时机。具体地说，就是要通过"示形"惑敌等方法，诱使敌人放松戒备、暴露破绽，然后以迅雷不及掩耳之势，主动进攻，乘虚而入，一举克敌，"敌人开阖，必亟入之……践墨随敌，以决战事"（《九地篇》）。《六韬》中说："故智者从之而不释，巧者一决而不犹豫，是以疾雷不及掩耳，迅电不及瞑目，赴之若惊，用之若狂，当之者破，近之者亡，孰能御之？"①二是应该在己方处于完全主动地位的情况下运用，其进攻的方向应当选择在敌人最薄弱且又是最要害的环节，从而牵一发而动全身，以收事半功倍之效，确保"先发制人"的战略意图能够顺利地实现。具体地说，就是要做到"先夺其所爱，则听矣""先其所爱，微与之期"（《九地篇》）。

孙子为何强调进攻呢？一方面，孙子的进攻思想是当时特定时代背景的产物。马克思主义的基本理论告诉我们，任何一个战略思想的提出都不是将帅个人主观意志的产物，而是时代的产物，是与时代的经济条件、社会发展水平、战争的形态和武器装备的状况等相适应的。孙子生活于春秋末期，社会生产力水平有较大发展，出现了牛耕和农田水利工程。随着耕地的开发和农业的发展，对土地的争夺和占有就成为各国统治者关注的焦点问题。孙子说"掠乡分众，廓地分利"，正说明了当时通过战争争夺土地的目的。孙子针对这种情况，提出进攻理论，适应了当时诸侯争霸的战略需要。另一方面，孙子的进攻思想是其兵学逻辑发展的结果。孙子强调"兵贵胜，不贵久"，进攻作战要求速战速决，久攻不克则会"钝兵挫锐"，给自己带来危险的后果；孙子强调"攻其无备，出其不意"，主张"致人而不致于人"，主张"伐大国"，积极主动进击敌人，"威加于敌"，摧毁敌人的

---

① 《六韬·龙韬·军势》。

抵抗意志，消灭敌人的有生力量，实现自保而全胜的战略目的。可见，推崇作战行动的突然性、主动性、运动性是孙子兵学的重要特点。这些特点都与进攻性紧密联系、互为因果。

兵贵胜，不贵久

从军事学的角度讲，通过同敌人拼消耗、拼意志来完成战略优劣态势的转换，最终赢得战争的胜利，毕竟是一种颇不情愿但又无可奈何的选择。如果自己在实力上明显占有优势，又逢机遇，那么自然应该采取"快刀斩乱麻"的手段，干净利落地摆平对手，尽可能用最小的代价换取最大的胜利，这就是所谓的速战速决。古今中外有头脑、不糊涂的军事家都遵奉这条原则，都把在尽可能短的时间里打败敌人、实现预定的战略目标作为用兵打仗的理想追求。因为他们知道一个普通的道理："一分钟决定战斗结局，一小时决定战局胜负，一天决定帝国的命运。"[1]军队的迅速机动和闪电般的冲击永远是真正的战争灵魂。从战争效益比来说，速战速决是最为理想的选择。道理很简单，从战争与经济关系这一角度观察问题，进攻速胜是至关重要的，因为战争所损耗的人力、财力、物力，数量大得惊人，对国计民生来说，不啻为极其沉重的负担，战争时间一久，各种严重的后果便会纷至沓来，使国家和民众陷于不可自拔的境地。此外，从复杂的战略格局考察，速战速决也应该是战争指导者追求的目标。如果某一国长期征战，就会给第三方带来可乘之机，最终使自己陷于两线作战的被动局面，出现所谓"螳螂捕蝉，黄雀在后""鹬蚌相争，渔翁得利"的情况。

---

① 俄罗斯军事家亚历山大·苏沃洛夫语。

《吕氏春秋》的作者把迅猛神速、进攻速胜看成是"决义兵之胜"的关键，其他的兵家也有类似的主张，一致强调"用兵上神，战贵其速"[①]"速则乘机，迟则生变"[②]，把"兵贵神速"的基本原则贯彻落实到整个作战行动的全过程之中："足我粮饷，张我声势。巧于误敌，俾敌不知所备；速于攻取，俾我锋不留行。电扫星飞，深戒淹缓。"[③]李靖《卫公兵法》引《吕氏春秋》云"凡兵者，欲急捷，所以一决取胜，不可久而用之矣"，刘伯温《百战奇谋》中有"知彼有可破之理，则出兵以攻之，无有不胜"。明朝人尹宾商更是强调"时不再来，机不可失，则速攻之，速围之，速逐之，速捣之"，认为如此这般，则"靡有不胜"。

孙子是这种进攻速胜论的首创者，他反复强调的"兵贵胜，不贵久"思想，实际上已经十分精辟地概括了速战速决理论的本质属性。

孙子的速战速决思想，不是凭空产生的，而是通过核算战争经济成本得出的基本结论，孙子不但是一位军事学家，更是一位经济学家。在他看来，战争不仅是智慧的角逐，同时也是国家综合实力的较量。而在构成国家综合实力的诸多因素中，经济又占据特殊的地位，换句话说，经济是从事战争活动的前提和基础，是制约一切军事活动的最主要的物质因素。没有充足的财力、物力，任何美好的战略计划都是空中楼阁，说白了便是望梅止渴、画饼充饥，所以不能不算经济账。而从经济账的角度来计算，战争便必须速战速决，时间越短越好。

在孙子看来，战争是一场成本极其昂贵的豪赌，动用十万部队规模的军事行动，花销大得惊人，简直是一个填不满的无底洞，"日费千金"。在丘牛大车的农耕社会里，没有比兴师动众更花费钱财的事情了。如此高投

---

① 唐李靖《卫公兵法》。
② 明王鸣鹤《登坛必究·经武》。
③ 明无名氏《草庐经略·客兵》。

入、高消耗的战争，一旦旷日持久，久拖不决，那么后果必定是极其严重的，甚至是非常可怕的。孙子认为这种后果至少有三个方面。

第一，旷日持久的战争一定会导致国家财力、物力的巨大消耗，国家资源再丰富，也承担不起长期战争所带来的巨大支出。金山银山，也经不得坐吃山空，老是打仗用兵，国库当然匮乏，银子流水一般花掉，国家的建设还搞不搞？朝廷的前途还要不要？这显然是一桩十分不划算的买卖。《墨子》也对战争的危害性做了深刻的揭露，指出一旦发生战争，就要大量动员民众，迫使许多人放弃劳作去参加作战，久者数岁，速者数月，国君无暇处理朝政，官员无暇处理事务，农夫无暇耕耘，妇女无暇纺织，使得国家生产荒芜："春则废民耕稼树艺，秋则废民获敛。"[1] 人员的伤亡不可胜计，物质的损失不可胜计，完全属于"夺民之用，废民之利"，断无可取！可见，战争的巨大耗费的严重性是当时思想家的普遍共识。

第二，战争久拖不决势必会进一步加重普通老百姓的负担，激化各种社会矛盾。国家的财富自然不是从天上掉下来的，还不是从老百姓身上征收来的——所谓羊毛出在羊身上。打仗打久了，国库空虚了，可还想打下去，怎么办？唯一的出路便是加大对老百姓的搜刮力度，"财竭则急于丘役"，把战争负担转嫁到平民百姓身上，而那些不法奸商也会乘机哄抬物价，大发战争横财，"近于师者贵卖，贵卖则百姓财竭"（《作战篇》），使得底层民众的生活雪上加霜，苦不堪言。肚子里怨气多了，迟早有一天会宣泄出来，这样就会激化各种矛盾，导致尖锐的社会危机，这在历史上是有很多的例子的：汉武帝长期对匈奴用兵，"海内虚耗，户口减半"，结果面临民众暴动的威胁，"盗贼滋起……大群至数千人，擅自号，攻城邑，取库兵，释死

---

[1] 《墨子·非攻》。

罪，缚辱郡太守、都尉，杀二千石"；隋炀帝远征高丽，劳民伤财，导致隋末阶级矛盾的高度激化，最终酿成隋末农民大起义的爆发；等等。如此看来，战争旷日持久绝对不是一桩好事。

第三，战争持续时间久了，很容易使国家陷入多面受敌、两线作战的被动局面。俗话说"螳螂捕蝉，黄雀在后""鹬蚌相争，渔翁得利"。要知道，春秋战国是诸侯林立、列国纷争的时代，"国际"关系十分复杂，在这种情况下，如果某一个国家长期暴师，征战攻伐，导致国内防御空虚、实力锐减，就会给原先坐山观虎斗的第三国提供可乘之机，最终使自己陷入多线作战的不利处境，即孙子所谓"夫钝兵挫锐，屈力殚货，则诸侯乘其弊而起"（《作战篇》）。这样的危险局面一旦形成，即使有一百个诸葛亮、一千个刘伯温也无法挽回了，"虽有智者，不能善其后矣"（《作战篇》）。这叫作"天作孽，犹可违；自作孽，不可活"。从历史上看，春秋末期吴国的衰亡、战国中期魏国的没落，都是典型的例子。吴王夫差被勾践逼得在姑苏台上自杀身亡，原因固然很多，但他好大喜功、长期穷兵黩武，追逐"图虚名而处实祸"的霸权，多线出击，倾全国之师北上与齐、晋等大国较量高下，以致世仇越国乘虚而入，无疑是最主要的因素。而战国时期魏国霸权的中衰，也实与魏惠王爱面子，战略眼光短浅，多方树敌，陷于东西两线作战的困境有直接的关系，最终为齐国所乘，一败于桂陵，再败于马陵，丧师辱国，破军杀将。可见，要想避免出现诸侯乘弊而起的糟糕局面，最好的办法是尽可能地缩短打仗的时间，在敌人还没有反应过来的时候，就迅速地把所有事情摆平。

孙子的速战速决战略思想揭示了进攻作战的一般规律，自然受到古今中外军事家的青睐，并在战争实践活动中得到广泛的借鉴和运用。历史上作为战略进攻的一方，在一般情况下总是追求速战速决、迅捷制胜，即所谓"一决取胜，不可久而用之矣"①。这一基本原则从秦汉历史上诸多统一战争的进程中可以看得非常清楚，统一大业的指导者在实施统一战争的战略指挥之时，总是把迅猛神速、速战速决看成是克敌制胜、实现统一的关键，努力避免出现进攻行动上的旷日持久、钝兵挫锐。因此，一旦"势已成，机已至，人已集"②，他们就毫不犹豫地展开行动，以强大的优势兵力为依托，运用高明的作战指导，对敌人发起毁灭性打击，力求在最短的时间里摧毁敌人的抵抗意志，粉碎敌人的防御体系，攻占敌人的核心中枢，赢得统一战争的迅速胜利。

秦汉历史上成功的统一战争，大多都是速战速决战略指导运用得当的典范。如秦国扫荡关东六国之战，前后不过十余年；西晋六路灭吴，前后费时不满三个月。

我们以秦统一六国之战为例，具体说明统一大业指导者在统一战争中是如何贯彻速战速决原则，并最终取得胜利的。秦统一六国的战争，既是战国末期最后一场诸侯兼并战争，又是中国历史上最早的封建统一战争。从公元前236年至公元前221年，秦国按照速战速决的战略方针，仅用十余年的时间，就相继灭掉了北方的燕、赵，中原的韩、魏，东方的齐和南方的楚六个诸侯国，结束了春秋以来长达五百余年的诸侯割据纷争的战乱局面，建立了中国历史上第一个统一的中央集权国家。

公元前238年，秦王嬴政铲除了丞相吕不韦和长信侯嫪毐集团，开始亲政，周密部署统一六国的战争。李斯、尉缭等人协助秦王制定了统一六国的战略策略。秦灭六国的战略有两个内容：一是战略目标的确定问题，乘六国混战之际，"灭诸侯，成帝业，为天下一统"③；二是战略步骤的筹划问

① 《太平御览·兵部》引《吕氏春秋》。
② 明揭暄《兵经百言·法部·速》。
③ 《史记·李斯列传》。

题，即继承远交近攻之策。确定了先弱后强、先近后远的具体战略步骤后，李斯建议秦王先攻韩、赵，"赵举则韩亡，韩亡则荆魏不能独立，荆、魏不能独立，则是一举而坏韩、蠹魏、挟荆，东以弱齐、燕"①，主张"先取韩以恐他国"②。这一战略步骤可以概括为三步，即笼络燕、齐，稳住楚、魏，消灭韩、赵，然后各个击破，完成统一。在这一战略方针指导下，一场统一战争开始了。

公元前236年，秦王嬴政乘赵攻燕导致国内空虚之际，分兵两路大举攻赵，揭开了统一战争的序幕。秦国经过数年连续攻赵，极大地削弱了赵国的实力，但一时尚无力灭亡赵国。③于是秦国转攻韩国，公元前231年，攻下韩国南阳，次年，秦将内史腾率军北上，攻占韩国都城阳翟（今河南省禹州市），俘虏韩王安，灭亡了韩国。

公元前229年，秦大举攻赵，名将王翦率军由上党（今山西省长治市）出井陉（今河北省石家庄市井陉县），杨端和从河内进攻赵都邯郸。双方相持一年后，赵军主将李牧为秦之反间计所除，赵军士气受挫，无力再战。王翦遂于公元前228年向赵国发起总攻，秦军很快攻占了邯郸，俘虏赵王迁，赵军残部败逃，赵国灭亡。

秦国在攻赵的同时，兵临燕境。燕国无力抵抗，太子丹企图以刺杀秦王的办法挽回败局。公元前227年，太子丹派荆轲以进献燕国督亢地图为名，谋刺秦王嬴政，结果以失败告终。秦王以此为借口，派王翦率兵攻打燕国，秦军在易水（今河北省保定市易县境内）大败燕军。次年十月，王翦攻陷燕国国都蓟城（今北京市），燕王喜率领残部逃到辽东（今辽宁省辽阳市一带），苟延残喘，燕国名存实亡。

---

① 《韩非子·初见秦》。
② 《史记·秦始皇本纪》。
③ 《战国策·齐策一》载："（秦赵）四战之后，赵亡卒数十万，邯郸仅存。"

至此，地处中原四战之地的魏国已完全孤立无援。公元前225年，秦将王贲率军出关中，东进攻魏，迅速包围了魏都大梁（今河南省开封市），秦军引黄河之水灌城，攻陷大梁，魏王假投降，魏国灭亡。

早在秦军攻取燕都时，秦就已将进攻的目标转向楚国。公元前226年，秦王嬴政召诸将商议攻楚之事。在公元前225年首次攻楚受挫后，他没有动摇灭楚的决心，于公元前224年委派王翦统率六十万大军再次伐楚。秦、楚双方主力在陈（今河南省淮阳市）遭遇，王翦沉着待机，以逸待劳，楚军屡次挑战，秦军不与交锋。楚军主帅项燕只好率兵东归。王翦乘楚军退兵之机，挥师追击，在蕲（今安徽省宿州市）大败楚军，于阵前斩杀了楚将项燕。次年，秦军乘胜进兵，俘虏楚王负刍，攻占楚都郢（今湖北省荆州市），灭亡了楚国。

五国灭亡后，只剩下东方的齐国和燕、赵残余势力。公元前222年，秦将王贲率军歼灭了辽东燕军，俘虏燕王喜，回师途中，又在代北（今山西省忻州市代县）俘获率领赵国余部自立为王的代王嘉，然后乘虚自燕地直逼齐国。齐王建慌忙在齐国西线集结军队，准备做困兽之斗。公元前221年，秦军避开齐军主力，从北面直插齐国都城临淄（今山东省淄博市）。在秦国大兵压境、几成以碻击卵的形势面前，齐王建放弃抵抗，向秦军缴械投降。齐国也彻底灭亡了。

至此，秦统一六国的战争宣告胜利结束，我国历史上第一次实现了空前的大统一，"秦以区区之地，致万乘之势，序八州而朝同列""吞二周而亡诸侯，履至尊而制六合，执敲扑以鞭笞天下，威振四海"①。而这个局面的形成，不能不归功于统一战略决策者在战略指挥上始终坚持和贯彻"速战速决，大创聚歼"的方针，马不停蹄，不间断地对山东六国进行打击和征

---

① 《过秦论》。

服，不给对手以任何喘息的机会，摧枯拉朽，势不可当，终于在短短十余年时间里一统六合，开创了中国历史的新局面。"秦王扫六合，虎视何雄哉，挥剑决浮云，诸侯尽西来"①，一幕雄浑磅礴的统一活剧，就这样伴随着秦国的铁甲雄师浩浩荡荡、所向披靡的进军步伐迅速谢幕了。

速战速决的战争指导原则始终是打开胜利之门的钥匙、赢得战略主动的秘诀。在西方世界，速战速决的作战原则也被众多军事家奉为圭臬，践行遵循。拿破仑的军事成就就集中体现为善于分析战场形势，捕捉稍纵即逝的战机，集中优势兵力，积极机动，速战速决，在尽可能短的时间里，歼灭敌人的有生力量，实现战役的目的。他在奥斯特里茨战役中，迅速展开兵力，凶猛攻击，坚决突破，大破俄奥联军，确立起对整个欧洲的霸权，就充分反映了他敢于速胜、善于速胜的精湛的军事艺术造诣。

从19世纪上半叶开始，随着军队机动性的提高和兵器杀伤威力的增强，速战速决的理论更是风靡一时，成为克劳塞维茨、约米尼、毛奇、施里芬、福熙、鲁登道夫等著名军事思想家十分热衷、倾心阐发的军事理论命题，并在战争实践中被予以充分的运用。换句话说，孙子所总结的先发制人、速战速决的作战指导原则，作为战争的一般规律，在近现代战争中仍未失去它的价值。第二次世界大战中，希特勒发动"闪击战"横扫整个欧洲大陆，暂时得逞；日本军国主义分子偷袭珍珠港，一举得手，都是比较明显的例子。虽然这些战争贩子最终没能逃脱覆灭的命运，但这主要是由于其战争性质的反动性，也是全世界反法西斯力量长期英勇奋战、前仆后继的结果，并不能否定其在战争初期实施速战速决方针在战术上的正确性与可行性。

即使在新的世纪，速战速决作为战略进攻的基本原则依然具有强大的

---

① 唐李白《古风·秦王扫六合》。

生命力。2003年，美英联军攻打伊拉克的战争就是很有说服力的例子。撇开战争的性质暂且不说，美英联军的战略指导原则的确是可圈可点的，其战术运用也让人耳目一新。其成功的标志，便是在整个军事行动的过程中，美英联军统帅部始终不渝地坚持了速战速决的作战方针，凭借其强大的军事实力，运用各种高科技手段对伊拉克军事目标发起迅猛、凶狠、准确的打击，在很短的时间里摧毁了伊拉克方面的军事抵抗，兵临巴格达城下，并且很快突入城中，控制住整个战局，不到一个月时间便占领伊拉克全境，达到了战争的目的。

当然，任何高明的军事思想和卓越的作战原则都存在着思维上的盲区，不是无懈可击的，这就是所谓的"智者千虑，必有一失""有一利必有一弊"。在这方面，孙子的速战速决战争指导思想也不例外。它的局限性在于观察、分析和把握问题上的片面化和绝对化倾向，缺乏全面辩证、有机统一的思维理性。对此，我们自然也用不着替孙子避讳。

就军事斗争的基本规律而言，孙子一再强调进攻速胜固然有相当合理、相对正确的一面，也大致符合春秋晚期战争的实际需要，但是，让人感到遗憾的是他并没能辩证地认识到军事行动中速决与持久的内在关系，有意无意地忽略了持久性防御在战争中应有的地位和必要的意义，以至将速胜与持久的关系机械地对立起来，给人们留下凡是进攻速胜便好、凡是防御持久便差的深刻印象。其实速胜与持久乃是对立的统一，不应该人为地割裂开来，因为虽然在战役与战斗的层次上采取速战速决的方针始终有必要、绝对不能有所动摇，然而，在战略的层次上，究竟是采用持久性防御还是进攻速胜，则不是由战争指导者的主观愿望决定的，而必须由特定的历史条件特别是敌对双方各种力量的对比来决定，即战争指导者必须根据双方力量对比、战略态势、国际环境等实际情况，来具体决定到底是进攻速胜还是持久防御，当速则速，宜久则久，不可意气用事，拘泥局囿。否则，欲速则不达，便是形而上学、画地为牢，到头来必定会遭到战争规律的惩罚。因此在充分肯定速战速决的基本前提下，战争的实施者也不应排斥在一定条件下的持久作战。这一般有两种情况。一是自身实力尚不够强大，甚至是处于劣势的时候，面对强大的对手，就要致力于用空间换取时间，达到强弱易势，夺取最后胜利的目的。为此，有些战争实施者通过持久防御来消耗、削弱敌人，随着战争时间的持久和空间的扩大，使敌人战线日长、兵力日分、锐气日挫、困难日多，逐渐地由强变弱；同时，发展、壮大自己的力量，在打破敌人速胜的企图的基础上，使自己的战略后方得到掩护，兵力得以集结，民众得到动员，战争潜力得以发挥，外交斗争得以展开，奇谋妙策得以施展，从而越战越强。二是做到守中有攻、久中有速，把战略上的持久防御同战役战斗上的进攻速决有机结合起来，灵活机动地打击敌人，如"塞其险阻以遏之，清其原野以待之，绝其粮道以饥之，劫其营垒以挠之，捣其巢穴以牵之。伺其既归。然后出以袭之"[1]等。总之，要设法做到"既以守以待攻，复以战而乘敝"[2]。可见，战争指导者在一定条件下实施持久防御战略方针，最终的目的是要由守转攻，由久转速，达成战略反攻的胜利。持久作战本身并不是目的，而是转化敌我双方强弱态势的战略步骤。古人说："知己有未可胜之理，则我且固守；待敌可破之时之理，则出兵以攻之。"[3]这就是说，一旦强弱易势，就要果断实施战略反击，彻底消灭敌人，实现自己的战略目标。

楚汉战争中刘邦战胜项羽，就是通过持久防御、后发制人的手段实现敌我双方强弱态势转换，最后达成统一大业胜利的典型事例。在楚强汉弱的形势下，刘邦采取持久防御的战略，利用成皋（今河南省郑州市荥阳市

---

① 明西湖逸士《投笔肤谈·持衡》。
② 明无名氏《草庐经略·击强》。
③ 宋无名氏《百战奇法·守战》。

汜水镇）一带的有利地形，实施顽强的正面防御，前后达两年又四个月之久。通过这一途径，刘邦获得了巨大的战略利益，汉军的战争潜力得到充分发挥，机动作战得以全面展开，外交策略和间谍工作得以广泛实施，终于取得对项羽的全面优势，并适时转入战略反攻，一举全歼楚军，完成了西汉的统一大业。

出其不意，攻其不备

为了实现速战速决的战略意图，孙子主张在采取军事行动时，努力做到突然性。为达成进攻的突然性，孙子提出：一是要出其不意，攻其不备，从而使敌人陷于猝不及防的被动状态，即"兵之情主速，乘人之不及，由不虞之道，攻其所不戒也"（《九地篇》），"进而不可御者，冲其虚也；退而不可追者，速而不可及也"（《虚实篇》）；二是要通过示形动敌，迷惑敌人，调动敌人，"悬权而动"，始终掌握着战场主动权，行动自如，即"其疾如风，其徐如林，侵掠如火，不动如山，难知如阴，动如雷震"（《军争篇》）；三是要行动隐蔽，使敌人无法知晓我方的真实意图，从而确保我方军事行动能够达成突然性，即"易其事，革其谋，使人无识。易其居，迂其途，使人不得虑"（《九地篇》），"因形而错胜于众，众不能知；人皆知我所以胜之形，而莫知吾所以制胜之形"（《虚实篇》）。用《管子·兵法》的话说，便是"善者之为兵也，使敌若据虚，若搏景。无设无形焉，无不可以成也；无形无为焉，无不可以化也"，使敌人在与我作战时，如蹈虚空之地，同变化不定的影子搏斗一样，有劲使不上，处处被动，而我却能够随机制宜，置敌于死地。孙子认为，如果在军事行动中成功做到隐蔽、佯动、突然攻击，那就可以达到速战速决、出奇制胜、稳操胜券的目的了。

孙子亲历的"西破强楚"之战，吴国"疲楚误楚"，五战入郢，就是出其不意，攻其不备，通过突然进攻达到速战速胜的经典战例。

吴国是春秋晚期勃兴于东南的一个诸侯国，它的发展不可避免地与处于长江中游的楚国产生了不可调和的矛盾。吴王阖闾即位后，更是奋发图强、励精图治、整军经武，为争霸大业积极准备。他的战略目标，就是战胜南方的第一强国楚国，建立霸业。

为了帮助吴国实现这一战略目标，伍子胥向吴王阖闾提出了剪楚羽翼、"疲楚误楚"的战略计划。周敬王八年（公元前512年），楚平王死，楚昭王少不更事，无力控制政局，当政的大臣又各怀鬼胎，政出多门。伍子胥针对楚国政坛矛盾重重的情况，适时地向吴王阖闾提出了完整的破楚方略：将吴国的军队编为三支，轮番骚扰楚国，使楚军疲于奔命。经过不断的骚扰，吴军既可削弱楚军实力，又能调动楚军（如向南佯攻越国造成吴国不会大举攻楚的假象），使其在判断和指挥上都发生失误。同时，吴国还要争取与楚国有矛盾的唐、蔡二国，使楚国北方门户洞开，为之后避开楚军的防守正面实施突袭创造条件。最后，吴国再出动三军主力攻打楚国，可将其一举击败。吴王阖闾欣然接受这一谋划，将吴军分作三支，大搞车轮战。六年下来，楚军东奔西走，到处防御吴军，弄得疲惫不堪。时间一长，楚军真的搞不清吴军的真实战略意图，并形成一种错觉，认为吴军只是骚扰而已，并不会倾力进攻楚国，遂放松了警惕。

周敬王十四年（公元前506年），吴国给予楚国致命一击的时机来了。这年秋天，唐、蔡两个小诸侯国背叛楚国而与吴国结盟，要求联吴抗楚。唐、蔡虽是小国，但在地理位置上处于楚国的北部侧背，具有重要的地缘战略意义。吴国与这两国结盟，便可以避开楚国重兵防守的正面，实施大迂回战略，对楚国进行大举突袭，直捣楚国的腹心。同年冬，吴王阖闾亲率三万精锐大军，水陆并进，在伍子胥、孙武等人的协助下，溯淮水西进，趁楚军连年作战极度疲惫、楚国北部边境空虚之机，以唐、蔡军为向导，对楚国防备薄弱的东北部边境进行远纵深的战略突袭。吴军进抵今河南省信阳市潢川县后便舍舟陆行，以三千五百人为前锋，在唐、蔡二国军队的配合引导下，兵不血刃地通过楚国北部的大隧、冥厄、直辕等要塞险隘，出其不意地抵达汉水东岸。楚军在被动的情势下仓促应战，楚昭王赶紧派大臣率军赶往汉水西岸布设防御阵地，两军隔汉水对峙。

吴军孤军深入，正要寻机歼敌有生力量，最担心的就是找不到楚军主力进行决战，导致战争旷日持久，所以见此机会，立即采取后退诱敌、寻机决战的方针，由汉水东岸一路后撤。楚军果然中计，尾随不舍地从小别（今湖北省汉川市东南）追至大别（今湖北、安徽、河南三省交界的大别山），但数次和吴军交手，不仅没占到什么便宜，反而致使士气低落、疲惫不堪。吴军见疲敌战术奏效，决定与楚军进行战略决战。十一月十九日，吴军在柏举（今湖北省汉川市北，另说在湖北省麻城市附近）列阵迎击楚军。吴军夫概所部首先发起攻击，扰乱楚军大阵，吴王阖闾趁机将主力投入战斗，重创楚军主力。吃了败仗的楚军丢盔弃甲，向西逃窜，吴军穷追不舍，终于在清发水（今湖北省安陆市涢水西）追上了楚军，再度将渡河的楚军打得惨败。然后，吴军乘胜扩大战果，对刚刚逃掉，正在埋锅煮饭的楚军残部痛加聚歼。经此一役，楚军全线崩溃，无法再做有效抵抗。吴军则长驱直入，势如破竹，一举攻陷楚国国都郢，楚昭王只好逃到随国（今湖北省随州市）。柏举之战以吴军的辉煌胜利而告终。

在柏举之战中，原来实力弱小的吴国之所以敢采取大胆而坚决的战略行动，长驱深入楚境千余里击败强大的楚国，关键在于"亟肆以罢之，多方以误之"①的疲楚、误楚战略发挥了作用，从而顺利地达成战略突然性，

①《左传·昭公三十年》。

使楚军从战争一开始就陷于被动作战的不利地位,给破楚入郢之战创造了条件。

第二次世界大战中盟军在战略反攻阶段的诺曼底登陆战役,是实施突然性战略又一个非常成功的典型战役。

1944年,法西斯德国虽然已在苏联、意大利、比利时和北非战场遭到重创,但仍然拥有相当强大的军事力量。在西线,一百万德军精锐之师坚守着一系列相互支援而又坚固的战略要点,面对英国,构成"大西洋壁垒"。依仗这堵"壁垒",德军企图在盟军从英吉利海峡渡海登陆时,以逸待劳,使盟军在滩头阵地即全军覆没。

面对种种困难,为达成登陆作战的突然性,盟军司令部进行了周密细致的战略筹划,专门制定了威胁挪威、加莱海峡、比斯开湾和法国地中海海岸等地,代号为"坚韧"的规模宏大的欺骗计划,以期将德军的九十多个步兵师和一些空军、海军及军需供应等力量钳制在远离诺曼底的其他地区。盟军的措施包括:

一、重视伐交,以达成外交上的欺骗。在诺曼底登陆之前和实施登陆的过程中,盟军一方面通过隐秘的方式,同德国在欧洲南部的巴尔干卫星国匈牙利、罗马尼亚、保加利亚等国频繁接触,制造这些国家与德国的不和。另一方面,又将这些国家同西方的接触情况,通过特设的渠道及时地"泄露"给德国。这些外交行动,掩盖了盟军在西北欧登陆的真实意图,分散了希特勒在大西洋彼岸的兵力。希特勒误以为盟军有可能选择在巴尔干地区登陆,而且认为那里的胁从国有背叛德国的可能,于是从驻法德军中抽调了两个精锐的装甲师和一个精锐的步兵师前往巴尔干地区,加强防御力量。

二、大造声势,运用佯动和伪装行动掩护盟军在诺曼底地区的登陆行动,将德军部署在丹麦、挪威和芬兰等国的二十七个师牵制在远离诺曼底的北欧地区。当时盟军最高司令部派出一个营的部队，伪装成强大的集团军，在苏格兰大唱"空城计"，进行频繁的调动和通信联络。同时，让舆论工具（电台、报纸）大量报道该"集团军"举行足球赛及各种联谊活动的盛况。这些虚假消息令德国统帅部信以为真，以为英国的一个集团军正在苏格兰地区集结，将配合美国的第15军（该军番号是真，但隶属于另外一个集团军）和一支苏联军队（其实并不存在），准备向挪威方向发动大规模进攻。所以他们不仅放弃了从这一方向抽调兵力的打算，而且还加强了那里的防御力量。到诺曼底登陆前，德军共有三个陆军师，九万多海军部队，六万多空军部队，六千名党卫军以及一万多准军事人员在挪威准备对付盟军的进攻。

三、为了坚定德军的错误判断，不惜假戏真唱。盟军在加莱对岸的英格兰东南部，大胆地上演了一出由美军虎将巴顿将军领衔主演的假戏，即指挥一支虚构的号称百万人的"第一集团军群"，造成盟军将在加莱登陆的假象。为了将这出戏演得逼真，盟军故意在这一地区进行频繁的通信联络；在"第一集团军群"驻地准备并修建了供几十万大军集结所需要的军事设施，设置了模拟的登陆舰队，由英国电影制片厂布景师用大量帆布制作了假兵营、假野战医院、假仓库、假飞机、假大炮和用橡胶制作的充气坦克，甚至还制作了坦克停车场、油料补给站、各种管道和登陆艇；与此同时，盟军不断散布要在加莱地区登陆的假情报，让活动在英国的双重间谍纷纷向德国报告这个"集团军"计划在加莱登陆的各种情报；此外，盟军飞机还重点加强了对加莱地区的轰炸，盟军的侦察飞机也更加频繁地飞临加莱地区，以显示出盟军欲全力摧毁加莱地区的德军防御力量以便登陆的急切心情。这些苦心孤诣的谋划，使德国只能得出一个结论，即盟军将在加莱方向登陆。于是，德军二十五万大军只好死死盯住加莱，而诺曼底则仅有一个德军装甲师驻防。

四、采取严格的保密措施。为掩盖战略企图，英国将诺曼底地区划定为禁止旅游的地区，限制外交人员出入英国境内，对来往邮件进行严格检查；严禁军人使用电报、电话对外联系。同时，严格限制接触作战计划的人员数量，登陆部队的主要指挥官于5月28日（也就是预定登陆日前一周）才接到登陆日期和各部队的登陆时间的通知，临近战役发起前才下发登陆地区的海图和全景图。在下达登陆作战命令后，所有舰只和登陆人员一律禁止外出，并派出两千多名反情报人员在军队中实施严密监视。

五、为了最终达成出其不意的效果，盟军在登陆时机的选择上，也煞费苦心地做了谋划。预定登陆时间是1944年6月5日，为此，盟军在周密准备的基础上，又精心施展欺敌诱敌之术。5月底，盟军安排一个军官冒充英军的蒙哥马利元帅前往直布罗陀和阿尔及尔等地视察部队，并故意让德军侦听到盟军正在换防的假情报，使德军误认为英军将针对法国南部采取行动，遂使德国驻守在卢瓦尔河以南的四个装甲师被钳制在原地。在气候方面，气象专家一致认为6月的第一周英吉利海峡将出现暴风雨，这就使德军统帅部相信，盟军不会在6月的第一周横渡英吉利海峡，于是，德军取消了空中和海上行动，很多军官离开指挥岗位去休假，就连指挥官隆美尔也回德国老家庆祝妻子的生日去了。

所有这些措施，使德国坚定了对盟军登陆方向的错误判断。就在盟军实施大规模登陆的当天上午，希特勒仍然认为加莱地区是盟军的主要登陆方向，诺曼底登陆只不过是佯攻行动。到盟军登陆十八个小时以后，德军才向诺曼底调动预备力量，但为时已晚。盟军完全实现了在作战地点、方向和时机上的出其不意。

1944年6月6日清晨，奇迹出现了，几天来一直风雨交加、大浪滔天的"恐怖的海峡"——英吉利海峡，在人们的焦急等待中终于变得温顺无比。这时，早已整装待命的五千余艘盟军舰船组成的迄今为止世界历史上最为庞大的舰队，如同神兵天降，突然出现在诺曼底海岸，一举击败猝不及防的德军，攻占滩头阵地。接着，盟军强大的空降部队在诺曼底侧后着陆，进一步扩大了登陆场。盟军主力也在德军眼皮底下完成了兵力渡送。随后，盟军经过二十五天的连续作战，终于实现了诺曼底登陆的胜利。这对顺利开辟第二战场，加速法西斯德国的灭亡起到了决定性的作用。

因粮于敌

打仗在很大程度上是打后勤，当年诸葛亮六出祁山却大多无功而返，固然有战略指挥失误的问题——包括重用不该重用的人，没有采纳魏延提出的从子午谷突袭长安的大胆建议等——然而更主要的原因恐怕还是后勤补给无法跟上，不得已只好"粮尽退兵"。所以古代兵家都把搞好军事后勤保障看成是克敌制胜的重要前提，所谓"兵马未动，粮草先行"便是这种认识的形象表述。

"民以食为天"，在整个军事后勤保障体系中又以粮食的补给供应为首。中国自古以农立国，农耕经济方式影响着人们的思维，把填饱肚子作为生存的基本要义，"无粮食则亡"，粮食问题在军事后勤乃至整个战争过程中始终占有最突出的地位，军事后勤是否成功，战争准备是否充分，很大程度上取决于粮食是否供应得上，所以说"用兵制胜，以粮为先"。官渡之战中，曹操一把大火烧掉了袁绍存放在乌巢的军粮，袁绍数十万大军顿时不战自溃，袁绍也就彻底玩完了。张巡守睢阳城，粮食吃光，即使是杀人分食坚持数月，依然无济于事，睢阳城最终还是落入了安史叛军的手中。可见，断炊绝粮是军队打仗的大忌，克敌制胜必须以有饭吃为前提。

对于进入敌境作战的进攻一方来说，怎样解决好军队的后勤保障问题，更是关乎战争胜负的头等大事。为此，孙子提出了"为客之道"的"因粮于敌"思想。他认为，进攻作战的后勤供应有两种方法：一是"千里馈粮"，一是"因粮于敌"。二者相比，"千里馈粮"成本太高，很不划算，而"因粮于敌""食敌一钟，当吾二十钟"，所以正确的方法是在敌国境内就地解决军粮供应问题，以战养战，维系战争机器的正常运转。

至于"因粮于敌"的具体手段，孙子也非常坦率地提了出来，这就是"重地则掠""掠于饶野，三军足食""掠乡分众"等，一个字便是"抢"。手段很单纯，目的很明确，就是要让敌人当自己的"运输大队长"，如贺绿汀《游击队员之歌》中所唱的那样："没有吃，没有穿，自有那敌人送上前；没有枪，没有炮，自有那敌人替我们造。"孙子认为，纵兵大掠，抢得快，抢得好，至少有三重好处：一是缩短了补给线，减少了损耗率，大大节省了本国粮草开销与运输成本，也有效减轻了本国民众的战争负担；二是有力地削弱了敌人的后勤补给能力，从根本上打击了敌人用以支持战争的经济潜力，彼消而我长，速战速决就有了更大的希望；三是补给上更及时，就地抢粮要比千里迢迢运送粮草来得方便迅捷，从而使捕捉战机、掌握战场主动更有了保障。

也许有人会觉得孙子公然鼓吹纵兵抢掠不人道，太残暴，但这无疑是按道德家的标准来要求孙子，用心是好的，实际却行不通。孙子不是文质彬彬的道德君子，而是以功利追求为目标的兵学家。对孙子来说，衡量一位军事家是否成功的标志，不是虚无缥缈的仁义道德，而是实实在在的军事胜利。与其虚仁假义标榜自己的高尚道德，不如直截了当、干脆利落地坦白自己的克敌制胜之道。只要能达到自己的战略目的，何妨使用有伤大雅的手段——抢掠不合人道，却有助于战争的取胜；仁义合人道，但解决不了战争后勤的实际需要，实在用不着遮遮掩掩，慕虚名而处实祸。

应当指出，孙子"因粮于敌"的思想，带有明显的局限性。首先，完全不讲仁义道德，即使有实实在在的军事胜利，也非正义之举。另外，如在荒漠草原作战，或遇敌方坚壁清野，便无粮可"因"，或可"因"之粮不多。对此，《兵经百言》指出，因粮于敌"间可救一时，非可长恃者"。因此，必须把"千里馈粮"与就地补给的"因粮于敌"结合起来。从孙子所处时代的战争实践看，当时的战争指挥者们也并不仅仅依靠"因粮于敌"，同时也十分重视后方补给。吴国为了进攻齐国，称霸中原，特意修筑了邗沟以通江淮的粮运，足见吴国并非单靠"因粮于敌"解决军队后勤保障问题。

攻守一法

在攻守这对范畴中，《孙子兵法》固然青睐进攻，但是，如果因此就得出孙子只重视进攻而不重视防御的结论，那就大错特错了。实际上，孙子并非只强调进攻，他也主张防守，攻中有守是其进攻思想的一个重要特色。

孙子指出，"昔之善战者，先为不可胜，以待敌之可胜。……不可胜者，守也；可胜者，攻也""善战者，立于不败之地，而不失敌之败"（《形篇》）。这就清楚地告诉我们，善于指挥作战的将军，首先要在主体方面创造不可被敌人战胜的条件，自己先立于不败之地，然后等待敌人能够被我战胜的机会。

孙子认为，高明的将帅不但要善于进攻，也要善于防守，"善守者，藏于九地之下，善攻者，动于九天之上"（《形篇》）；为了取得防御作战的胜利，必须首先做好战争的准备——在兵力部署上要重点守备，并掌握一定数量的机动兵力，以适应可能出现的各种情况，反对"所备者多"，更反对"无所不备"，因为"无所不备，则无所不寡"；他主张发挥防御作战的优势，"先处战地""以佚待劳，以饱待饥"，利用有利的地形，搞好防御伪装，制造假象，欺骗敌人；再次，在防御作战中灵活用兵，在敌"整众而来"时，先夺其所爱，以调动敌人，以攻为守，破坏敌人的进攻企图；或坚守不出，"画地而守"，使敌不得与我战。《孙子兵法》的防御作战思想，也是其进攻思想不可或缺的重要内容，不应忽略。当敌人还没有暴露出弱点的时候不可去攻，而是要严密防守，以待战机；当敌人暴露出弱点，给我以可乘之机时则立即发起进攻，决不可错失良机。

在孙子兵学体系中，"攻"与"守"的地位并不对等，进攻思想是孙子兵学的显著特征，防守思想则服务于进攻，孙子的"守"不是消极防御，而是"攻"的前奏，"守"中有"攻"。孙子说的"善守者，藏于九地之下"这句话，精辟地表明了孙子的"守"的实质，即守中寓攻，藏于九地之下的"守"，是为争取与创造有利的时机，动于九天之上，以迅雷不及掩耳之势、雷霆万钧之力消灭敌人。由此可见，在攻与守的关系问题上，不能机械地把两者割裂开来，片面地认为只有进攻才是"上策"，防守就是"下策"。当然，要消灭敌人，就必须进攻；没有进攻就没有胜、没有取，因为敌人是不会自行消灭的。但当自己还不具备消灭敌人的实力和有利战机时，盲目乱攻是非常危险的。故指挥作战，务必从实际出发，当攻则攻，当守则守。

将进攻与防守辩证地统一起来，正是孙子进攻思想的高明之处。《唐太宗李卫公问对》中说："攻守者，一而已矣，得一者百战百胜。"所谓"一"，就是把"攻""守"二者有机地统一起来，因为从实际战争中来看，无论是我方还是敌方，都不可能只有优点而没有缺点，只有实而没有虚，只要敌对双方始终存在互有强弱、互有优劣的关系，就有攻守统一的绝对必要性。从来没有一支军队只有防守或只有进攻。从战略到战术，从思想到行动，从需要到手段，都必须是攻守统一和攻守兼备的，因为只有攻守兼备，并且运用得当，才是战争制胜的重要条件。

"谁谓古今殊，异代可同调。"著名军事理论家克劳塞维茨自觉地将联系辩证的思想方法运用于战争现象的研究，从而科学地揭示了战争的运动规律及其发展变化的内在动因。关于进攻和防御的相互关系，他指出："如果两个概念真正构成了逻辑上的对立，也就是说其中的一个概念是另一个的补充，那么，实际上从一个概念就可以得出另一个概念来。"① 他并不是把进攻与防御对立起来，割裂开来，而是在进攻中看到了防御，在防御中看到了进攻。进攻与防御相互渗透，又相互转化，两者不是什么绝对的东西："每一种防御手段都会引起一种进攻手段""一种进攻手段是随着一种防御手段的出现自然而然地出现的"。换句话说，防御"决不是绝对的等待和抵御，而只是一种相对的等待和抵御，因而多少带有一些进攻的因素。同样，进攻也不是单一的整体，而是不断同防御交错着的"。② 克劳塞维茨进而分析和比较了进攻与防御这两种作战样式的优缺点，认为它们都是利弊共存的。进攻，是"较弱的形式，但具有积极的目的"，而防御则是"较强的形式，但具有消极的目的"。因而在战争中，"谁认为自己的力量相当强大，足以采取进攻这种较弱的形式，谁就可以追求较大的目的；谁要是给自己提出较小的目的，谁就可以利用防御这种较强的作战形式的利益"。③ 显而易见，克劳塞维茨关于进攻与防御关系的辩证思维，以及进攻与防御互相包容、互有利弊的观念，与孙子的思想有惊人的相似之处。

孙子的进攻思想对后世产生了深远影响。战国时期，争霸兼并，建立统一的封建国家已经成为历史发展的趋势，当时主要的诸侯国都加强了对外兼并战争，孙膑提出的"必攻不守"思想、法家的"耕战"思想，都是对孙子进攻思想的继承和发展。孙子的进攻思想也有其局限性，如对防守相对忽视，对战争的性质不加区分，片面夸大进攻速胜的作用，不能不说

---

① ［德］克劳塞维茨，中国人民解放军军事科学院译：《战争论》，解放军出版社，2021 年版，第 825 页。
② ［德］克劳塞维茨，中国人民解放军军事科学院译：《战争论》，解放军出版社，2021 年版，第826—827 页。
③ ［德］克劳塞维茨，中国人民解放军军事科学院译：《战争论》，解放军出版社，2021 年版，第 498 页。

是其理论的缺憾。

《唐太宗李卫公问对》继承和发展了孙子的攻守理论，并提出了自己精辟的见解，即所谓"指画攻守，变易主客"。它的有关论述没有简单地停留在"贵主不贵客"的一般阐述上，而是透彻地分析了"攻"与"守"、"主"与"客"之间相互依存、相互转化的关系，提出了"攻是守之机，守是攻之策，同归乎胜而已矣"等重要论断，认为"攻守一法，敌与我分为二事。若我事得，则敌事败；敌事得，则我事败。得失成败，彼我之事分焉。攻守者一而已矣，得一者百战百胜"，指出进攻和防御既对立统一又相互转化，强调攻守成败的关键是掌握主动权，倘若"攻不知守，守不知攻"，那么即使能够把孙吴兵法背诵得滚瓜烂熟，也是无法在战争中赢得主动、夺取胜利的。在此基础上，它进而分析和阐述了"主客"问题，认为主客关系及其优劣也不能僵化看待，"故兵不拘主客迟速，惟发必中节，所以为宜"；明确提出"较量主客之势，则有变客为主，变主为客之术"。高明的战争指导者应该积极致力于使敌人"变主为客"，而使自己"变客为主"。《唐太宗李卫公问对》还以春秋时吴越笠泽之战与十六国时期后赵石勒击破姬澹之役为例证，进一步从理论与实践相结合的高度，论证了变客为主、变劳为逸的辩证关系。《唐太宗李卫公问对》的这些论述，较之于《孙子兵法》《吴子》等兵书的认识更为深刻、更为全面，弥足珍贵。

在中国战争史上，通过灵活运用攻守的方式，高明地指导主客关系而夺取作战胜利的事例如过江之鲫，不可胜数。韩信"背水阵"破赵之役，堪称其中的典范。

韩信"背水布阵"，一举灭赵，断西楚项羽之右臂，是决定楚汉相争历史命运的关键战役之一，也是"战神"韩信卓越军事指挥天才的集中体现。是役韩信之所以奏捷，除了巧妙利用军心士气的因素，还因为他战术运用的高明卓绝，包括正确变换攻守，灵活部署兵力，合理设置阵形，机变实施奇正等。而这中间，辩证处理敌我双方的攻守关系，变易彼此的优劣地位，并通过合宜的阵形把这样的作战指导主观意图淋漓尽致地体现出来，举重若轻地贯彻下去，则是关键中的关键。

"主""客"分别意味着主动与被动，因此古今中外的军事家都致力于争取主动而避免被动。《唐太宗李卫公问对》即强调高明的战争指导者应该积极致力于使敌人"变主为客"，而使自己"变客为主"。克劳塞维茨也指出"防御比进攻容易"，理由是"防御者可以坐得其利"①。在这种具有共性的思维模式与价值导向的制约下，人们遂将是否能做到"指画攻守，变易主客"视为检验一名战争指导者基本能力的一项重要指标。

主客优劣态势的异同，说到底是进攻与防御兵力对比关系的症结。同样的兵力，用于进攻与用于防御的效果是完全不同的。《孙子兵法·形篇》有云"守则不足，攻则有余"，意谓实行防御，是由于兵力不足；实施进攻，是因为兵力有余。银雀山汉墓竹简本《孙子兵法》此句作"守则有余，攻则不足"，句意为在同等的兵力情况下，用于防御则兵力有余，用于进攻则兵力不足。讲的就是进攻与防御兵力对比关系。出土简文云："客倍主人半，然可敌也。"②其所揭示的也是这一层道理。这一点，其他国家的军事家同样也充分认识到了，如拿破仑就常言"多兵之旅必获胜"，故拿破仑在进攻中总是尽可能地集中兵力，以形成战场上的优势，奥斯特里茨会战的凯旋与耶拿之战的大捷，就是其在进攻中造就局部的优势兵力最终取胜的杰作。总之，按一般的军事原则而言，进攻一方总是至少要有多于防御一方三倍以上的兵力，才能拥有作战行动的主动权，"致人而不致于人"，为赢得胜利提供必要的条件。正因为进攻与防御之间存在着这种

---

① ［德］克劳塞维茨，中国人民解放军军事科学院译：《战争论》，解放军出版社，2021年版，第495页。
② 《银雀山汉墓汉简［一］·客主人分》。

不对称兵力之比的必然关系，所以高明的战争指导者总是主张根据不同的兵力对比而采取合适恰当的作战方式，灵活机动地变换战术，立于主动的地位，夺取作战的胜利。用孙子的话说，便是"用兵之法，十则围之，五则攻之，倍则分之，敌则能战之，少则能逃之，不若则能避之"（《谋攻篇》）。

在梳理了主客关系的军事学术内涵之后，再来考察韩信背水破赵之役大捷的深层次原因，我们可以发现韩信的取胜的确不是偶然的。它在很大程度上乃是韩信"知彼知己"，创造性地认识并驾驭主客、攻守的基本原则，高明地实现"指画攻守，变易主客"的自然产物。

韩信在破赵之役中所面临的最大问题，是其进攻行动与所需兵力之间的巨大矛盾。韩信北上击赵，是严格意义上的进攻作战，这一作战样式，决定了作为进攻的一方，韩信必须拥有胜于赵军的优势兵力。然而，当时实际的情况恰恰相反，防御一方的赵军兵力多达二十万，而韩信所拥有的部队仅"数万人"，并且让韩信感到棘手的事还有三件。一是兵力有减无增，刘邦在其伐魏灭代之后，为了防范韩信势力的发展，免其尾大不掉之势，不但将俘获的代军全部调往荥阳正面战场，而且连大将曹参及其所部也一同调回，使得韩信实际能够用于作战的部队只有三万余人，仅占赵军七分之一强。二是部队本身战斗力不强。韩信的三万人马多数是刚招募的新兵，没有经过系统的军事训练，更缺乏必要的战斗经验，即所谓"驱市人而战之"。三是无后方作战。韩信孤军深入，既无友军的配合策应，又无充分的后勤补给保障，客场求战，大失先利，处于"后处战地而趋战者劳"（《虚实篇》）的状态。由此可见，按正常的军事逻辑，韩信的这次进攻作战显然是不合常规、有悖一般作战规律的。

然而，韩信的高明之处就在于他能够正确地审时度势，"以患为利"，充分发挥个人的主观能动性，最大限度地实现作战优劣态势的转换。这种转换，反映在具体的军事指挥上，便是"变易主客"，转攻为守，在一场进攻性战役中打了一次极其漂亮的防御战斗。孙子说："是故智者之虑，必杂于利害。杂于利而务可信也，杂于害而患可解也。"（《九变篇》）韩信不愧为这样"化患为利"的杰出智者。

韩信背水布阵，从本质上说，正是"变易主客"的关键妙着。韩信深知自己的兵力处于劣势，若用进攻的方式正面破赵，显然毫无胜机可言，唯有调动敌人，让对手主动发起进攻，才能使双方主客位置互易，从而有效弥补己方兵力不足的劣势。而背水布阵，恰好是调动赵军脱离大营，令其变防御为进攻的最佳途径。这样一来，汉军就由进攻转入防御，用数学方法简单计算，汉、赵两军的兵力对比就在无形中由原来的一比七缩小为一比四了，这基本上已是较为均衡的攻守模式。应该说，战局的进程是完全按照韩信预设的"变客为主"思路发展的：决战伊始，韩信率约二万兵力攻赵壁垒，赵军倾巢出动，迎战汉军，汉军佯败，退入背水阵，赵军果然全力相攻。如此，韩信就利用背水阵巧妙地变客为主，转攻为守，使整个战局按照自己的作战意图顺利地发展下去，并最终赢得胜利。当然，对于赵军来说，以七比一的优势进攻汉军，较之于防御汉军，其优势显然已经极大地削弱了，但是，若指挥得当，理论上仍是有获胜机会的。然而，众所周知，兵力的优势只是取胜的重要条件之一，还需要有其他因素的共同作用。而这些"其他因素"，赵军统帅陈余是不具备的。因此，赵军最后的惨败并不令人感到诧异。

韩信破赵之役之所以能顺利达到目的，除了"攻守一体""主客变易"原则，高明地运用阵法也是其中不可忽略的因素。

所谓"军阵"，就是指军队在投入战斗时，根据地形条件、敌我实力等具体情况而布置的一定的战斗队列和队形，从最基础的一卒、一伍、一列开始，一直到全队、全营、全军，都做到"立卒伍，定行列，正纵横"①。这种一定的排列与部署，就是一定的"阵"。要言之，军阵就是各种战斗队形的排列和组合。每一次作战就是以一定的阵式去冲击敌人的阵式，或以自己的阵式去迎击敌人一定阵式的进攻。

战争是敌对双方的角逐，其胜负不但取决于投入兵力的多寡，更主要的是取决于"军阵"所发挥出来的集体力量，"善于保持战术协调和队形严整的一方，必将大大优越于不能做到这一点的另一方"。②这表明，在交战中，整齐而适当的队形是将士们相互依托作战的基本要求，"勇者不得独进，怯者不得独退"（《军争篇》），它有力地保证了战斗的胜利。正是在这个意义上，古代军事家都高度重视军阵的部署和运用，提倡"阵而后战"，强调军队在行军、作战时均要严守既定的阵形，以充分保障整体作战优势的发挥。

冷兵器时代，行军布阵是否得当和攻伐取胜的关系极为密切。各种阵法层出不穷、数不胜数，如春秋时期揭开诸侯争霸帷幕的郑庄公，在繻葛之战中，打破常规，布"鱼丽阵"，大破周室联军。"鱼丽阵"是典型的三军阵，军队的部署是左、右两翼突前，中军拖后，成倒"品"字形状。军队内部兵力部署的特点是"先偏后伍""伍承弥缝"，即把战车布列在前面，将士卒疏散配置于战车的两侧及后方，从而形成步车协同配合，攻防灵活自如的整体。③再如公元前三世纪初，迦太基（今北非突尼斯的东北部）著名的军事统帅汉尼拔，在意大利南部的坎尼与罗马军团展开决战时，布了一个外凸形的"弧形阵"，将战斗力较弱的步兵（伊比利安人和高卢人）配置在中央，让其略为突前，让精锐步兵和骑兵（来自非洲）部署在两翼。当罗马军团进攻时，中央较弱的步兵抵挡不住，自然后退，这时的阵形就变

---

① 《司马法·严位》。
② 《马克思恩格斯全集》第14卷，人民出版社，1975年版，第32页。
③ 《左传·桓公五年》。

成内凹的"弧形阵"，两翼的精锐步、骑兵顺势突前，对罗马军团形成钳击之势，一举歼灭六万余人的罗马军团，创造了战争史上以少胜多的辉煌战例，打了个漂亮的以劣胜优之仗。其他如齐庄公伐卫的"方阵"、韩信垓下之战的"五军阵"、晋马隆的"偏箱阵"、唐李靖的"六花阵"、宋真宗时期的"十全万戎阵"、成吉思汗的"大鱼鳞阵"、亚历山大的"马其顿方阵"，均为历史上的著名军阵。这些阵法源远流长、变化多端、名称各异。战国时有人曾对阵法做过概括："凡阵有十：有方阵，有圆阵，有疏阵，有数阵，有锥行之阵，有雁行之阵，有钩行之阵，有玄襄之阵，有火阵，有水阵。"①另据《武备志》记载，古今阵图竟有二百多种。但不论古今中外这些阵法的形态如何纷繁复杂，它所蕴含的实质只有一个：寻求兵力的正确部署和恰当使用。布阵得当，那么在战争中，以少胜多，以弱胜强，以一胜十，以百胜千，以千胜万，也属情理之中。

韩信的"背水阵"的高明之处就在于他巧妙地利用战场地形，布列绝阵②，将非常有限的兵力进行了正确的部署和合理的分配使用。如果从战术的层次考察，我们还可以发现，"背水阵"十分合理地结合了圆阵与方阵的各自优势，成为韩信克敌制胜的有效手段。

《唐太宗李卫公问对》指出，阵法变化"皆起于度量方圆也"，可见方阵与圆阵是古代阵法的典型形态。所谓方阵，乃是因其呈方形或长方形而得名，这是古代阵法的最基本形态，其主要特点是"前后整齐，四方如绳"，这多是进攻型的阵式。所谓圆阵，乃是因其呈圆形或半圆形得名。它是方阵的变化，车队首尾连成环形，步卒或骑兵紧挨战车以接敌，这多是防御型的阵式。它的特点是将疏散的队伍收拢为密集的队形，消弭易遭敌人攻

---

① 《孙膑兵法·十阵》。
② 《尉缭子·天官》有云："背水阵为绝地。"

击的翼侧，即把防御正面缩小到最低程度，《孙子兵法·势篇》所言"浑浑沌沌，形圆而不可败"，就是这个道理。

韩信的"背水阵"正合乎阵法方圆并用、攻守互补的基本原则。背水布阵实际上起到了以圆阵实施防御的根本功能。因为在背水布阵的情况下，汉军左右两翼是河流，两面皆是天然屏障，后侧是绵蔓水和太行山，赵军皆不得逾越和攻击。这样，韩信就不必担心赵军从侧翼和后方进行迂回进攻，而可将防御正面缩小到最低限度，大大加强了正面的防御兵力，拓展了防御的纵深。这实际上是利用天然的地形条件布列了一个能经受住猛烈攻击的圆阵。与此同时，韩信的背水阵又不是纯粹的防御，他是要等待时机进行反击，也就是在他的"奇兵"得手后展开进攻，而背水阵将兵力集中在一个方向上，这就相当于在防守过程中形成了类似进攻的方阵，一旦条件成熟，当己方部队转入反攻时，就不再需要转换阵形的时间，可以以最快的速度攻击赵军，一招制敌。《诸葛孔明异传·布阵》说："布阵之道，在乎临时先料敌之多寡，我之强弱，彼之虚实，象地之宜而宜之。"韩信的"背水阵"深谙这一用兵布阵的内在规律，方圆合度、攻守自如，其一举灭赵诚为必然。

八、避实击虚：集中兵力原则

要点提示：

兵之所加，如以碫投卵者，虚实是也。（《势篇》）

进而不可御者，冲其虚也；退而不可追者，速而不可及也。（《虚实篇》）

夫兵形象水，水之形，避高而趋下；兵之形，避实而击虚。（《虚实篇》）

无邀正正之旗，勿击堂堂之陈。（《军争篇》）

避其锐气，击其惰归。（《军争篇》）

形人而我无形，则我专而敌分。（《虚实篇》）

兵无常势，水无常形，能因敌变化而取胜者，谓之神。（《虚实篇》）

　　虚与实是中国古典哲学的一对重要概念，它们对于我们的审美心理有较大的影响。我国古代艺术无论是诗歌、绘画、音乐，还是戏剧、建筑，都把"虚实相生"作为一种重要的表现手法和艺术手段。"实"是正面、直接地表现写作对象实际面貌的写法，具有明确、具体、真切的特点；"虚"是回避正面直接表现写作对象，借他人、他物、他事来烘托、衬垫，为表现对象渲染气氛、营造气势，从侧面间接地丰富或强化写作对象，达到避实取虚、以虚指实的艺术效果。我国古代的艺术家为了追求虚实相生的审美效果，在创作方法上便把"实"变为"虚"，把"有"变为"无"，把"显"变为"隐"。这种手法用于绘画，则如笪重光在《画筌》中所说的"无画处皆成妙境"，画家、书法家都懂得"留白"的功能，强调要把虚实用得恰到好处；用于文学，则如唐彪在《读书作文谱》中说的"非实不足以阐发义理，非虚不足以摇曳神情"；用于戏曲，则是以虚代实，以无代有，形成了虚实结合的表演手段和表演程式；用于弈棋，则是讲究实中有虚，虚中有实，既做眼又吃子，即张拟在《棋经十三篇》中所主张的"阔不可太疏，密不可太促"。《道德经》有云："三十辐，共一毂，当其无，有车之用。埏埴以为器，当其无，有器之用。凿户牖以为室，当其无，有室之用。故有之以为利，无之以为用。"这正道出了"虚实"关系的真谛。

虚实也是中国古代兵学的一个重要概念，它的含义十分广泛，一般而言，无者为虚，有者为实，空者为虚，坚者为实。"虚"指的是兵力分散且薄弱，"实"指的是兵力集中且强大，表现在具体军情上，大凡怯、饥、乱、劳、寡、不虞、羸弱为"虚"，勇、饱、治、佚（逸）、众、有备、强盛为"实"。总之，凡是构成一支军队战斗力的各种要素，譬如兵力的大小、优劣、众寡、强弱、分合，部队的劳逸、饥饱、治乱、懈备，部署上的疏密、坚瑕，兵势上的锐钝，士气上的高低，心理上的勇怯，行迹上的真伪，处境上的安危，地形上的险易等，统统属于虚实的范畴。

在中国古代兵学范畴体系，虚实处于十分重要的中心位置。大凡攻守的选择、奇正的运用，都与虚实有着密不可分的联系。攻守的选择要以虚实为前提，"攻其所不守"才能"攻而必取"；"守其所不攻"才能"守而必固"；奇正的运用也要以虚实为条件。宋人张预指出："《形篇》言攻守，《势篇》说奇正。善用兵者，先知攻守两齐之法，然后知奇正；先知奇正相变之术，然后知虚实。盖奇正自攻守而用，虚实由奇正而现。"虚实掌握得是否得当，运用得是否高明，转化得是否成功，直接关系着战争的胜负。从某种意上说，《孙子兵法》十三篇都是围绕避实击虚这个核心问题立论的，正如唐太宗李世民所说："孙武十三篇，无出虚实。夫用兵识虚实之势，则无不胜焉。"

避实击虚

孙子曰："夫兵形象水，水之形，避高而趋下；兵之形，避实而击虚。""进而不可御者，冲其虚也。"避实击虚是孙子作战原则的核心内容，按照这一原则，战争指导者只有根据敌我双方的客观形势和力量对比，先于敌人发现敌我双方各种潜在的优势和劣势，先于敌人采用各种手段以迫使敌方潜在的优势无法发挥，使其潜在的劣势和各种不利因素发挥作用，才可以避开对手的长处，攻击对方弱点，达到"以碫投卵"的效果，取得战争的胜利。

运用避实击虚原则应当包括下面三个步骤：

第一步，识虚实。

《吴子·料敌》说："用兵必须审敌虚实而趋其危。"《唐太宗李卫公问对》说："夫用兵，识虚实之势，则无不胜焉。"可见要运用虚实原理取胜，首先必须做到"识虚实之势"。

虚实是对敌对双方力量对比状况的本质概括，指敌对双方兵力的大小、众寡，士气的高低、凝散，军队的治乱、劳逸，兵势的锐钝、勇怯，部署的主次、坚瑕等。在概念上知道什么是虚实并不难，难的是在实践中准确地认识敌人虚实之所在。概括地说，虚实的产生有以下几种情况：一是军队各部分的强弱不平衡，二是军队的力量部署不平衡，三是军队各部分的运动不平衡，四是军队的作战状态不平衡。对此，战争指导者必须要善于通过各种手段进行综合分析，透过现象看清本质，可采取用间、相敌、示形、隐真迷惑敌人，"角之""作之"，使敌暴露兵力部署等，以达到此目的。

第二步，变虚实。

知道虚实是为了转化和运用"虚实"，找到走得通的途径，拥有管用的手段。孙子认为，这手段说复杂也复杂，说简单也简单，万变不离其宗——一句话"避实而击虚"。要打赢仗，窍门是让自己处于"实"而让对手居于"虚"。

变敌我之虚实，形成以实击虚之势，主要通过以下方法：

一是声东击西，示形动敌。《草庐经略》中说："虚实在敌，必审知之，然后能避实而击虚；虚实在我，贵我能误敌。或虚而示之以实；或实而示之以虚；或虚而虚之，使敌转疑我为实；或实而实之，使敌转疑我为虚。玄之又玄，令不可测，乖其所之。诱之无不来，动之无不从者，深知虚实之妙而巧投之也。"《三十六计》将"声东击西"列为其中之一计，此计按语中举了朱儁破宛城的事例。东汉末年，朱儁统兵将黄巾军围困在宛城，他派兵筑起一座小土山，用来观察城内动静。观察清楚城中情况后，朱儁擂鼓号令将士攻打城的西南角，黄巾军便全部向西南角集中，准备迎击汉军。这时，朱儁亲自率领精兵五千人，猛烈攻击城的东北角，于是乘虚攻入城中。由此可见，声东击西的实质是通过主观努力迷惑敌人、调动敌人，创造敌人之"虚"，为"避实击虚"提供条件。

明朝的军事理论家尹宾商曾将自古以来的治军用兵原则和方法概括为三十六个字，其中的第一字就是"声"，强调"先声后实"，即发挥我方的主观能动性，通过"声"来迷惑敌人、调动敌人，造成战场上敌人虚实的变化，加大敌人的虚实反差，创造有利于己方避实击虚的条件。这可说是对以《孙子兵法》为代表的中国古典兵学中"示形"理论以及"避实击虚"

作战原则的具体运用和发挥。因为，战争指导者只有通过"声于东而击于西"，才可以示假隐真，牵着敌人的鼻子走，造成敌人主观判断和作战指导上的失误，而自己则处处居于主动，做到"形之，敌必从之；予之，敌必取之"，使敌人不知我军何处虚、何处实，不知道我军战略方向和进攻的重点，从而"以利动之，以卒待之"。

古今中外的战争史上不乏"声东击西"的成功战例。它们之所以成功，无外乎以下几点：一是能够以我之现象掩盖我之本质，使敌人对我之虚实懵然无知；二是能够通过"示形"，如击于西而示形于东，击于近而示形于远，击于此而示形于彼，隐蔽自己的真实意图，调动敌人，使敌暴露虚隙；三是能够针对敌人的心理特点和战场上的客观形势，不露马脚地"形兵之极，至于无形"，使敌人完全落入自己预设的圈套；四是真假两手交互使用，有些时候是"声东击西"，有时则偏偏"声东击东""声西击西"，从而做到假作真时真亦假，真作假时假亦真；五是能够有多种预案，制定稳妥的应变措施，当敌人有所察觉或识破我之企图时，也不致落入敌人将计就计的圈套。总之，"声"是手段，"击"是目的，"声东"越逼真，越能掩盖自己"击西"的真实目的和目标，才能生成战机，达成战争的突然性。

同时，"声东击西"能否成功，关键在于能否造成敌人主观上的错觉，乘其不意，攻其无备，出奇制胜。正如俄国军事家苏沃洛夫所说："令敌吃惊则获胜。""敌人没有预料到我们，以为我们还在一百俄里以外，如果我们是从远处赶来，则以为我们还在二三百俄里以外，或者更远的地方。突然，我们如神兵天降，敌人就会晕头转向。"[1]毕竟，战场情况瞬息万变，这些变化正是作战指导者借以利用和展开角逐的对象，将帅的高明之处，就

---

① ［俄］苏沃洛夫，李让译：《制胜的科学》，解放军出版社，1986年版，第30页。

在于利用敌我双方的矛盾斗争和虚实变化的规律，巧用声势，导演出一幕幕战争的活剧。

二是"我专而敌分"。孙子说："故形人而我无形，则我专而敌分。"（《虚实篇》）专、分的精义是集中我方兵力，分散敌人的兵力，以实击虚，各个击破。

集中优势兵力，打击分散之敌，是《孙子兵法》中一个突出的思想，其道理是显而易见的，用五个指头分别去打人，不如握成拳头一次打出去有力。《淮南子·兵略训》中所说"夫五指之更弹，不若卷手之一挃"，形象地说明了这一道理。但如果敌人也握拳与我相对，在这种形势下，就不要和敌人去拼拳头，而要设法使他的手张开，即孙子所说的"我专为一，敌分为十"，在局部上形成我以十攻一的态势，这样就可以各个击灭它。

公元1619年发生的萨尔浒之战便是我专敌分、各个击破的典型战例。在这次战争中，努尔哈赤采取集中兵力、各个击破的战法，取得了对优势之敌的辉煌胜利，从而根本地改变了后金与明之间的战略态势。

1618年，努尔哈赤制定了攻打明军、兼并女真各部、夺取辽东的基本战略方针，并在经过认真准备和周密筹划后，以"七大恨"誓师，开始将既定的战略付诸军事行动，攻下抚顺、抚安堡等辽东重镇。为了一举消灭后金政权，解除东北边疆危机，明廷立即调兵遣将，任命兵部侍郎杨镐为辽东经略，加紧筹饷集粮、置械购马，准备发起一次决定性的进攻。

1619年2月，明朝辽东经略杨镐率明军十八万、叶赫兵两万、朝鲜兵两万，云集辽东。仗着数量优势以及火器钢炮，杨镐制定了作战方案，即兵分四路，分进合击，直捣后金政治中心赫图阿拉（今辽宁省抚顺市新宾满族自治县永陵镇），一举围歼后金。明军的具体部署是：以杜松（山海关总兵）、王宣（保定总兵）等部为主力，以三万兵力从沈阳出抚顺关，沿苏子河谷从西面进攻，构成明军左翼的中路；以李如柏（辽东总兵）、贺世贤

（辽阳副将）率两万五千人为右翼中路军，经清河堡、鸦鹘关（今辽宁省抚顺市东）从南面向赫图阿拉推进；以马林（开原总兵）等会合叶赫援军共约一万五千人，从开原出三岔口（今辽宁省朝阳市西）进入浑河上游地区，从北历进攻，形成左翼军的北路；以总兵刘綎率兵一万并会合朝鲜援军一万，出宽甸沿董家江（今浑江）向北进攻，构成右翼的南路军；总兵官秉忠部驻辽阳，作为机动，随时策应；总兵李光荣率军驻广宁保障后方交通；杨镐作为四路大军的总指挥坐镇沈阳，居中调度指挥。

一切部署停当，杨镐下令明军四路大军于三月初二会攻赫图阿拉。但是明军的攻击部署在实施之前已经泄露，后金方面完全掌握了明军的作战企图，并从容制定了因应之策。当时，后金八旗兵总共不过六万人，与明军相比，显然处于劣势。但就指挥和士兵素质而言，明军的总统帅杨镐是文官，缺乏带兵经验，没有军事常识，虽然手下各路将领中不乏经验丰富的军官，但是总体调度上首先犯了错误。就士兵的素质看，其时明朝军政废弛，军队缺乏训练，没有必要的军事准备，而且士兵来自各个地方，南方的士兵对北方的寒冷气候不适应。相对的，后金统帅努尔哈赤是历史上少有的天才军事家，后金军也是身经百战、军纪严明，且在辽东作战，后金军更熟悉地形、适应气候，能够充分发挥自己的优势。

努尔哈赤正确分析敌情，认为明军的东、南、北三路长途奔袭，难以如期到达，遂决定"凭尔几路来，我只一路去"，集中兵力，各个击破。他把六万八旗精锐统配结于赫图阿拉附近，准备首先给孤立冒进的明西路军杜松以迅雷不及掩耳的打击。

明万历四十七年（1619年）三月初一，明东路军由宽甸向西开进，北路马林军出发后，叶赫军迟迟不行动，南路李如柏军也行动迟缓，只有西路军杜松部向预定战区推进较快，很快前出到萨尔浒（今辽宁省抚顺市东）附近。杜松探知后金军已在吉林崖筑城防御，遂决定留下两万主力驻守萨尔浒大本营，当夜率一万人渡苏子河进攻吉林崖。不巧苏子河涨水，明军用木筏渡河不成，只得骑马过河，致使士兵淹死河中甚众。努尔哈赤根据杜松分兵为二的情况，果断地决定以四百士兵坚守吉林崖，以两旗的优势兵力将其分割，使之不能互相支援，然后亲率六旗的兵力作为主力，向萨尔浒地区的杜松大本营发动突然袭击。杜松军仓促应战，经过激烈的战斗，驻扎在萨尔浒的明军被彻底击溃，然后努尔哈赤又率主力回军与另两旗后金军合围进攻吉林崖的杜松军，阵前斩杀主帅杜松，明军主力西路军三万余人几乎全军覆没。

次日，努尔哈赤又率八旗全部兵马移师北进，将矛头指向明北路军，在尚间崖一带全歼马林所部，主帅马林仅以身免，逃回开原。叶赫兵见势，不战自退。

既败杜松、马林之兵，努尔哈赤便统率八旗返回赫图阿拉，南下迎击明东路军刘𨇍部。这一路明军是明军中的精锐之师，训练有素、装备精良。针对他们，努尔哈赤采取了诱敌深入、设伏聚歼的战术。当时刘𨇍还不知道西、北两路军的败讯，努尔哈赤亲自率领四千精兵守城，将主力部署在阿里布达冈设伏，另以少数后金军冒充明军，拿着总指挥杜松的令箭，诈称杜松的西路军已逼近赫图阿拉，要其速进合围。刘𨇍不知是计，下令全军轻装昼夜兼程前进，结果进入后金军的伏击圈，全军被歼，刘𨇍本人也阵亡。协同刘𨇍军作战的朝鲜军队闻讯大惊，不战而降。

坐镇沈阳的明军主帅杨镐本来掌握着一支机动部队，但他对四路明军均未能做任何策应。及至三路丧师后，他才慌忙急檄南路李如柏军撤兵。李如柏军在回师途中被小股后金哨探骚扰，明军士兵吓得四处奔逃，自相践踏，死伤千余人，但最后总算是逃脱了被后金军聚歼的悲惨命运。至此，努尔哈赤在五天之内，干净利索地结束了战斗。

古今中外的军事理论家们无不强调"集中兵力"这一原则，将"集中兵力"视为克敌制胜的法宝，如法国军事理论家安德烈·博福尔在其所著《战略入门》中就认为，西方军事理论之父克劳塞维茨所总结的三条战略原则中，第一条就是"集中兵力"。之所以如此，道理很简单。其一，战争是敌对双方力量的较量，以强胜弱是战争的规律，而以少胜多、以弱胜强的战例则是因为弱者于特定时间和地点在战斗能量上占了优势。所以，只有集中自己的兵力、兵器，才能发挥强大的作战效能，形成对敌的优势，达到以己之"实"击敌之"虚"。用孙子的话说就是："我专而敌分。我专为一，敌分为十，是以十攻其一也，则我众而敌寡。能以众击寡者，则吾之所与战者约矣。"（《虚实篇》）所以，高明的指挥员宁可集中力量小口小口地吃，也不愿分散力量贪多吃大，以免受制于敌。其二，在敌我力量抗衡的战场上，任何一方不管力量多么强大，要达到在任何时候、任何地点、任何方向都比对手强大，这几乎是不可能的。因为，力量强大的一方如果平均使用兵力，没有重点进攻方向，势必分散力量，难以实现自己的战略意图。反过来，在一定的时间和空间内，在某个关键领域里建立或保持较为悬殊的优势，改变敌我力量对比，造成有利于我的战场态势，达到"胜兵若以镒称铢"的效果，不论对于强大的一方还是弱小的一方，都是可以而且应当做到的。

需要指出的是，集中优势兵力各个歼灭敌人对处于劣势的军队来说尤其重要。毛泽东曾说过："中国如晋楚城濮之战，楚汉成皋之战，韩信破赵之战，新汉昆阳之战，袁曹官渡之战，吴魏赤壁之战，吴蜀彝陵之战，秦晋淝水之战等等，都是以少击众，以劣势对优势而获胜。都是先以自己局部的优势和主动，向着敌人局部的劣势和被动，一战而胜，再及其余，各个击破，全局因而转化成了优势，转成了主动。"[①]为此，在长期的革命战争

---

① 毛泽东:《论持久战》,《毛泽东选集》第二卷，人民出版社 1991 年第二版，第 491 页。

实践中，鉴于我军处于劣势的现实，毛泽东特别重视探讨以弱胜强的规律，特别重视在战略上处于劣势的情况下集中兵力的问题。如抗日战争时期，毛泽东明确指出："'集中大力，打敌小部'，仍然是游击战争战场的作战原则之一。""集中兵力并不是说绝对的集中，集中主力使用于某一重要方面，对其他方面则留置或派出部分兵力，为钳制、扰乱、破坏等用，或作民众运动。"① 当解放战争开始的时候，粟裕、谭震林在苏中七战七捷，刘邓军在定陶歼灭敌军四个旅，毛泽东及时总结了他们的经验，指示全军："每战集中绝对优势兵力（两倍、三倍、四倍，有时甚至是五倍或六倍于敌之兵力），四面包围敌人，力求全歼，不使漏网。"② 他认为这一原则必须坚持："不但必须应用于战役的部署方面，而且必须应用于战术的部署方面。""集中兵力各个歼敌的原则，以歼灭敌军有生力量为主要目标，不以保守或夺取地方为主要目标。""实行这种方法，就会胜利。违背这种方法，就会失败。"③

三是合理选择攻击方向和攻击目标。孙子所说的避实击虚，最重要的就是攻击目标、攻击方向的选择。他说："出其所不趋，趋其所不意。行千里而不劳者，行于无人之地也。攻而必取者，攻其所不守也；守而必固者，守其所不攻也。""进而不可御者，冲其虚也。"（《虚实篇》）在他看来，只要在作战目标以及方向选择上贯彻了避实而击虚的方针，那么就掌握了战场主动权，就可以达到"善攻者，敌不知其所守；善守者，敌不知其所攻"（《虚实篇》）的目的了。

西汉前期，周亚夫等人制定的平定吴、楚"七国之乱"战略中有关战

---

① 毛泽东：《抗日游击战争的战略问题》，《毛泽东选集》第 2 卷，人民出版社 1991 年 6 月第 2 版，第 409、413 页。

② 毛泽东：《目前形势和我们的任务》，《毛泽东选集》第 4 卷，人民出版社 1991 年 6 月第 2 版，第 1247 页。

③ 毛泽东：《集中优势兵力，各个歼灭敌人》，《毛泽东选集》第 4 卷，人民出版社 1991 年 6 月第 2 版，第 1197—1199 页。

略主要方向的选择，就是成功且高明地认识虚实、巧妙驾驭战局的史例。

众所周知，平定吴、楚"七国之乱"是汉初消灭地方割据、维护国家统一的一次重要军事行动，汉高祖刘邦战胜项羽，夺取天下并建立西汉政权后，错误地总结历史教训，认为秦朝的二世速亡在于没有分封宗室子弟为王，结果天下纷纷起兵反秦时，就没有人为朝廷卖命，皇室"茕茕孑立，形影相吊"，孤立无援。所以，西汉建立后，刘邦即在全国实行郡国并行制，除了分封异姓功臣为诸侯王以外，还分封刘氏宗室子弟为同姓诸侯王。但是，事与愿违的是，虽然刘邦和吕后处心积虑、不择手段地铲除了韩信、彭越、英布等异姓王，可刘邦一死，仍是祸起萧墙、变生肘腋，先有吕后长达十五年的专权与诸吕谋乱，后有各诸侯王的违法乱政、对抗中央，统治集团内部的矛盾并未因裂土分封和血缘上的同宗共祖而有所缓解。

文帝在位时，由于地区的不平衡和区域经济的发展，各诸侯王的羽翼已趋丰满，足以与朝廷分庭抗礼，中央与地方诸侯王关系遂进入高度紧张的阶段，双方的矛盾冲突处于一触即发的状态。故贾谊上《治安策》，忧心忡忡地指出，同姓诸侯的不遵法守纪、野心勃勃、对抗朝廷、阴谋叛乱，是天下"可为痛哭"的危险，因而建议"欲天下之治安，莫若众建诸侯而少其力"，以便"令海内之势如身之使臂，臂之使指，莫不制从"[1]。但汉文帝宅心仁厚，自感威信未孚，老臣掌权，所以一味软弱宽纵，不敢采取果断的行动。

汉景帝即位后，以皇帝为代表的中央政权与以诸侯王为代表的地方割据势力之间的矛盾更趋于激化。所以晁错主张"削藩"，提出"宜削诸侯事"，他曾敏锐地指出："今削之亦反，不削亦反。削之，其反亟，祸小；不

---

[1] 《汉书·贾谊传》。

削之，其反迟，祸大。"①景帝感到事态严重，为了汉朝的长治久安，听从了晁错的建议，开始削藩。朝廷的这一政策，立即激起了各诸侯王的强烈不满，吴王刘濞首先决定起兵反叛，并纠合了胶西王、胶东王、淄川王、济南王、楚王、赵王等诸侯，并约请闽越、东越等出兵相助，以"请诛晁错，以清君侧"为借口，策划叛乱。景帝屈服于压力，杀死晁错，以求与诸侯王互相妥协，但叛乱并未因之而平息。景帝前元三年（公元前154年），吴王刘濞公开举起反叛旗帜，起兵三十万，从广陵出发，北渡淮河，向西汉统治中心进发。他计划渡淮河后，与楚军会师，夺取梁地，解除西进时的后顾之忧，攻取荥阳，然后与北路的赵国叛军和南路的南越叛军会师于洛阳，合力攻取长安。当时出兵者共有吴、楚、胶西、胶东、淄川、济南、赵七国，故史称"七国之乱"。局势的发展表明，汉朝中央再无退缩妥协的余地，只有从军事上彻底击败叛军，才能战胜地方割据势力，维护中央权威，再造全国一统的局面。为此，汉景帝任命太尉周亚夫为汉军总指挥，统率大军平定这场来势汹汹的武装叛乱。

周亚夫临危受命后，认真制定了平叛斗争的总战略。在这个总战略中，除了确定避敌锐气、伺机反攻的战略指导，重点在综合分析敌我双方虚实优劣的基础上，对战略主攻方向做出了正确的选择。从战争指导上讲，无论是进攻还是防御，战略方向都有主要方向和次要方向之别，作为高明的战略家，周亚夫是深谙这个基本军事原理的，所以他自出兵之日起，便以打击吴王刘濞所率的吴楚联军为自己的战略主攻方向。这无疑是非常正确的选择——"七国之乱"虽有七个诸侯国参加，但核心是吴国。从当时的形势看，叛乱的主谋和核心人物是吴王刘濞，他所统率的吴楚联军是叛军中的主力，在各路叛军中实力最为强大，对西汉中央政权的威胁也最为巨大，

―――――――――――

① 《汉书·荆燕吴传》。

因而自然是汉军的主要打击对象。而在山东的胶西、胶东、淄川、济南四国虽也起兵反叛中央，却将主要兵力用于围攻齐国的临淄，一直未敢向汉朝统治的腹心地带进攻。河北的赵王则实力有限，尽管在观望中向中原进兵，但被汉廷派遣偏师遏止。同时，吴王刘濞虽事先计划三路进兵，分进合击，但是计划赶不上变化，由于作为策应的其他两路均未按照计划行动，所以实际上只是吴王刘濞率领的吴楚联军一路突出，孤军作战。在这样的情况下，如果率先将吴楚联军一举击败，那么便可底定大局，其他叛乱势力实不足为虑，可轻易化解了。由此可见，周亚夫视"制"东方的吴、楚两国为自己最重要的使命，在战略部署上以东出洛阳、荥阳为击败叛军之要着，是料敌察机、稳操胜券的关键所在。

战略主攻方向明确之后，周亚夫在具体的战略指导上，坚决贯彻了避短用长、抢占战略要地的基本原则。他听从谋士赵涉的建议，改变行军路线，指挥平叛大军避开潼关、崤渑和函谷关的险道，改行长安东南，出蓝田、武关，迂回至洛阳，顺利抢占洛阳的武库，以迅雷不及掩耳之势，一举夺取荥阳要地。荥、洛是叛军进入关中的唯一通道，也是叛军战略计划中西进关中的必经之地。周亚夫占据荥、洛，就使汉军处于可攻可守的主动地位，不利时可以在此与叛军相持，拒敌于无险可守的黄淮平原；一旦形势有利，便可以利用汉军车兵的优势，迅速东出，歼敌于平原旷野之上，从而在战略上站稳脚跟，陷敌于全面的被动。这个战略意义，周亚夫本人也有过清晰的表述："七国反，吾乘传至此，不自意全。今吾据荥阳，荥阳以东，无足忧者。"①

在吴楚联军急攻梁地的情况下，周亚夫按照预先设计的战略，并不急于率兵奔赴东南，去救援正被吴楚联军进攻的梁国，而是听从了邓都尉的

---

① 《资治通鉴·汉纪·景帝前元二年》。

建议，避吴军之锐气，进据昌邑，与梁国睢阳的守军形成犄角之势。这样，既可威胁吴楚联军的侧背，又可防止吴军绕过梁地西进荥阳。进据昌邑后，周亚夫又下令深挖壕沟、高筑营垒，对叛军守而不战。结果，吴军尽遣精锐以攻梁，尽管梁王求救，景帝也亲自下诏命令周亚夫率军援梁，但周亚夫不为所动，而是按既定战略，待吴楚联军久攻梁地不下，力疲志殆，陷于进退维谷的处境后，才派遣弓高侯率轻骑兵出淮泗口，迂回到叛军的后方切断粮道，使叛军陷于粮尽兵疲的境地。当叛军粮食断绝，又久攻梁地不下，急于寻找汉军主力决战时，周亚夫仍坚壁固守于下邑（今安徽省宿州市砀山县），进一步疲敌。到了最后，吴楚联军智穷力蹙，无计可施，不得不无功而退。这时周亚夫认为决战时机已到，遂率精兵实施战略追击，终于以逸待劳，以整击乱，一举消灭了吴楚疲惫之师，平定了"七国之乱"。

周亚夫平定"七国之乱"的举措，是中国历史上维护统一、再造统一的辉煌事业，有大功于中国历史的发展。而周亚夫之所以能建树这个丰功伟业，除了其军事指挥高明卓越，还有一个不可忽略的因素，就是他能够认识虚实、掌握虚实，正确地选择战略主攻方向，并使自己的所有作战指导方针都能紧密围绕这一中心环节而逐次展开、迭相推进。

第三步，巧用虚实。

高明的战争指导者善于"避实击虚"，他们的高明之处不仅在于发现敌之"虚实"，而且能够变敌之"虚实"，从而达到以实击虚的效果。《管子·制分》对战争中的这种虚实的辩证关系以及制胜的奥妙做过精辟的揭示："攻坚则瑕者坚，乘瑕则坚者瑕。"因此，面对强大之敌或是兵力集中的敌人，如果一味硬碰硬，势必使敌人处于以逸待劳的主动地位，不仅未必有取胜的把握，而且即使取胜也必然要付出重大代价。相反，如果攻其要害，使其不得不救，不得不分兵，就能分散敌人的力量，削弱其反应能力，使其顾此失彼，失去正常的判断，从而使自己实现"出其不意"的目的。同时，通过"避实击虚"，可以吸引、牵制、削弱敌人，令敌人疲惫，使敌人由严阵以待转入分散运动的状态，由强变弱，由逸变劳，而己方则可以在一定的时间、决定性的地点和方向形成相对于敌人的优势，从而以逸待劳、扬长避短，掌握战争的主动权，使战局朝着有利于我、不利于敌的方向发展，实现攻其不备、克敌制胜的目的。

孙子所谓"避实击虚"，就是作战指导要避开敌人的坚实、强大之处，打击敌人虚弱的要害之处，即孙子说的"出其所不趋，趋其所不意""攻其所不守""攻其所必救"（《虚实篇》），从而使"兵之所加，如以碬投卵"（《势篇》），确保一着制敌。"避实击虚"是孙子的重要作战指导思想，其内容既包括空间上的避敌强点，即"实而备之，强而避之"（《计篇》），也包括在时间上的待敌气衰，即"避其锐气，击其惰归"（《军争篇》）。这一思想的根本特点是斗智不斗力，避免与敌人硬碰硬，拼实力、拼消耗，而是强调运用高超的谋略，能动地制造和正确地选择对手的弱点（同时也是要点），以"四两拨千斤"的点穴手法制敌于死地。这正是以孙子为代表的东方兵学的魅力所在，与克劳塞维茨《战争论》等西方军事理论所主张的通过大规模"会战"取得战争胜利的思想大相径庭。任何敌人有其"实"则必有其"虚"，有其"强"则必有"弱"，有其"长"则必有其"短"，而且在一定条件下，虚实、强弱、长短、逸劳、饱饥、治乱、勇怯等因素，都是可以变化转换的。因此，只要我们能充分了解敌之强弱，并掌握"敌佚（逸）能劳之，饱能饥之，安能动之"等变化转换的规律和策略，通过"避实击虚"来达到克敌制胜的目的是完全可行的，而且是取胜把握最大且损失最小的。

宋代兵书《虎钤经》继承了孙子"击虚"的思想，并将其具体化："袭虚之术有二焉：一曰因，二曰诱。"所谓"因"，就是在敌人的主攻方向上，我也假意摆出以主力迎击的态势，而另外派遣精锐部队秘密地出现于敌人防御薄弱的地方，或者攻击敌人的堡垒，或者切断敌人的后路，或者烧毁敌人的物资储备。所谓"诱"，就是我想夺占的敌人重要地域暂且不攻，佯攻其相邻的地方——大量地展示进攻兵器，广泛地铺开进攻部队，引诱敌人；敌来迎战，不要跟他打，而是把部队收缩到壁垒中进行防守，另外秘密派遣精锐部队袭击敌人因出兵而空虚的城邑并占领该城。这两条原则，就是乘虚袭敌的办法。

孙子所谓"避实击虚"之"虚"，不是单纯的虚弱。如果只是单纯的虚弱，而与战略全局不发生关系，那么即使攻击成功，也不能对敌人真正有所伤害，对战略全局产生不了实际的影响，只有打击敌人虚弱但又是要害的地方，方可打蛇七寸，真正置敌人于死地。就像乌巢之粮草，袁绍军队的守御并不严密，使曹军有机可乘，这是袁绍方面军情上的虚弱之点，然而，军无粮，兵自乱，一旦失去后勤保障，全军便会陷于彻底的被动，只有失败的结局在等着他，所以乌巢之粮草的有无对袁绍来说又具有致命的意义。既是弱点又是要害，曹操出其不意，一把大火烧了乌巢粮草，就完全掌控了战局，为赢得官渡之战奠定了基础，这才是对"避实击虚"原则的高明理解和巧妙运用。

"避实击虚"的原则，还表现为对攻击时机的把握。基本的指导思想是，避免同正处于士气高涨、斗志旺盛阶段的敌人正面交锋，应通过各种手段瓦解敌人的士气、消磨敌人的斗志，尔后再予以突然而凌厉的打击，夺取战争的胜利。《军争篇》所提到的"治气"主张，就集中反映了孙子"避实击虚"原则在战机捕捉把握上的运用，即"善用兵者，避其锐气，击其惰归"。另外像《九地篇》所言"敌人开阖，必亟入之"，也是类似的意思。

公元前684年爆发的齐鲁长勺之战，鲁军之所以取得作战的胜利，关键就在于他们在进攻时机的把握上高明地贯彻了"避实击虚"的基本原则，避开敌军"一鼓作气"的"实",打击敌军"三而竭"的"虚"。当时,鲁军根据齐强鲁弱的客观形势,在长勺(今山东省曲阜市北,一说莱芜市东北)迎击来犯的齐军。两军都摆开了决战的态势,待布阵完毕后,鲁庄公准备传令擂鼓出击齐军,希望能够先发制人。曹刿见状赶忙加以劝止,建议庄公坚守阵地,以逸待劳,伺机破敌。鲁庄公接受了曹刿的建议,暂时按兵不动。齐军方面求胜心切,凭恃强大的兵力,主动向鲁军发起猛烈的进攻,但他们接连三次出击都在鲁军的严密防御之下遭到了挫败,未能达到先发制人的作战目的,反而造成自己战力衰落,丧失了斗志。曹刿见时机已到,果断建议庄公进行反击。庄公听从他的意见,传令鲁军全线出击。于是鲁军凭借高昂的士气,一鼓作气,迅猛英勇地冲垮敌军的车阵,大败齐军。

庄公见到齐军败退,急欲下令追击,又被曹刿劝阻。曹刿下车仔细察看,发现齐军车辙的痕迹紊乱;又登车远望,望到齐军的旗帜东倒西歪,判明了齐军确是败溃,这才建议鲁庄公实施追击。庄公于是下令追击齐军,进一步重创齐军,将其赶出鲁国国境,鲁军至此取得了长勺之战的最终胜利。

战争结束后,鲁庄公向曹刿询问是役取胜的原委。曹刿回答说:"用兵打仗所凭恃的是勇气。第一次击鼓冲锋时,士气最为旺盛;第二次击鼓冲锋,士气就衰退了;等到第三次击鼓冲锋,士气便完全消失了。齐军三通鼓罢,士气已完全丧尽,而我军士气却十分旺盛,这时实施反击,自然就能够一举打败齐军。"接着曹刿又说明未立即发起追击的原因:"齐国毕竟是实力强大的国家,不可等闲视之,要谨防其佯败设伏,以避免己方不应有的失利。后来看到他们的车辙杂乱,望见他们的旌旗歪斜,这才建议实施战场追击。"一番话说得鲁庄公心悦诚服,点头称是。

从曹刿战场指挥和战后分析的诸多言行里,我们可以看到鲁军取得长勺之战的胜利乃有其必然性。在作战中,鲁庄公能虚心听取曹刿正确的作战指挥意见,遵循后发制人、敌疲我打、持重相敌的积极防御、适时反击的方针，正确地选择战场，正确地把握反攻和追击的时机，从而牢牢地掌握战争的主动权，赢得了战役的重大胜利。长勺之战的规模虽然不大，但它却正确地反映了弱军对强军作战的基本规律和原则，因此，一直为历代兵家所称道。

在军事实践中，懂得避实击虚的道理容易，能够因敌制胜地加以灵活运用却很难，因此这也是孙子强调的重点。因为不同的敌人有不同的弱点和强点（虚和实），而这些强弱点本身也会因主客观条件的不同而千变万化，所以"避实击虚"的运用方法也必须因敌而异，以变制变。"避实击虚"是常理，"因敌制胜"是变法；"避实击虚"是一般规律，"因敌制胜"是对规律的合理运用；没有"因敌制胜"，"避实击虚"就是一句空话，所以孙子说"兵无常势，水无常形，能因敌变化而取胜者，谓之神"。宋人王晳对此有非常精辟的解释："兵有常理，而无常势；水有常性，而无常形。兵有常理者，击虚是也；无常势者，因敌以应之也。水有常性者，就下是也；无常形者，因地以制之也。"①也就是说，"避实击虚"是永恒不变的，而"因敌制胜"则是变化无穷的。战法人人皆知，但如何根据敌情来运用战法的奥妙却非人人都能明白。"兵之变化，固非一道"，因敌变化，随机制敌，永远是高明的战争指导者自由驰骋的广阔天地。倘若不懂这一层道理，不遵循这一条原则，那么即便是遍读天下兵书，也终究是纸上谈兵、胶柱鼓瑟、隔靴搔痒，到头来难免夸夸其谈、一事无成。历史上赵括、马谡之流丧师辱身，贻笑天下，就是显著的例子。运用"虚实"的奥秘也是一样，"避实击虚"的道理也许人人都懂，然而，有的人成功，有的人失败，重点就在于掌握、运用得高明与否。这种高明属于"羚羊挂角，无迹可求"的境界，应该是"得鱼忘筌""得意忘言"，而不能用言辞来描摹、说明，即所

---

① 《十一家注孙子·虚实篇》。

谓"能因敌变化而取胜者谓之神"。其实不仅限于"避实击虚"，对所有作战指导原则的运用，都应本着因敌制胜的思想，做到灵活机动、敌变我变、不拘一格，否则就可能走入教条主义、纸上谈兵的误区。

攻其所不守　守其所不攻

孙子云："攻而必取者，攻其所不守也；守而必固者，守其所不攻也。""攻其所不守"与"守其所不攻"，这是孙子"避实击虚"思想在作战中的具体表现。

在进攻作战中"避实击虚"，就是要"攻其所不守"。所谓"不守"，不是单纯地指敌人没有防守之处，而是泛指敌人一切虚而不实之处和实而变虚之处，其概念大致与"虚"相当。"攻其所不守"的具体方法，孙子提出了五种：

一是出其所不趋，即出击敌人所无法急救之处，也就是攻打孤立无援之敌。如韩信破魏之战。

公元前205年，刘邦平定关中后，开始出兵关东，对项羽实施战略进攻。他命令韩信率军东出函谷关，渡过黄河，迫降了项羽分封的河南王申阳、韩王郑昌、殷王司马卬和魏王魏豹，在短短的几个月中，占领了关中以及关东的河南、河内等战略要地，连同原来拥有的巴蜀之地，处于进可以攻、退可以守的有利态势。此后，刘邦又联合山东的齐国和河北的赵国向东发展，进攻项羽。到了四月，刘邦的汉军又攻下了项羽的大本营彭城。

面对刘邦咄咄逼人的攻势，项羽立即调整部署，集中力量予以反击，使刘邦兵败彭城。原来归顺刘邦的关中势力司马欣、董翳见刘邦在项羽的反击下兵败如山倒，又投靠了项羽。原欲与刘邦联手的齐、赵两国，也起来反对刘邦而与项羽合作，项羽的北翼也因此得以稳定，这就为项羽尽快发起正面进攻创造了有利条件。战局的发展开始急转直下。

五月，刘邦刚从彭城败退到荥阳，正面防御尚未有效组织起来，一度归顺刘邦的魏王魏豹即叛汉投楚，举兵占领了刘邦的关中交通要道蒲津关（在今陕西省渭南市大荔县东），与项羽遥相呼应。魏豹叛汉对刘邦的打击实在不小，因为魏豹据有河东这一战略要地，西进可以威胁关中，南下可以截断关中与荥阳的联络，并可与楚军造成夹击荥阳之势，使刘邦侧背受到极大威胁。

为了解除北顾之忧，开辟北方战场，刘邦派谋士郦食其去游说和争取魏豹，但遭到拒绝，没有成功。

八月，刘邦派韩信、曹参、灌婴等率领一支军队，由关中进击河东。进兵前，刘邦问郦食其"魏大将谁也"，郦食其答以"柏直"，刘邦认为此人"口尚乳臭，不能当韩信"；又问魏国的骑兵将领是谁，郦食其告诉他是冯敬，刘邦认为此人虽是秦朝名将冯无择之子，不可小视，但同自己的骑兵将领灌婴相比，还是稍逊一筹；最后，刘邦打听魏军的步兵将领，当他得知是项佗时，认为此人也不是曹参的对手，于是放宽了心，说"吾无患矣"。

听说刘邦以韩信为左丞相率军进攻魏国后，魏豹为了防御汉军的进攻，立即进行战争准备，并把主力部署在黄河东岸的蒲坂（今山西省永济市西蒲州镇），并封锁黄河渡口临晋关，以阻止汉军自蒲坂渡河。但沿黄河北上的其他渡口如夏阳（今陕西省韩城市东南）一带等，则兵力寡弱，疏于戒备。

韩信探知魏军部署之后，认为魏军正面有重兵防御，从临晋强渡黄河已不可能，遂采取佯攻蒲坂、暗渡夏阳的"避实击虚"战术。他下令在蒲坂大肆集中船只等渡河器材，摆出一副要从临晋渡河的架势，暗中却调动军队，与曹参率汉军主力偷偷开赴夏阳，不用船只，而用木罂（口小腹大的木桶）作为工具渡河，致使魏军毫无察觉。曹参渡河后，按照韩信的部署直插魏军的后方重镇安邑，在东张（约在今山西省永济市东北）大破魏将孙遫，进而攻克安邑，俘虏魏将王襄。

汉军的奇袭行动，使魏豹惊惶失措，他不得不迅速自蒲坂回师，迎击韩信、曹参。这时，灌婴率军乘机从蒲坂渡河，向魏军发起追击。汉军前后夹击，大破魏军。魏豹退至曲阳（今山西省运城市夏县与垣曲县之间），又遭曹参痛击。魏豹逃至东垣（今山西省运城市垣曲县西），曹参的部队跟踪而至，全歼魏军，俘虏魏豹。同年九月，汉军攻占魏都平阳（山西省临汾市西南），从而全部平定了魏地，共得五十二县，设置河东、上党、太原三郡，刘邦牢牢控制了河东这一战略要地。

二是趋其所不意，即奔袭敌人意料不到之处。如公元前206年刘邦还定三秦之战。

秦末农民起义推翻秦王朝的统治之后，项羽和刘邦展开了争夺天下的战争。消灭了秦军主力，拥有强大军事力量的项羽不容刘邦在关中坐大，遂率数十万大军进军关中，封刘邦为汉中王，逼其离开关中。同时，项羽还以秦朝的三员降将控制关中，防止刘邦东进。刘邦在前往关中途中，派人烧毁栈道，以防止诸侯军的袭击，同时麻痹项羽，表示无意再回关中。公元前206年，关东的田荣发动反楚战争，给刘邦还定三秦提供了有利条件。为了隐蔽地做好进攻关中的准备，刘邦在战略上采取了几项措施：先是让张良给项羽写信，假意表示无意东进；同时给项羽送去田荣、彭越的反书，使项羽继续以田荣为主要敌人；尔后，刘邦接受韩信的建议，大张旗鼓地派兵前去修复过去烧毁的栈道，以欺骗敌人，使敌人以为自己要从栈道进攻关中，从而将敌人的注意力吸引过来，暗中却迂回潜出故道（今陕西省宝鸡市境内），突然东进，奔袭陈仓，一举打败企图阻拦的章邯大军，占领雍地（陕西中部，咸阳市以西和甘肃东部地区），实现了从战略防御向战略进攻的转变。

三是行于无人之地，即进军路线要选在敌人没有设防的地区，从而确保攻夺预期目标。如公元263年魏灭蜀之战。

三国后期，魏、蜀、吴鼎立并峙的局面因三方力量的消长变化而渐趋崩溃。其中，据有中原的魏国，历经曹氏父子的创业守成和司马氏父子的竭力经营，政治稳定，经济发展，军事力量十分强大。相比之下，蜀国在彝陵之战中大伤元气，后主刘禅继位后懦弱无能，虽有诸葛亮竭力辅佐，也仅能自保，而诸葛亮死后，蜀国后继乏人，刘禅昏庸无道，贪图享乐，宦官黄皓又取宠弄权，结党营私，朝政日非。

魏元帝曹奂景元二年（261年），魏国执政的大将军司马昭分析了当时全国的战略形势，认为蜀国业已"师老民疲，我今伐之，如指掌耳"，决定先灭蜀国，然后据上流之便，顺江东下，水陆并进消灭吴国，重新统一全国。决策已定，魏国任命钟会为镇西将军坐镇关中，秘密从事伐蜀的战争准备，但魏国表面上却大造舆论，说要先灭南方的吴国，以迷惑蜀国。

景元四年（263年）夏，魏国征调精兵强将，部署十八万大军，分三路突然向蜀国发起进攻。征西将军邓艾率兵三万余，自狄道（今甘肃省定西市临洮县）向甘松（今甘肃省甘南藏族自治州迭部县东南）、沓中（今甘肃省甘南州舟曲县），进攻驻守在此的蜀国大将姜维；雍州刺史诸葛绪率三万人马，自祁山（今甘肃省陇南市礼县祁山堡）向武街（今甘肃省陇南市成县西北）、阴平（今甘肃省陇南市文县）之桥头，牵制蜀军主帅姜维并切断其后撤之路；镇西将军钟会率主力十万分别从斜谷（今陕西省宝鸡市眉县南）、骆谷（今陕西省西安市周至县西南）、子午谷（在今陕西省西安市南）进军汉中。汉中在今陕西省南部的秦岭以南、勉县以东、米仓山以北、牧马河以西的汉中盆地之中，它北瞰关中，南屏巴蜀，是蜀汉的门户，所谓"失汉中则三巴不振""无汉中是无蜀也"，战略地位十分重要。从关中入汉中之道有三，一为褒斜道，位于陕西西南部眉县与汉中之间，全长四百七十里；二是骆谷道，又称傥骆道，自今周至县西南沿骆谷南至洋县，是连接关中和汉中的一条近捷的通道，全长四百二十里，崎岖曲折，共有八十四盘；三是子午道，自杜陵（今陕西西安市南）直穿秦岭至汉中，当年刘邦被封为汉王后，前往汉中，为表示自己没有向北图谋的野心，火烧通往关中的栈道，就是此道。

魏军的战略意图是利用蜀军布防上集中兵力于沓中的情况，用诸葛绪的西路军在沓中牵制住蜀军主力，出其空虚，以主力钟会大军袭取汉中，造成"以刘禅之暗，而边城外破，士女内震，其亡可知也"的局面，这是一个乘虚蹈隙、直取汉中的作战方略。魏军三路并进，在东南是钟会的主力部队，而刘禅不等援军到达，就下令汉中各外围据点撤军，魏军在没有遇到抵抗的情况下，迅速进入汉中，夺取阳安关，长驱直入，直逼蜀中门户剑阁，威胁蜀都成都。与此同时，邓艾率西路魏军也发起了进攻，企图围困蜀军主帅姜维，切断其退路，这样，灭蜀之举，指日可待。姜维获悉魏军主力进入汉中的消息，意识到剑阁一定危在旦夕，于是引兵且战且退，企图退守剑阁。但是诸葛绪率领的中路魏军已经从祁山进达阴平桥头，切断了姜维的退路。姜维为调开桥头魏军，巧施"金蝉脱壳"之计，回军越过桥头，与前来增援剑阁的廖化、张翼、董厥等会合，一起退守剑阁，凭险拒阻魏十万大军。剑阁在今四川剑阁县西，有相连的大剑山、小剑山，地形险峻，一夫当关，万夫莫开，历来易守难攻，但又是通往成都平原的必经之地，姜维利用这种有利的山川险阻，"列营守险"，扼住了魏军前进的道路，使钟会的大军屡攻不下，师劳兵疲，粮运不继，锐气大挫，军心动摇，不得不计划退军，这就打破了魏军乘虚直下成都的整个战略计划，魏军声东击西向蜀国发起的战略突袭，此时已无意义。本已危在旦夕的蜀汉得以一时转危为安。

面对魏军久攻剑阁不下的不利形势，魏国将军邓艾建议："从阴平由邪径经汉德阳亭（今四川省江油市东北）趣涪（今四川省绵阳市东），出剑阁西百里，去成都三百余里，奇兵冲其腹心，剑阁之守必还赴涪，则会方轨而进；剑阁之军不还，则应涪之兵寡矣。"认为这样声东击西，"掩其空虚，破之必矣"。①这一计策的要点是从阴平绕过剑阁，进攻涪。阴平，因其位于摩天岭之北而得名，是陇南入蜀的偏僻小道，东经阳安关可通汉中，南出江由（今四川省江油市）、涪城（今四川省绵阳市东，涪江东岸）可直指成都。自阴平至涪县，需翻越摩天岭，行于泯山的崇山峻岭之中，只有樵猎小道，极为险阻，大军难行，向不为人重视。如果魏军出阴平，姜维必从剑阁回救，如此则剑阁势孤易破，攻魏大军可以顺利从剑阁突入成都平原；如果姜维不回援，则魏军破涪之后，可以切断姜维后路，并可直指成都。

魏国的决策者采纳了邓艾的这一计策，并由邓艾具体实施。从阴平到涪城，高山险阻，人迹罕至，十分艰难，不过，这恰恰出乎蜀军的意料，蜀国并未在此设防。这年十月，邓艾率大军自阴平出发，并亲率一万精兵在前开路，其余两万人运载军粮、兵仗继后。邓军沿白水河谷（景谷）东行，然后攀上摩天岭，"行无人之地七百里，凿山通道，造桥作阁"。因为山高谷险，粮运不继，邓艾的大军常常陷于前无可走、退无所据的境地，这时，邓艾往往身先士卒，遇到险绝处，"以毡自裹，推转而下。将士皆攀木缘崖，鱼贯而进"。在克服了许多难以想象的困难之后，魏军终于通过阴平险道，神兵天降，到达江由。蜀军江由太守马邈见魏军，大惊失色，不战而降。魏军"因粮于敌"，得到补养补给后，乘胜进攻涪城。②

江由失守后，刘禅派诸葛亮之子诸葛瞻率兵阻击邓艾。诸葛瞻率诸军至涪城，迟疑不前，未能抓住战机迎击邓艾，前锋为魏军击败，被迫退守

---

① 《三国志·魏书·王毌丘诸葛邓锺传》。
② 《三国志·魏书·王毌丘诸葛邓锺传》。

绵竹，列阵以待。邓艾派使者送信劝降，使者被斩，邓艾即派其子邓忠等从左右两面夹击蜀军。魏军作战不利，稍一退却，邓艾大怒道："存亡之分，在此一举，何不可之有？"扬言要斩其子邓忠。邓忠等人再次出战，大破蜀军，阵前斩杀诸葛瞻，攻占绵竹。蜀军主力这时几乎全在剑阁，成都兵少，实际上无防守可言，加之魏军突然出现，后主刘禅及一班大臣慌作一团，不知所措，只得投降，魏军占领成都，从而取得灭蜀战争的胜利。

四是攻其虚弱，即进攻的方向必须是敌人设防的空虚薄弱之处。如公元前206年刘邦入关灭秦之战。

秦朝末年，当时起义军的重要统帅项羽正在指挥各路大军在黄河以北与秦军主力展开生死决战，给了刘邦以率少量机动部队乘虚入关灭秦的良机。刘邦首先打算自函谷关（今河南省灵宝市东北）西进，但这个方向秦军兵力众多，刘邦受阻，遂转锋南下，绕道武关（今陕西省商洛市商南县东南），乘虚而入，顺利地突进关中，俘虏秦王子婴，推翻了秦朝的统治。

五是攻其所必救，即调动敌人，使其由实变虚，然后加以歼灭。如公元前353年桂陵之战中的"围魏救赵"。

战国中期，齐魏桂陵之战中孙膑采取的"围魏救赵"之策，可谓是"避实击虚"的经典之作。当时，齐、魏两强争霸中原。公元前354年，魏惠王为了教训北方的中山国，派大将庞涓前去攻打。庞涓认为中山国不过弹丸之地，距离赵国又很近，不若直接攻打赵国都城邯郸，这样既可使中山国失去后台，还可以借此削弱宿敌赵国的力量。魏惠王也觉得这是一举两得的好事，有利于巩固魏国在中原的霸权，于是欣然同意，遂以庞涓为主帅，率领有五百辆战车的大军直奔赵国，包围了邯郸。

赵王于危急之中，只好派使者前往齐国求救，并许诺若齐国帮助赵国解围，则以中山国相赠。齐威王闻报赵国告急，遂召集文武大臣商议对策。丞相邹忌反对出兵救赵，大臣段干朋则认为"不救则不义，且不利"：一则齐国与赵国曾有同盟关系，若不兑现自己的承诺，就会失去信用；二则坐等魏国势力进一步坐大，对齐国又是不利的。同时，从当时的战略形势来考虑，魏、赵都是齐国潜在的竞争对手。如果直接派齐军前往邯郸救援赵国，则既不能使赵国受到损失，也达不到消耗魏国实力的目的，这对齐国的长远利益是不利的。因此他主张实施使魏与赵相互削弱，从而"承魏之弊"的战略，即先以少量兵力南攻襄陵，牵制和疲惫魏军，待魏军攻下邯郸师老兵疲之时，再予以正面攻击，以求一举成功。这一谋略，具有一石三鸟的用意：南攻襄陵，可使魏国陷于两面作战的困境，是为其一；向赵国表示了援助的姿态，信守盟约，维持了两国所建立的友好关系，帮助赵国坚定抗魏的决心，是为其二；让魏、赵继续攻伐，最后导致魏国受重创，实力削弱，从而为齐国战胜魏国和日后控制赵国创造有利条件，是为其三。段干朋的建议完全符合齐国的战略利益，齐威王欣然采纳，并下令以少量兵力联合宋、卫南攻襄陵，主力暂按兵不动，静观事态发展，伺机而动，以"承魏之弊"。

魏国以主力攻赵，两军相持达一年有余，当邯郸危在旦夕，赵、魏两国均已疲惫之时，齐威王认为出兵时机业已成熟，于是正式任命田忌为主将，孙膑为军师，率齐军主力救援赵国。田忌与孙膑率兵进入魏、赵交界之地时，田忌主张马上率军直趋赵国国都邯郸，包抄魏军后路，内外夹击，以解邯郸之围。孙膑认为如果直接与魏军交锋，待打败魏军再去解邯郸之围，将为时已晚，所以他主张"批亢捣虚""疾走大梁"。他形象地解释说：要解开乱成一团的丝线，不可以用手强拉硬扯，只能慢慢地梳理；要劝解打得难解难分的人，只能好言相劝，自己不能参与搏击，要平息纠纷必须抓住要害，不可鲁莽，而要乘虚取势，双方因受到制约才能自然分开。派兵解围的道理也是如此，不能以硬碰硬，而要采取"批亢捣虚"的办法，也就是要因势利导，撇开强点，攻其弱点，冲其要害，使敌人感到形势不利于己，出现后顾之忧，自然也就可以解围了。

孙膑进而分析说，现在魏、赵两国相攻长达一年之久，魏军的精锐部队全在赵国，留在国内的多是老弱残兵。根据这一情况，他建议应该迅速向魏国国都大梁（今河南省开封市）进军，切断魏国的交通要道，攻击其防备空虚的地方，这样一来，魏军必然被迫撤回攻打赵国的军队，回师自救，如此，齐军可以解赵国之围，又能使魏军疲惫，找到击败魏军的战机。

田忌采纳了孙膑"批亢捣虚""疾走大梁"的计策，统率齐军主力迅速向魏都大梁挺进，并切断魏军的退路，占据有利地形，袭击其防御空虚之地，逼迫魏军回救。庞涓得到齐军乘机袭击国都的消息，不得不以少数兵力控制刚刚攻下的邯郸，率主力回救大梁。这时，齐军已将桂陵（今山东省菏泽市东北一带，一说今河南省长垣市西）作为预设的战场，迎击魏军于途。

魏军长期攻赵，加上急行军，士卒消耗很大，所以遭到以逸待劳、士气旺盛的齐军截击后，立即陷入了被动挨打的境地，溃不成军。庞涓仓皇而逃，险些丢了性命，最后勉强收拾残部，退回大梁。其攻占的赵国国都邯郸，也得而复失。

自古以来学习和运用孙膑"围魏救赵""批亢捣虚"而获得成功的战例不可胜数。毛泽东指挥的"四渡赤水"之战，则堪称对"批亢捣虚"出神入化、创造性运用的光辉典范。

1935年1月，红军长征到遵义，党中央在这里召开了遵义会议，结束了第三次"左"倾路线在中央的统治，重新确立了毛泽东在党和红军内的领导地位。从1月9日到4月14日，中央红军在贵州境内和四川南部，与40万国民党军进行了著名的"四渡赤水"战役。

当时中央红军面临的形势极为严峻，可以说到了生死存亡的关头。在"左"倾错误路线和军事盲动主义的危害下，中央红军已经丧失了全部苏区根据地，被迫实施战略大转移。在撤退途中，红军遭到国民党反动派武装以及地方军阀的围追堵截，有生力量在突围中损失惨重，仅剩下3万余人。而蒋介石正调集黔、滇、川、湘、桂军约40万对红军围追堵截，企图阻止中央红军渡过长江，进军川西或川西北，与红四方面军会合，或东出湖南与红二、红六军团会合，封锁并围歼中央红军于川黔交界地区。

面对强敌，毛泽东从容应对，他抓住蒋介石不让中央红军北渡长江与红四方面军会合的总的战略企图，利用敌人急于寻找红军主力决战的心理，毅然放弃了由黔入川的径直做法，连施巧计，数度迂回：

1月19日，红军由遵义出发，兵分三路北进，准备从泸州至宜宾地段北渡长江。在遭到川军重兵堵截后，毛泽东指挥中央红军于29日转而在川黔交界处的土城附近第一次西渡赤水河，准备北渡长江。蒋介石见红军渡过赤水河北上，顿时惊恐万状，急调川、黔、滇军阀和中央军围追堵截。各路敌军蜂拥而至，中央红军北渡长江已经没有可能，于是毛泽东当机立断，将计就计，决定暂缓渡江，而指挥中央红军在川、黔、滇三省交界地区机动作战，继续造成红军意欲北渡长江与红四方面军会合的假象。

2月7日，敌人从四面八方调集主力向四川集结，封锁长江各重要渡口，并增派兵力欲对红军集结地实施分进合击、进行战略包围时，毛泽东根据黔北敌人薄弱的情况，当机立断，命令红军挥师东进，出其不意地从二郎滩一带二渡赤水，重入贵州，向黔北梓桐地区疾进，将合围之敌甩开，并向敌人防守薄弱的遵义疾进，于24日发起遵义战役，历时6天，连克梓桐、娄山关，攻占遵义等城，歼灭敌人2个师和8个团，俘敌3000人。这是红军自撤出中央苏区以来最大的一次胜仗，大振红军官兵的士气，沉重打击了国民党军的嚣张气焰。红军再次将蒋介石的重兵远远甩在后边。

敌人两次扑空，损兵折将，这时已察觉红军主力远走贵阳，于是蒋介石亲自坐镇贵阳，并调兵遣将，妄图围歼红军于遵义地区。此时，毛泽东为了欺骗敌人，将计就计，指挥红军故意在遵义地区徘徊，诱敌重兵前来。蒋介石以为聚歼时机已到，命令各路人马火速赶往遵义。当敌人大军远道而来时，经过短期休整的红军于3月16日又迅速第三次渡过赤水，北上川南，第三次把敌人甩掉。

蒋介石第三次扑空，已很恼怒，见红军在川南摆出准备北渡长江的架势，急调集大军沿江防堵围截，并大筑碉堡，决心聚歼红军于川南黔北。毛泽东见蒋介石将大批军队调进川南，立即指挥红军以秘密神速的动作，回师东进，从二郎滩等地向东四渡赤水，并以红九军团向北吸引敌人，主力分数路从敌重兵集团之间穿插急进。随后，红军主力南渡乌江，突破乌江天险，把敌人全部甩在乌江以北，直逼敌人防守空虚的贵阳。正在贵阳督战的蒋介石惊慌失措，急令位于黔西南大定地区的滇军主力驰援保驾，其余各路敌军也纷纷回援。中央红军利用敌滇军主力外调、兵力空虚之机，绕过贵阳，急进云南，前锋直逼昆明，在昆明虚晃一枪后，即转向西北，于5月中旬顺利渡过金沙江。担任牵制任务的红九军团，也转战胜利北渡长江。至此，中央红军摆脱了几十万敌军的围追堵截，将尾追之敌全部甩在金沙江以南，彻底粉碎了蒋介石围歼红军于川桂黔边地区的战略企图，实现了渡江北上的战略意图。

防守作战中的"避实击虚"，就是要"守其所不攻"。所谓"不攻"，不是单纯指敌人不来进攻，而是泛指己方在防守中能保持实而有利的地位，使来犯之敌为虚。"不攻"二字也往往是指敌人"必攻"而言。因为兵不厌诈，敌人在进攻作战中也同样要示形惑敌，同样要"避实击虚"，敌人大事声张要攻打之处，往往不是真正的重点进攻目标，而敌人看似"不攻"之处，往往才是真正要进攻之处。从这个意义上说，孙子所说的"守其所不攻"，正是要守在敌人"必攻"之处。当敌人自以为是地发起"避实击虚"的进攻时，就会遭到我重点防守的有力打击，我以重点防守给进攻之敌以意外打击，这便是防守作战中的一种"避实击虚"。

孙子论述"守其所不攻"的方法和手段主要有三：

一是重点守在敌人"示形"不攻之处，实际上也就是敌人真正想进攻之处，从而确保守而必固。如公元前154年，汉将周亚夫平灭吴楚七国之乱的作战，他进军下邑（今安徽省宿州市砀山县）后按兵不动，待机破敌。吴楚联军急于求战，猛攻汉军壁垒的东南角，周亚夫按照"守其所不攻"的原则，下令加强西北角的防守，继而联军果然以主力进攻西北角，结果被预有准备的汉军击败。

二是退却时要"速而不可及"。退却是防守的延续，属于防守作战的范畴。"速而不可及"，就是要有准备、有计划地突然撤退，使敌人来不及追击，从而保存自己的实力，为尔后的作战创造避实击虚的条件。如上文所说的魏灭蜀战争，战前蜀军主力约4万—5万人在姜维率领下远驻沓中。魏军的战略部署是：由钟会率魏军主力12万乘虚蹈隙，突袭汉中，直取成都；由邓艾率兵3万进军沓中，牵制姜维；由诸葛绪率兵3万占领武街、阴平桥头，切断姜维的归路。战争开始后，姜维立即摆脱邓艾，挥师东撤；但武街和阴平桥头已被诸葛绪占领，归路断绝。这时，姜维故意北出孔函谷（今甘肃省陇南市武都区），威胁诸葛绪侧后，诸葛绪急忙自阴平桥头北撤，以防不测。于是，姜维立即回军，快速地通过了阴平桥头；当诸葛绪发现时，两军已相差一日行程，追之不及。这样，姜维以"速而不可及"的行动撤回剑阁，依靠剑阁天险，组织起坚强的防御，迫使钟会的十几万大军陷入进退维谷的境地。后因邓艾偷渡阴平，蜀主刘禅不战而降，姜维的防守才归于失败。

三即"画地而守""乖其所之"，把进攻之敌引到与其主观愿望相反的方向上去。如著名的汉将李广撤退之策。有一次，匈奴单于又率军袭扰上郡，上郡太守李广率百余名骑兵与敌军主力遭遇。匈奴单于见李广兵力单薄，以为只是诱惑他们进入包围的诱饵，于是在山坡上摆开阵势准备迎战。面对来势汹汹的匈奴主力，李广的部下非常害怕，认为目前的形势，毕竟寡不敌众，我们最好逃避。李广不愧为一代名将，他知道，大敌当前，逃是绝对逃不掉的，不如索性使出一着险棋。他沉着地对部下说，现在我们远离主力大军，如果逃跑，匈奴大军追过来，没有一人能逃脱，但如果我们不后撤，匈奴反而会以为我们真的是诱兵，不敢进攻我们。于是李广不但不撤兵，反而率军逼近匈奴大阵，让士兵在靠近匈奴大阵的地方解鞍下马休息。匈奴派一个将领前来侦察汉军的情况，李广果断地一箭将其射杀，然后又回到原地休息，这样更增加了匈奴的疑心。两军就这样相持到黄昏时分，匈奴人一直不敢贸然发起进攻。到了半夜，匈奴人担心汉军袭击，匆匆撤走。到了第二天，李广才率部从容地回到大营。

"攻其所不守"与"守其所不攻"，是攻守作战的一条普遍规律。尽管古今时代不同，战争样式和攻守的手段在不断发展变化，但"攻其所不守""守其所不攻"的原则是永存的。海湾战争中，以美军为首的多国部队，在前后43天的战争中，连续空袭38天，迟迟不发动地面进攻，反复以空中优势全面破坏对方的作战能力，这正是"攻其所不守"的体现；甚至在前后只有100个小时的地面作战中，也仍然强调"避开坚固防线，突入伊拉克腹地，从西部包围伊拉克部队"，这与孙子"攻其所不守"的思想不谋而合。而伊拉克一则力求早日展开地面作战，以便发挥其陆军兵力众多和可动员全民参加"圣战"的优势；二则在预定战场经营起强大而坚固的防线，以求地面决战的胜利，这些作战也可以说是"守其所不攻"。但美军的"攻其所不守"与新的历史条件相结合，故能取得顺利；而伊军"守其所不攻"则完全重复历史的陈迹，结果一触即溃。这更加表明，孙子的"攻其所不守"和"守其所不攻"，不仅是现代战争中的重要指导原则，而且还必须随着历史条件的发展而发展。其应用的总的精神或许可以着眼于：第一，不能重复，切忌依样画葫芦，所谓"一之为甚，其可再乎"；第二，新奇怪诞，防不胜防，所谓"明枪易躲，暗箭难防"；第三，顺藤摸瓜，请君入瓮，所谓"将欲夺之，必固予之"；第四，逆向思维，反常为常，所谓"出乎意表，合乎其理"。按上述四个思路去设局谋策，势必能"眉头一皱，计上心来"，避实击虚之手段日日翻新，避实击虚之思维开阖自如。从这个意义上说，"攻其所不守"与"守其所不攻"作为攻守作战的一条普遍规律，乃是具有永恒的价值和不朽的生命力的。

致人而不致于人

《唐太宗李卫公问对》中说："孙武十三篇，无出虚实。"又说："（兵法）千章万句，不出乎'致人而不致于人'而已。"可见，"虚实"与"致人而不致于人"存在着密切的关系。从《孙子兵法》的内容看，其核心"虚实"问题，即如何识虚实、变虚实和用虚实的问题，而运用虚实的目的就是要掌握主动权，就是要"致人而不致于人"。

由此可见，"避实击虚"是争取战争主动权的具体手段。唐代李筌在其所著《太白阴经》中说："夫道贵制人，不贵制于人。制人者握权，制于人者遵命也。制人之术，避人之长，攻人之短，见己之所长，蔽己之所短。"扬己之长，击敌之短的思想，与孙子的"避实击虚"思想一脉相承，并无二致。

孙武认为，决定战争胜负的关键，在于"胜兵先胜而后求战"，而要确保自己在战争中永远立于不败之地，就必须创造条件，始终牢牢地掌握主动权："先为不可胜，以待敌之可胜。"而掌握主动权的核心，关键则在于做到"致人而不致于人"，即调动敌人、钳制敌人而不为敌人所调动、钳制。这从战略层次上说，就是要做到"夫霸王之兵，伐大国，则其众不得聚；威加于敌，则其交不得合"（《九地篇》），进入"其所措必胜，胜已败者也"(《形篇》)的理想境界；就战术层次而言，掌握主动权，就是意味着"能使敌人前后不相及，众寡不相恃，贵贱不相救，上下不相收，卒离而不集，兵合而不齐"(《九地篇》)，是"敌佚能劳之，饱能饥之，安能动之"(《虚实篇》)。总之，是让敌人处处被动挨打，无可奈何；让自己攻守皆宜，稳操胜券！在这样的情况下，战略方针即可确保落实，战术运用即可得心应手，胜利的天平自然会朝着自己这一边倾斜了："故我欲战，敌虽高垒深沟，不得不与我战者，攻其所必救也；我不欲战，画地而守之，敌不得与我战者，乖其所之也"(《虚实篇》)。

孙子"致人而不致于人"的夺取战争主动权的思想，不仅适用于古代、近代，而且同样适用于现代战争，甚至未来战争。因为主动权始终是决定两军相争中生死存亡、胜负成败的关键，正如毛泽东在《论持久战》中所指出的那样："主动性，说的是军队行动的自由权，是用以区别于被迫处于不自由状态的。行动自由是军队的命脉，失了这种自由，军队就接近于被打败或被消灭。"[1]历史在前进，战争在发展，夺取主动权的内容、方法和手段也随之而丰富、完善或改变。然而主动权是军队行动的自由权，行动自由是取胜的关键，这一点永远不会改变。正是在这个意义上，孙子的名言——"致人而不致于人"将作为普遍的真理同战争现象共存。

以20世纪发生的美越战争和海湾战争作比较，我们可以更清楚地认识到"致人而不致于人"的重要性。

美国是世界上武装到牙齿的超级大国，美军是世界上科技程度最高、实力最为强大的现代化军队，越南和伊拉克无论在哪个方面都无法与其相比。但是，美军在这两次战争中的结局却是大相径庭。在越南战争中，美军不谙虚实便开赴到越南的本土，长期"致于人"，陷入了重重包围之中，

---

① 毛泽东：《论持久战》，《毛泽东选集》第2卷，人民出版社1991年6月第2版，第487—488页。

前后多年陷身于泥潭而不能自拔，内外交困，难以为继，最终不得不灰头土脸地从越南撤离，以窝窝囊囊的败局收场。而在20世纪90年代初的海湾战争中，以美军为首的多国部队牢记并汲取越南战争的教训，千方百计地避免在伊拉克本土"致于人"，而主要是依靠高科技手段在伊拉克本土之外"致人"，用"战斧式"巡航导弹、精确制导炸弹、高性能作战飞机等先进武器实施远程打击，直到伊拉克的抵抗能力被摧毁殆尽才实施"沙漠军刀"作业，发起多头齐进、势如破竹的地面攻势，因而始终掌握着主动权，很快就取得了这场战争的胜利。美军这胜负两方面的例子，完全能够说明孙子"致人而不致于人"——把握战争主动权的思想，在现代高科技战争的条件下，依然有大显身手、尽情施展的广阔空间。

孙子"致人而不致于人"的原则也是深刻的哲学启示，它的文化精神是超越单纯军事领域的，在其他社会领域一样具有广泛而重要的应用价值，它可以运用于人类实践活动的各方面，因为从事任何人类活动，都有一个创造条件、把握主动权的问题。譬如，一个政府，如果既清廉公正又高效实干，能够取信于民，那么它在政治上就会有充分的主动与自由，能够经受住各种风险，战胜各种困难。一个国家，要想有一个良好的国际环境，为本国的发展化解有形无形的障碍，就必须广交朋友，推行多边主义，伸张正义，维护和平，这样才能争取到外交上的主动地位，否则，就会像海湾战争中的伊拉克那样陷入被动和孤立。一个民族，要想繁荣富强，自立于世界民族之林，首先必须发展自己的经济和文化，办好自己的事情，争得与其他民族平等交往的主动权，这叫作"人必自助，然后天助之"！一个企业，要想顺利发展，蒸蒸日上，就必须确保效益稳定提高、经营战略抉择正确，这才能在激烈的市场竞争中获得生存与壮大的自由、主动。总而言之，万事万物都离不开一个"致人而不致于人"的道理，人们从事社会活动，争取主动永远是一个必不可少的前提。

九、攻其无备：奇正相生原则

要点提示：

凡战者，以正合，以奇胜。(《势篇》)

攻其无备，出其不意。(《计篇》)

善出奇者，无穷如天地，不竭如江河。(《势篇》)

奇正之变，不可胜穷也。(《势篇》)

出其所不趋，趋其所不意。(《虚实篇》)

兵之情主速，乘人之不及，由不虞之道，攻其所不戒也。(《九地篇》)

"知常通变"是中华民族传统思维的重要特征之一。作为中国传统文化源头之一的《周易》，其特点正是"著天地、阴阳、四时、五行，故长于变"。儒家的经权思维、道家的守柔策略、法家的变革思想、兵家的奇正理论，都体现了中华民族"知常通变"的文化精神。

"知常通变"思维表现在《孙子兵法》中，就是"奇正"理论。"奇正"的概念，最早出自《老子》，即所谓"以正治国，以奇用兵"，但真正把"奇正"用于军事领域并做系统阐发的是孙子。

“奇正”的内涵

　　“奇正”是孙子提出的一个重要军事思想，古人认为它是“用兵之钤键，制胜之枢机”。一般地说，常法为正，变法为奇。在兵力使用上，守备、钳制的为正兵，机动、突击的为奇兵；在作战方式上，正面攻、明攻为正兵，迂回、侧击、暗袭为奇兵；在作战方法上，按一般原则作战为正兵，采取特殊战法为奇兵；在战略上，堂堂正正进兵为正，突然袭击为奇。

　　孙子曰：“以正合，以奇胜。”（《势篇》）“奇正者，所以致敌之虚实也。敌实，则我必以正；敌虚，则我必为奇。”[①]奇正首先是在兵力的配置和使用上，“以正合，以奇胜”，即用正兵御敌，用奇兵取胜；其次，也是更重要的是在战术的选择和运用上，“奇正相生”“奇正之变”。

　　孙子确立“奇正”这一范畴后，后世兵家无不奉为圭臬，广为沿用和阐述。《孙膑兵法》说：“形以应形，正也；无形而制形，奇也。”《尉缭子·勒卒令》说：“正兵贵先，奇兵贵后。或先或后，制敌者也。”曹操《孙子注》说：“正者当敌，奇兵从傍击不备也。”这些都是这方面的例子。

　　到了《唐太宗李卫公问对》那里，“奇正”范畴则有了新的发展。它的作者用了大量的篇幅对这一问题进行了系统、全面、透彻的分析和阐述，认为“奇正”起源于方阵本身的队形变换，是在五军阵向八阵演变过程中产生的。同时，它又从政治战略、军事战略、战役战斗和战术等各个不同的层次、方面，探讨了“奇正”的范围和特点。《唐太宗李卫公问对》对“奇正”探讨的重点是“奇正”的变化和运用，认为“奇正”可以互变，并以霍邑之战等著名战例为例证，对“奇正”的变化做了具体而辩证的说明。

---

① 《唐太宗李卫公问对》。

书中提出"吾之正，使敌视以为奇；吾之奇，使敌视以为正""以奇为正，以正为奇，变化莫测""善用兵者，无不正，无不奇，使敌莫测。故正亦胜，奇亦胜"等一系列重要论断，极大地丰富和发展了《孙子兵法》的"奇正"理论。

在此基础上，《唐太宗李卫公问对》的作者强调把"奇正"与"虚实""示形""分合"等结合起来加以阐述，指出"奇正"相变的核心是"示形"，"故形之者，以奇示敌，非吾正也；胜之者，以正击敌，非吾奇也。此谓奇正相变"；"奇正"相变的目的是致敌虚实，"奇正者，所以致敌之虚实也。敌实，则我必以正；敌虚，则我必为奇"，从而"使敌势常虚，我势常实"，牢牢地掌握作战主动权；"奇正"相变的运用在于分合适宜，"有分有聚，各贵适宜""兵散，则以合为奇；合，则以散为奇"。这些论述比孙子的"奇正"理论显然更全面、更深刻，但它依旧是祖述和发展《孙子兵法》的逻辑结果。

孙子对"奇正"运用的论述可分为两个层次：一是"以正合，以奇胜"，即以正兵迎战、以奇兵取胜的一般作战模式，它是对"结日定地，各居一面，鸣鼓而战，不相诈"①这样的古军礼的辩证否定；二是"奇正相生"，变化无穷，这一论述突破了"正合奇胜"的固定模式，上升到一个更高的境界，成为兵家克敌制胜的妙谛。

与"奇正"范畴紧密联系的作战指挥原则，就是所谓的"众寡分合"。这是战术运用上的一条基本原则，即"众寡之用"与"分合为变"："众寡之用"是兵力的使用问题，"分合为变"是作战的部署问题。这两方面的问题，核心是集中兵力与协同配合的有机统一，分一为二，在全局或局部造成优势，各个击破敌人，而统一这两者的基础，又在于真正理解与把握

①《公羊传注疏·桓公十年》。

"奇正"蕴含的意义，做到"奇正之变""奇正相生"。

"众寡之用"与"分合为变"，实际上就是对"奇正"基本原理的运用与发挥。就"众寡之用"而言，在主攻方向上必须集中兵力，而在助攻方向上则只能配备必要的兵力，起策应协同的作用，所谓"若五倍于敌，则三术为正，二术为奇"[①]。就"分合为变"而言，就要注意重点设防，重点守备，重点投入，所谓"用兵之道，无所不备则有所必分，知所必守则不必皆备"[②]。

关于众寡分合的一般原则，古代兵家多有论述，如《司马法·用众》指出"凡战之道，用寡固，用众治；寡利烦，众利正。用众进止，用寡进退"，《兵录》中认为"兵之胜负，不在众寡，而在分合。夫有分则有条理，有合则有联络，然分常患其疏，而合常防其混。故合而不分，分而不合，非善也；合而有分，分而有合，非善之善也；即分为合，即合为分，乃善之善也"。可见，在"众寡之用"这个问题上，他们既肯定集中兵力的意义，提倡"我专敌分""以十击一"，又强调"分合为变"，灵活指挥，协同策应，做到"能分人之兵，能按人之兵，则锱（铢）而有余"[③]。掌握"众寡分合"的不同规律，以求在各种复杂情况下能够做到当合则合、当分则分，"合兵以壮威，分兵以制胜"[④]，克敌制胜，达成既定的战略目标。

西晋灭吴统一南北之战，采用了"水陆并进，多路齐出，分兵合击"的作战方针，就是中国战争史上"审奇正之变""识众寡之用"并确保战略指挥大获成功的一个范例。

西晋咸宁五年（公元279年）十一月，晋武帝分派六路大军，水陆齐发，

---

① 《百战奇法·分战》。
② 《美芹十论·守淮》。
③ 《孙膑兵法》。
④ 《兵法百言·法篇·分》。

在长达数千里的战场上大举伐吴。其六路大军的具体部署是：镇东大将军、琅邪王司马伷率军自下邳（今江苏省徐州市睢宁县西北）直趋涂中（今安徽省滁州市区）；安东将军、都督扬州诸军事王浑自寿春（今安徽省淮南市寿县）向江西方向进军；建威将军、豫州刺史王戎自安城（今河南省驻马店市汝南县东）向武昌（今湖北省鄂州市）方向进军；平南将军胡奋自新野（今河南南阳市新野县）向夏口（今湖北省武汉市）进军；镇南大将军杜预自驻地襄阳直趋江陵（今湖北省荆州市）；龙骧将军、益州刺史王濬与巴东监军唐彬率水师自巴蜀浮江东下，直趋建业（今江苏省南京市）。六路大军，水陆共二十余万之众。

综观晋廷进军部署，实即羊祜咸宁二年（公元276年）提出的战略设想的具体实施。其中王濬之水师是羊祜所提出的"梁、益之兵水陆俱下"，杜预之众是"荆、楚之众进临江陵"，胡奋、王戎二军是"平南、豫州直指夏口"，司马伷、王浑二军便是"徐、扬、青、兖并向秣陵"。从整个战略部署来说，是多路出击、水陆齐发，分别以六路大军从长江上、中、下游同时进攻，在指挥上充分利用王濬的强大水军克敌，配合以陆军助攻，使吴军首尾不能相顾，所谓"以一隅之吴，当天下之众，势分形散，所备皆急"[1]；而战事的进展，也正如羊祜所预料的那样，是"巴、汉奇兵出其空虚，一处倾坏，则上下震荡"，在西晋大军既是全线又有重点的猛烈进攻之下，东吴政权的防御体系迅速趋于崩溃，吴军一败涂地，土崩瓦解。及至西晋太康元年（公元280年）三月十五日，王濬统率"戎卒八万，方舟百里"，一举攻入建业。[2]孙皓亲至王濬军门投降，吴国灭亡，一场空前的水陆联合、多路夹击一举灭吴的统一战争终于画上一个圆满的句号。

---

① 《晋书·羊祜传》。
② 《资治通鉴·晋纪·武帝太康元年》。

以正合，以奇胜

孙子认为："凡战者，以正合，以奇胜。"凡是展开军事行动，无论是进攻还是防御，在兵力的使用上，一般要用正兵去当敌，用奇兵去制胜；在战术变换上，则要做到奇正相生，奇正相变，虚虚实实，真真假假，变化无端，出神入化："战势不过奇正，奇正之变，不可胜穷也。奇正相生，如循环之无端，孰能穷之？"（《势篇》）在孙子看来，一名将帅如果能根据战场情势的变化来灵活理解和巧妙运用奇正战术，做到战术运用上正面交锋与翼侧攻击浑然结合，兵力使用上正兵当敌与奇兵制胜相辅相成，作战指挥上遵循常法与新创变法互为弥补，那么不管怎样强大的敌人收拾起来也是轻松愉快的，就算是真正领会了用兵打仗的奥妙精髓。

《孙子兵法》特别重视军事学上的一般原则，这个一般原则就是"常"，即相对稳定的、业已成为经验之谈的那些用兵方法，相当于儒家所说的"经"。在孙子心目中，这些经验都是用无数鲜血与生命换来的，是经受住战争实践的检验而上升为系统理论的东西，所以必须予以充分的尊重和高度的重视。如《谋攻篇》中的"用兵之法，十则围之，五则攻之，倍则分之，敌则能战之，少则能逃之，不若则能避之"；《军争篇》中的"百里而争利，则擒三将军""五十里而争利，则蹶上将军""三十里而争利，则三分之二至""高陵勿向，背丘勿逆，佯北勿从，锐卒勿攻，饵兵勿食，归师勿遏，围师必阙，穷寇勿迫"等，这些都是常法，是关于作战指导的一般规律。在一般情况下必须严格遵守，不应该随意加以违反。

但是，孙子认为，克敌制胜更为关键的是"变"，也即儒家常说的"权"，即所谓"夫兵形象水，水之形，避高而趋下；兵之形，避实而击虚。

水因地而制流，兵因敌而制胜。故兵无常势，水无常形，能因敌变化而取胜者，谓之神"（《虚实篇》）。用兵艺术的最高境界是随机应变，通权达变，变化莫测，不拘一格，"践墨随敌，以决战事"（《九地篇》）。总之，高明的战争指导者应该既尊重前人的经验，遵循一般的军事规律与原则，同时又不墨守成规，善于理解和创造性地运用这些原则，将循"常"与求"变"天衣无缝地结合起来。

所以，战争指导者不能墨守常法而不知变法。比如，不一定非要在兵力对比上出现十倍于敌时才包围敌人，五倍于敌时才攻击敌人。曹操就说过"主弱客强"时就不必如此，并举例说，他围下邳擒吕布时就是"倍兵"。"百里争利"也未必就"擒三将军"，"五十里而争利"也未必就"蹶上将军"。孙子同时还讲"并敌一向，千里杀将"，"千里"都可奔袭，"百里""五十里"之利有何不可争？孙子在这里讲的是不要被动驱战，而要力争主动。掌握主动，千里争利不为远；被动应敌，三十里争利也嫌长。在有些条件下，"归师"亦非皆不可"遏"，"围师"也未必都必须"阙"，如曹操征张绣引军归，张绣第一次追击，遭到失败，但第二次追击，因曹操丧失警惕而获得了胜利。可见，归师亦非绝对不可遏。包围敌人也不一定都留生路，力量上占绝对优势，不怕敌人做困兽斗，将其围得铁桶一般，亦可瓦解敌人意志，聚而歼之。所以孙子在讲常法的同时，强调"兵无常势，水无常形，能因敌变化而取胜者，谓之神"。所谓"因敌变化"就是"权"，就是"反经合道"，否则就背离了战争的客观规律。

在战争实践中，取胜机会最多的人并不是那些四平八稳、过分守常、迷信书本和经验的人，而是那些善于知变出奇、善于进行创造性变化的人。因为，"知变"往往会使人技高一筹。何去非在《何博士备论·霍去病论》中说："盖兵未尝不出于法，而法未尝能尽于兵。以其必出于法，故人不可以不学。然法之所得而传者，其粗也。以其不尽于兵，故人不可以专守。盖法之无得而传者，其妙也。法有定论，而兵无常形。一日之内，一阵之间，离合取舍，其变无穷；一移踵，一瞬目，而兵形易矣。守一定之书，而应无穷之敌，则胜负之数庆矣。是以古之善为兵者，不以法为守，而以法为用。常能缘法而生法，与夫离法而合法。顺求之于古，而逆施之于今；仰取之于人，而俯变之于己。人以之死，而我以之生；人以之败，而我以之胜。视之若拙，而卒为工；察之若愚，而适为智。运奇合变，既胜而不以语人，则人亦莫知其所以然者。此去病之不求深学，而自顾方略之如何也。"其中强调的也是灵活机动，因势而变。掌握了"常""变"这对矛盾的变化规律，就掌握了战争指导原理的精髓。

战国后期的长平之战十分典型地反映了孙子有关"奇正"作战指导思想的强大生命力：在这场决定战国一统局势的战略大决战中，秦军主帅白起针对赵括没有实战经验、求胜心切、鲁莽轻敌等弱点，采取了诱敌入伏、分割包围而予以聚歼的正确作战方针，对兵力做了周密细致的部署，造成了"以碫投卵"的强大态势。

白起的具体作战部署是：首先，以原先的第一线部队为诱敌之兵，等待赵军出击后，即向预设的主阵地撤退，诱敌深入；其次，巧妙构筑袋形阵地，以主力守卫营垒，抵挡、阻遏赵军的攻势，并组织一支轻装精锐的突击部队，待赵军被围之后，主动出击，以消耗赵军的有生力量；其三，动用奇兵两万五千人埋伏在两边侧翼，待赵军出击后，及时穿插到赵军后方，切断赵军的退路，协同主阵地长壁上的秦军主力完成对出击赵军的包围；其四，派出一支骑兵部队，牵制和监视赵军营垒中的留守部队。

战局的发展果然按着白起预定的方向进行。周赧王五十五年（公元前260年）八月，对秦军战略动态茫昧无知的赵括统率赵军主力，向秦军发起了大规模的出击。秦军的诱敌部队佯败后撤，愚妄鲁莽的赵括不问虚实，以为秦军不堪一击，立即率军追击，但当赵军进抵秦军的预设阵地时，却遭到了秦军主力的坚决阻击，攻势顿时受挫，被阻于坚壁之下。此时预先埋伏两翼的秦两万五千奇兵迅速出击，及时穿插到赵军进攻部队侧后，抢占了西壁垒（今山西省高平市北的韩王山高地），截断了赵军与其大营之间的联系，构成了对赵军的重重包围。秦军另外的五千精骑也迅猛地插到了赵军的营垒之间，牵制、监视留守营垒的那小部分赵军，并切断赵军的后勤运输线。与此同时，白起又令突击部队不断进攻被围困的赵军主力。赵军左冲右突，都无法逾越秦军铜墙铁壁一般的阵地，情况日益危急，不得不就地构筑营垒，转攻为守，等待救援。

秦襄昭王在都城咸阳听到赵军被围，就歼在即的消息，便亲赴河内（今河南省沁阳市及其附近地区），将当地十五岁以上的男子全部编组成军，及时增援长平战场。这支部队开进到长平以北的今丹朱岭及其以东一带，进一步断绝了赵国的援军和后勤补给，从而确保白起得以彻底地歼灭被围的赵军。

到了九月，赵军断粮已长达四十六天，内部互相残杀以食，军心动摇，士气涣散。赵括困兽犹斗，组织了四支突围部队轮番冲击秦军阵地，希望能杀出一条血路，逃脱保住性命，但是都无功而返。绝望之中，赵括孤注一掷，亲率赵军精锐强行突围，结果败得更惨，连他本人也丧身在秦军如蝗般的箭镞之下。赵军失去主将，斗志全无，彻底放弃了抵抗，四十余万饥疲之师全部向秦军卸甲投降。白起杀心大起，只放过其中年幼的二百四十人的性命，将其余赵军降卒残忍坑杀。秦军终于取得了空前激烈残酷的长平之战的彻底胜利。

长平之战是秦、赵之间的一次战略决战，它开创了我国历史上时间最早、规模最大的野外包围歼灭战的先例。是役秦胜赵败的结局并非偶然，除了总体力量上秦对赵占有相对的优势外，双方战略上的得失和具体作战艺术运用上的高低也是其中重要的因素。秦军之所以一举战胜赵军,关键在于白起善察战机,用兵如神,诱敌出击,然后用正合奇胜战法分割、包围赵军,痛加聚歼。

奇正相生,不可胜穷

概而言之,"奇正"理论的精髓是"奇正相生",即以奇为正,以正为奇,变化无穷,使敌莫测,从而做到"攻其无备,出其不意"。"奇正"运用的主要特征是从实际出发,灵活机动,"因敌变化而取胜",反对墨守成规,不知变化。

杰出的军事家刘伯承对孙子的正兵和奇兵做了如下解释:"正兵和奇兵,是辩证的统一,是为将者必须掌握的重要法则。奇中有正,正中有奇,奇正相生,变化无穷。"抗日战争中,刘伯承指挥第129师在七亘村重叠设伏,就是灵活用兵、善用奇正的典型战例。

1937年10月中旬,为打击沿正太铁路西犯的日军,配合国民党军保卫忻口、太原,刘伯承率第129师师部及第386旅进抵山西省平定县地区,积极寻机侧击日军。10月22日—24日,第386旅在长生口、石门村、马山村等地袭击日军,连连获胜。25日,侦悉日军第20师团一部经测鱼镇正向平定进犯,其后方辎重部队约千余人进至测鱼镇宿营。

刘伯承判断,日军为了切实控制正太路南的平行大道,必然加紧从井陉至平定的小路运兵运粮。七亘村是理想的伏击战场,它是井(陉)平(定)小道的必经之地,从七亘村往东到石门,正好是十里峡谷,谷深数十米,底宽不足三米,地势十分险峻。刘伯承经过实地调查,选中了这个伏击阵地,随即命令第772团第3营及特务连一个排进至七亘村附近待机。

10月26日拂晓,测鱼镇日军的辎重部队在二百多步兵的掩护下,向西开进。9时许，日军先头掩护部队百余人通过伏击区，辎重骡马进入伏击区，设伏部队突然发起冲击，经过两小时激战，毙日军三百余人，缴骡马三百多匹及大批军用物资，其余日军逃回测鱼镇。

当天，刘伯承得到情报：正太路西段的日军正向东运动，娘子关右翼的日军也正继续向旧关抄袭。他很清楚日军急于打通正太路，以便从背后威胁太原的企图。据此，他判断七亘村仍然会是日军进军的必由之路，因为舍此别无通道。再从日军目前的作战特点来分析，他们屡胜之后骄横得很，通常发一股牛劲，向预定的目标执拗地突进，毫不理会一些小的损失。况且根据"用兵不复"的原则，他们万万想不到八路军会在同一地点重复设伏。于是，刘伯承断然决定，还在七亘村给日军一个突然打击。

为了迷惑日军，当27日日军派兵到七亘村来收尸时，刘伯承让第772团主力当着日军的面佯装撤退，造成七亘村无兵把守的假象。实际上第772团第3营绕了一圈又返了回来，集结在七亘村西改道庙公路南侧山地里。

10月28日晨，敌人的辎重部队果然循原路西进，前后有一百多骑兵、三百多步兵掩护。他们毕竟吃过亏，一路加强了搜索警戒，遇有可疑处便发炮轰击。到了七亘村附近，日军更加小心翼翼，朝村里村外进行了反复的炮击。第772团第3营的指战员们隐蔽在灌木、草丛和石洞里，沉着镇定，不发一枪。11时许，日军进入伏击区，第3营突然发起猛烈冲击，展开白刃格斗，战至黄昏，毙日军一百余人，缴获骡马数十匹。

此战，刘伯承运用孙子"奇正相生，如循环之无端"的用兵原则，一改"战胜不复"的传统战法，出敌不意，指挥第386旅第772团于三天之内在同一地点两次设伏，均获胜利，以伤亡三十余人的代价，共歼灭日军四百余人，缴获一批骡马和军用物资，打击和迟滞了日军沿正太铁路西犯的行动，支援了国民党军作战。

如何出奇制胜呢？方法大致有三：

一是诡道用兵，欺敌误敌。孙子讲"兵以诈立"，又讲"以奇胜"。"奇"与"诈"有着密切联系。"奇"是一种结果，而"诈"是一种影响对方主观意志和决策的方法。"诈"是达到"奇"的一种重要手段。"诈"无非包括两方面内容，一是"瞒"，二是"骗"。"瞒"就是隐蔽、保密，"骗"就是欺敌误敌。《三十六计》中"暗渡陈仓"之计，强调的是战争中要通过正面佯攻、佯动来迷惑敌人，分散敌人的注意力，以掩盖己方的真正意图、攻击路线以及突破点，达成出其不意的效果。这一用兵思想是对《孙子兵法》提出的"诡道"理论的继承。《孙子兵法》强调，为了实现先发制人和行动上的突然性，必须做到"兵不厌诈"，即利用各种欺敌误敌之法，伪装自己的企图，掩盖各种真相，造成敌人的错觉，导致其运筹决策的失误，"乘人之不及，由不虞之道，攻其所不戒"。在各种示假隐真、欺敌误敌之法中，佯动、佯攻是一种最为积极的调动敌人的方法，最容易造成敌人判断上的失误。同时，也只有"明修栈道"达成了欺骗敌人的目的，"暗渡陈仓"的军事行动才可以成功实施。现代战略学家利德尔•哈特曾说："成功的统帅选择（敌人）最没料到的路线或行动方向；他利用抵抗力量最弱的路线。"因为，就一场规模巨大的战争准备和战争实施而言，再严格的保密措施、舆论误导、外交欺骗都不可能做到不露蛛丝马迹。因此，要对敌实施出其不意的战略性进攻，只有实行战略佯动这种积极行动才能迷惑敌人，才能使敌人对我方的真正意图和攻击方向产生错误判断，也才能达成战争的突然性。柯林斯也指出："突然性如能与秘密的、快速的、欺骗性的、创造性的和大胆的行动相结合，就能决定性地改变力量对比，为以极小代价换取极大胜利创造条件。没有必要完全地出敌不意；只要使敌人看不到我们行动的全部重大意义，以致来不及采取有效的对策就行了。……众所公认，达成突然性不会带来胜利，但它大大增加了胜利的可能性。"①战争史上，通过战略佯动，在对手意料不到的时间、地点实施进攻，往往令敌人措手不及，以小的代价换取大的战果，这样的例子不胜枚举。

即使在现代高技术条件下，积极创造条件达成战略或战役的突然性，攻其无备，出其不意，仍是夺取战争主动权进而克敌制胜的主要方法。在1973年10月的第四次中东战争中，阿拉伯国家通过传统手段和现代技术相结合而达成的战争突然性，为现代战争史书写了精彩的篇章。

第四次中东战争之前，埃及、叙利亚精心拟定了作战计划，准备发动突然袭击，抢渡苏伊士运河，收复西奈半岛部分失地，为尔后通过政治谈判收复全部失地创造条件。为此，在战前准备阶段，埃、叙两国为达成战略突然性，确保先发制人和确立自己的绝对优势地位，巧妙地采取了一系列战略、战役、战术伪装欺骗措施。

一是在外交上施放和平烟幕，转移对手视线。从1973年1月至9月，萨达特总统一直在努力营造有利的国际环境。在发动进攻的三个星期以前，他得到了一百多个国家的支持。在对美关系上，埃及已经了解到基辛格的态度——"只要埃及处于败者和以色列处于胜者的地位，美国就不会为援助埃及做点什么——尽管这是令人遗憾的"。在对苏关系方面，埃及早在1972年7月就采取了驱逐苏联军事顾问的措施，宣布中止苏军事顾问和专家在埃及的使命，给以色列造成埃及不可能发动进攻的印象。在开战前，埃、叙着重强调要政治解决中东问题，并利用叙以之间的空战，大造以军挑起战争的舆论，充分利用奥地利一列载有犹太移民的火车被恐怖分子劫持，以色列政要正在集中精力处理这一棘手问题，暂时放松对中东局势关注的时机。这样，埃、叙双方就通过政治、外交上的努力，创造了利于采取军事行动

---

① ［美］约翰·柯林斯，中国人民解放军军事科学院译：《大战略》，战士出版社，1978年版，第65页。

的国际环境。

二是严格保密，隐秘地进行战争准备。只有少数人知道具体的战争计划，作战命令在开战前的六小时才下达到师级军官，开战前三小时下达到营级军官。此外，有关的作战文书一律用手抄，不准打印和用无线电传送。埃军为使以军不能发现自己的动向，在运河西岸筑起堤坝，掩护部队的集结和调动。

三是采取各种伪装措施欺骗敌人的情报机构。埃军在开战前对预备役人员进行多次征召和复员，军官照常休假；借助例行的演习，频繁地进行军事演习，反复前调和后撤部队，通过多前调、少后撤的办法逐次向运河增兵，既使敌人常见不疑，又秘密完成作战部署；充分利用美国侦察卫星的活动规律，使其不能掌握埃军活动的准确情报；公开解除两万多名预备役军官的兵役；组织军官朝圣、外国大使参观等活动，给人以不会有战争发生的假象。

四是打破风俗习惯，精心选定双方的宗教纪念日10月6日开战，更加出敌不意。这天是伊斯兰的斋月节和犹太教的赎罪日，以色列全国停止一切社会活动，信众们在这一天不吃不喝不吸烟。而且，这一天以色列全国停止电视、广播，在遭到袭击后不利于信息传播和动员。此外，以色列将于10月28日举行国会议员大选，全国的注意力都在大选上。尤其是这一天还是星期六，按惯例，军官可以离营外出。另外，10月又是阿拉伯国家传统的斋月，伊斯兰信众在这个月从日出到日落一律要进行斋戒，即不进食、不喝水，按照伊斯兰教传统，斋月期间不打仗。这样，以军会认为埃军不会冒士气低落的风险在斋月采取军事行动。这正好给了埃军将计就计的机会。不但以方认为埃军无论如何不会在这一天开战，心理上毫无准备，而且这也出乎阿拉伯人的意料。从作战角度考虑，10月份夜暗时间长达12个小时，埃军利用这一时间渡河不易被发现，尤其是6日是望月，入夜后，有

5—6个小时的时间有月光,这么长的时间足够埃军突击部队架设浮桥和放渡船下水,而次日凌晨,埃军正好可以利用夜暗渡河。这样,埃叙两国就为开战时机上达成战略突然性奠定了坚实的基础。

在达成技术突然性方面,埃、叙也做了很大的努力。埃军进攻能否成功,一个关键的问题就是能不能迅速渡过以军防守严密的运河和通过运河东岸的沙堤。为消除以军在运河上的火障体系,埃军用"蛙人"堵塞运河里的输油管道,破坏了燃油槽。以军在运河东岸构筑的沙堤是坦克和装甲车辆的最大障碍,为此,埃军经过试验,成功地找到了利用高压水泵和水枪冲刷沙堤、开辟通路的办法。经过战前反复训练,开战后,埃军工兵仅用6个小时就在沙堤上打开了60个口子,有效地保证了渡河部队进攻的需要。此外,埃、叙两国秘密装备大量的反坦克导弹、防空导弹等新型技术装备,以对付以色列的空军,使以军的先发制人的想法不能得逞。

为了确保先发制人的突然袭击军事战略的成功,埃、叙两国还对以色列信奉的安全理论进行分析,准确地掌握其强点和弱点,抓住了以色列遏制战略的弱点——以色列在发布动员令后72小时内很难发挥作战能力。因此,埃、叙达成突然性的策略主要在于使敌人"错误判断我开战企图",错过发出警报乃至动员命令的时机,使以军的遏制力在时间上出现间隙。同时,埃、叙竭力创造一种形势,使以色列即使发现埃及的开战企图,也无法在时间上、心理上、政治策略上采取免遭突然袭击的措施——出动空军实施先发制人的攻击。因为,开战前,埃及得到一百多个国家的支持,这已足以给实施先发制人进攻的以色列冠以"侵略"罪名。

埃、叙一方的战略手段大有成效。1972年7月,埃及驱逐苏联军事顾问后,以色列认为,没有苏联军事顾问的指导,埃及是不会使用现代化武器的。此外,以色列的侦察情报和谍报活动因得到西方,特别是美国中央情报局的帮助,效果一直很显著,然而,埃军在运河西岸不断进行"演习",使以色列情报部门对埃军的开战企图做了错误判断。同时，在前三次中东战争胜利之后，以军中普遍存在骄傲情绪，认为埃、以两国在技术上存在不小差距，埃军尚无渡过苏伊士运河的能力，尤其是以色列在运河东岸花巨资修建的巴列夫防线相当坚固，驻守的兵力也较雄厚，埃军难以突破；以方还认为，在目前的国际形势下，埃及政府不可能定下发动战争的决心，而且也不具备这种能力，往常一盘散沙的阿拉伯国家也不可能真正联合起来，对以色列发动大规模的进攻。这些错误判断造成了严重的后果。1973年10月6日，埃、叙军队分别从西线和北线向以军发动突然进攻，通过以军的防坦克壕，并占领戈兰高地。埃、叙军队渡过苏伊士运河后，又迅速突破以军的巴列夫防线，取得了战争初期的重大胜利。

二是以迂为直，以患为利。孙子在《军争篇》中说："军争之难者，以迂为直，以患为利。故迂其途而诱之以利，后人发，先人至，此知迂直之计者也。"迂直的本意是绕弯路和走直道，后被引申为间接手段和直接手段。

"迂"与"直"是认识和实践活动中的两种不同的途径和方法。"迂"即指曲折的、间接的途径或方法；"直"即指直线的、直接的途径或方法。古今中外，那些足智多谋的军事智囊人物，那些战场上出奇制胜的骁将，常常利用迂直相逆思维成功地定计施谋，创造了许多以弱胜强的奇迹。

毛泽东堪称迂直相逆思维的辩证大师。1946年6月底，蒋介石向我陕甘宁边区发动全面进攻。敌军兵力三十三万余人，当时我西北野战军主力仅有两万余人。在强敌面前，我军于1947年3月19日主动放弃延安，派出小部队以蘑菇战术吸引敌人，让敌人在陕北团团乱转，处处扑空，兵力疲惫，给养困难。而我军主力隐蔽待机，伏击歼敌，青化砭战斗、羊马河战斗的连续胜利，粉碎了敌人的进攻。毛泽东在讲到战争中的曲折问题时说："为了进攻而防御，为了前进而后退，为了向正面而向侧面，为了走直路而走弯路，是许多事物在发展过程中所不可避免的现象，何况军事运动。"①这些论断都深刻揭示了迂直相逆思维的辩证法则。

事物的运动发展，受到各种环境条件的影响，其最佳途径常常不是直线，而是曲线——总是沿着一条最优的曲线前进。在现实生活中，充分利用迂直相逆的思维辩证法则，对我们的发明创造和解决事物的矛盾，具有不可低估的作用。

三是超常用兵，出敌不意。观常人之未观，想常人之未想，敢于和善于超越常规，也可达到出奇兵的效果。如《淮南子·兵略训》所说："良将之所以必胜者，恒有不原之智，不道之道，难以众同也。"

公元前205年，项羽在彭城大败刘邦，歼灭了汉军主力。原来曾答应与刘邦一起起兵的许多诸侯纷纷背汉归附项羽，刘邦处于十分困难和孤立的境地。这时，张良向刘邦建议，争取处于项羽侧后的英布，重用将军韩信和彭越，结成强大的反楚联盟，除了刘邦正面坚守外，再从南、北两方向形成对项羽的战略包围。刘邦采纳了这一建议，并制定了规模宏大的作战部署。

刘邦亲率一部分汉军坚守成皋、荥阳一线，形成与项羽的正面对峙，遏制项羽的攻势；令彭越在梁地开辟敌后战场，配合正面战场，调动和疲惫楚军；令韩信率军入河北，逐次歼灭黄河以北的各割据势力，向楚军侧后发展；策反九江王英布，使其背楚归汉，进攻楚军的侧背，以牵制项羽。韩信平定赵地，是这一整体战略部署中的关键一环。

公元前205年，韩信率军击灭了魏王豹，平定魏地。当时，黄河北岸还有代（今山西北部）、赵（今河北南部）、燕（今河北北部）三个割据政权，

---

① 毛泽东：《中国革命战争的战略问题》，《毛泽东选集》第一卷，人民出版社1991年6月第2版，第196页。

它们都投靠项羽，成为楚的羽翼。要打败项羽，就必须剪除这些诸侯国。韩信对这些割据势力只图自保的情况了如指掌，认为应进一步开辟北方战场，消灭代、赵、燕三国，然后东击齐国，截断楚军粮道，然后同汉王刘邦所率大军会合于荥阳。

韩信率军击破了代国后，因为正面战场吃紧，刘邦就将韩信麾下的精兵调往荥阳去抗击项羽的进攻，这样，韩信只好率领刚刚招募来的数万士兵，翻越巍巍太行，向东挺进，前去进攻赵国。要前往河北平原，必须通过今河北省石家庄市鹿泉区的井陉山。井陉山以四面高平、中间低凹如井而得名。山势从西南向东北层峦叠嶂，方圆百里，车不能并行，骑不能成列，根本不利于大部队行动。只有在山的西边，有一条约百里长的狭窄驿道，易守难攻，这就是有名的太行八大陉口之一的井陉口。

当时，赵王歇和赵军主帅陈余已得到韩信率军东进的消息，于是集中了二十万大军把守井陉口，构筑土石堡垒等各种防御工事，以逸待劳，据险固守，准备在此与韩信决战。赵军的谋士李左车比较清醒，他分析了敌情和地形，建议：韩信越过黄河，俘虏了魏王豹，又乘胜进攻赵国，士气正旺，赵军最好避其锐气，与此同时，赵国方面还应积极利用汉军的虚隙。因为韩信劳师远征，其后勤辎重必须从千里以外运送，补给困难。所以，只要赵军主力深沟高垒，坚守狭窄的井陉口，另出奇兵去夺取汉军的辎重，断其粮道，就会使韩信求战不能，后退无路，坚守又缺乏补给。如此，不出十天，赵军就可以逸待劳打败韩信。然而，刚愎自用的陈余自恃兵多将广，拒绝采纳李左车的正确建议，他认为目前韩信兵少且疲，赵军应该主动出击，速战速决。

韩信探知李左车的计策未被采纳，立即根据自己兵力寡少、军心不固以及深入重地等具体情况，决定利用赵军主帅陈余的轻敌和希望速战速决心理，充分利用"投之亡地然后存，陷之死地然后生"的作战原则，制定了"陷众于害"，背水列阵的作战方针。他指挥部队前进到距井陉口三十里的地方驻扎下来，当日夜间，又传令部队继续前进，同时，挑选两千名骑兵，让他们每人手持一面汉军的红色旗帜，从山坡上的小路迂回到赵军大营侧后的抱犊山隐藏起来，告诫他们，一旦赵军离开大营追击汉军，即乘虚而入，抢占其大营，树起汉军的旗帜，并断敌归路。接着，韩信又派出一万名士兵到绵蔓水东岸，背靠河水摆出阵势，以迷惑和引诱赵军。赵军望见汉军背水列阵，无路可退，都耻笑韩信不懂兵法常识，对汉军更加轻视。

次日清晨，韩信让汉军将士饱食一顿，然后亲自率五万主力，浩浩荡荡地向井陉口进发，前去诱敌。赵军见状，争立战功，离营出战。双方稍经厮杀，韩信即引兵败退，并有意抛弃鼓角旗帜，向绵蔓水方向后退，与事先背水列阵的汉军会合。赵王歇和陈余以为汉军真的打了败仗，认为这是消灭汉军、活捉韩信和张耳的大好时机，于是立即挥军追击。汉军士兵见前有大敌，后无退路，只好拼死抵抗，且越战越勇。赵军主帅陈余见久战不胜，只得下令回营，固守井陉口，与汉军周旋。但这时，夜中已潜伏于赵军大营侧后的汉军骑兵迅速抢占了赵军大营，按照韩信事先的吩咐在敌营中拔下赵军旗帜，树起汉军的红旗。陈余指挥赵军撤退之际，猛然发现自己的大营里汉军红旗招展，不禁大惊失色，军中士卒更是惊恐逃散。这时，占据赵军大营的汉军趁势杀出，与韩信率领的主力前后夹击，全歼赵军，杀了陈余，俘虏了赵王歇。

韩信的"背水阵"，堪称中国战争史上巧妙运用"奇正"原理而取胜的典范之一。在作战部署上，他夜半派出两千轻骑，令其各持汉军赤旗一面，潜伏于赵军大营附近的山中，待机攻占赵营，同时沿绵蔓水布列阵势，诱敌相攻，这正是兵分奇正的高明之举，正所谓"奇非正，则无所恃；正非奇，则不能取胜"[1]。在作战程序上，他先大张旗鼓与赵军会战，后又依托

---

[1] 《武经总要·制度·奇兵》。

"背水阵"抗击赵军的猛攻，是谓"以正合"；而潜伏之两千轻骑偷袭赵营，一举成功，扰乱赵军军心，导致其溃败，己方则乘机反攻，大获全胜，斩杀陈余，追擒赵王歇，是谓"以奇胜"。此番作战充分体现了"兵不奇则不胜。凡阵者，所以为兵出入之计；而制胜者，常在奇也"①的兵法要旨。即使就"背水阵"本身而言，韩信也使得它具有了奇正皆备的双重性质：背水列阵，并非常规之战法，是为"奇"；但是当把赵军诱引到阵前进攻时，汉军"三军一人"，全力抵抗赵军的强攻，则"背水阵"乃由"奇"转变为"正"了，此真可谓"奇正合宜，应变弗失，百战百胜之道也"②。

《唐太宗李卫公问对》有言："凡将，正而无奇，则守将也；奇而无正，则斗将也；奇正皆得，国之辅也。"可见，韩信的背水阵破赵之役，成功的关键之一在于真正做到了"奇正皆得"，这包括兵力使用上的奇正并用与战术运用上的奇正相生，彻底扰乱了赵军的军心和整个作战部署，使其无法分清战场形势，导致自乱阵脚，在汉军的前后夹击之下，一溃而泻千里，陷于灭顶之灾。

井陉之战获胜后，汉军的一些将领向韩信请教胜利的原因，韩信回答说："'背水阵'在兵法上也是有的，即所谓'投之亡地然后存，陷之死地然后生'。我军大多是刚刚招募来的新兵，没有经过严格正规的训练，如同赶着集市上的人群去冲锋陷阵一样。因此，必须把他们置于后退无路的'死地'，他们才会拼死战斗，否则就会导致失败。"由此可见，韩信之所以能够背水列阵而破敌，正是他活学兵法、超常用兵的结果。

《唐太宗李卫公问对》继承和发展了孙子"奇正相生"思想，提出"吾之正，使敌视以为奇；吾之奇，使敌视以为正""以奇为正，以正为奇，变

---

① 《武经总要·制度四·奇兵》。
② 《明太祖宝训·谕将士》。

化莫测""善用兵者，无不正，无不奇，使敌莫测，故正亦胜，奇亦胜"的新阐释。该书认为，把这规定为"正"，把那规定为"奇"，只是在训练时才那样做，到了战场上，就无所不正，无所不奇，一切要依据具体的作战态势和敌情变化而定；如果死守预先规定好的奇正，而不知变化，就会正也不是正，奇也未必奇，因为这本身就违背了奇正原则。《唐太宗李卫公问对》的这一阐释，揭示了孙子"奇正"理论的精义所在。

《孙子兵法》原文及译文

计 篇

孙子曰：兵者，国之大事，死生之地，存亡之道，不可不察也。

【译文】

孙子说：战争是国家的大事，它关系到民众的生死、国家的存亡，不可不认真考察、仔细研究。

故经之以五事，校之以计，而索其情：一曰道，二曰天，三曰地，四曰将，五曰法。道者，令民与上同意也，故可以与之死，可以与之生，而不畏危。天者，阴阳、寒暑、时制也。地者，远近、险易、广狭、死生也。将者，智、信、仁、勇、严也。法者，曲制、官道、主用也。凡此五者，将莫不闻，知之者胜，不知者不胜。故校之以计，而索其情，曰：主孰有道？将孰有能？天地孰得？法令孰行？兵众孰强？士卒孰练？赏罚孰明？吾以此知胜负矣。

【译文】

因此，要通过对敌我五个方面的分析，通过对双方七种情况的比较，来探求战争胜负的情势。一是政治，二是天时，三是地利，四是将才，五是制度。所谓政治，就是要让民众认同和拥护君主的意愿，使得他们能够为君主而生，为君主而死，不惧怕危险。所谓天时，就是指昼夜晴晦、寒冷酷热，四时节候的变化。所谓地利，就是指征途的远近，地势的险峻或平坦，作战区域的开阔或狭窄，地形对于攻守的益处或弊害。所谓将才，就是说将帅要具备足智多谋、赏罚有信、爱抚部属、勇敢坚毅、严于律己等品质。所谓制度，就是指军队组织体制的建设、各级将吏的管理、军需物资的掌管。以上五个方面，身为将帅者不能不了解，充分了解这些情况就能打胜仗，不了解这些情况，就不能打胜仗。所以将帅必须通过对双方七种情况的比较，来求得对战争情势的认识：哪一方君主政治清明？哪一方将帅更有才能？哪一方拥有天时地利？哪一方能够贯彻法令？哪一方武器装备精良？哪一方士卒训练有素？哪一方赏罚公正严明？我们根据这些，就可以判断谁负谁胜。

将听吾计，用之必胜，留之；将不听吾计，用之必败，去之。

【译文】

如果能听从我的计谋，指挥作战就一定会取胜，我就留下；假如不能听从我的计谋，指挥作战就必败无疑，我就告辞离去。

计利以听，乃为之势，以佐其外。势者，因利而制权也。

【译文】

在精心筹划的方略已被采纳的情况下，还要设法造成一种态势，用来辅佐战略计划的实现。所谓态势，即依凭有利于己的条件，采取灵活机动的应变措施，以掌握战场上的主动权。

兵者，诡道也。故能而示之不能，用而示之不用，近而示之远，远而示之近。利而诱之，乱而取之，实而备之，强而避之，怒而挠之，卑而骄之，佚而劳之，亲而离之。攻其无备，出其不意。此兵家之胜，不可先传也。

用兵打仗是一种诡诈奇谲的行为，因此必须做到：能打，却装作不能打；要打，却装作不想打。明明要打近处，却装作要打远处；实际要打远处，却装作要打近处。敌人贪利，就用小利引诱他；敌人混乱，就乘机攻取他；敌人力量充实，就注意防备他；敌人兵卒强锐，就暂时避开他的锋芒；敌人暴躁易怒，就设法挑逗、扰乱他；敌人卑怯谨慎，就设法使他骄横；敌人休整良好，就设法使他疲劳；敌人内部和睦，就设法离间分化他。要在敌人没有防备处发动进攻，在敌人意料不到时采取行动。所有这些，正是军事家指挥艺术的奥妙精髓，是不可预先传授、说明的。

夫未战而庙算胜者，得算多也；未战而庙算不胜者，得算少也。多算胜，少算不胜，而况于无算乎？吾以此观之，胜负见矣。

【译文】

凡在开战之前就预计能够取胜的，是因为筹划周密、胜利条件充分；凡在开战之前就预计到不能取胜的，是因为筹划不周、胜利条件匮乏。筹划周密、条件充分的就能取胜，筹划不周、条件缺乏的就无法取胜，更何况没有筹划、毫无条件呢？我们依据这些因素来观察分析，那么胜负的趋势也就显而易见了。

作战篇

　　孙子曰：凡用兵之法，驰车千驷，革车千乘，带甲十万，千里馈粮，则内外之费，宾客之用，胶漆之材，车甲之奉，日费千金，然后十万之师举矣。其用战也胜，久则钝兵挫锐，攻城则力屈，久暴师则国用不足。夫钝兵挫锐，屈力殚货，则诸侯乘其弊而起，虽有智者，不能善其后矣。故兵闻拙速，未睹巧之久也。夫兵久而国利者，未之有也。故不尽知用兵之害者，则不能尽知用兵之利也。

【译文】

　　孙子说：凡兴师打仗的通常规律是，需要动用战车千辆、辎重车千辆、军队十万，同时还要越境千里运送军粮。前方后方的经费，款待列国使节的费用，胶漆等修理器材的用度，车辆兵甲的开销，每天都要耗费千金，做好这些准备，十万之师才能出动。用兵打仗，贵在速胜，旷日持久就会使军队疲惫、锐气受挫。攻打城池，会使得兵力耗竭；军队长期在野外作战，会使国家财力不继。如果军队疲惫，士气受挫，实力耗尽，国家经济枯竭，那么诸侯列国便会乘此危机发兵进攻，那时候即使有智慧超群的人，也将无法挽回危局。所以，用兵打仗，只听说过指挥虽拙但求速胜的情况，而没有见过讲究指挥工巧而追求旷日持久的现象。战事久拖不决而对国家有利的情形，从来不曾有过。因此，不完全了解用兵弊害的人，也就无法真正理解用兵的益处。

善用兵者，役不再籍，粮不三载。取用于国，因粮于敌，故军食可足也。

【译文】

善于用兵打仗的人，兵员不用再次征集，粮草不用多次运送。武器装备由国内提供，粮食给养在敌国补充，这样，军队粮食供给也就充足了。

国之贫于师者远输，远输则百姓贫。近于师者贵卖，贵卖则百姓财竭。财竭则急于丘役。力屈、财殚，中原内虚于家。百姓之费，十去其七；公家之费，破车罢马，甲胄矢弩，戟盾蔽橹，丘牛大车，十去其六。

【译文】

国家之所以因用兵而导致贫困，就是由于远道运输。远道运输，就会使百姓陷于贫困。临近驻军的地区物价必定飞涨，从而使得百姓财富耗尽，财富耗尽就必然会加重赋役。人力、财力耗尽，国内便家家空虚。百姓的财产将会耗去十分之七，国家的财产也会由于车辆的损坏，马匹的疲敝，盔甲、弓箭、戟盾、矛橹的制作和补充以及大牛大车的征调而消耗掉十分之六。

故智将务食于敌，食敌一钟，当吾二十钟；萁秆一石，当吾二十石。

【译文】

所以，明智的将帅总是务求在敌国解决粮草的供给问题。消耗敌国的一钟粮食，等同于从本国运送二十钟。耗费敌国的一石草料，相当于从本国运送二十石。

故杀敌者，怒也；取敌之利者，货也。故车战，得车十乘已上，赏其先得者，而更其旌旗，车杂而乘之，卒善而养之，是谓胜敌而益强。

要使军队英勇杀敌，就应激发士兵同仇敌忾的士气；要想夺取敌人的军需物资，就必须借助物质奖励。在车战中，凡是缴获战车十辆以上的，就奖赏最先夺得战车的人。同时，要更换战车上的旗帜，混合编入自己的战车行列。对敌俘要予以优待和任用。这也就是说越是战胜敌人，自己也就越强大。

故兵贵胜，不贵久。

故知兵之将，生民之司命，国家安危之主也。

【译文】

因此，用兵打仗贵在速战速决，而不宜旷日持久。

懂得用兵之道的将帅，是民众生死的掌握者，是国家安危存亡的主宰。

谋攻篇

孙子曰：凡用兵之法，全国为上，破国次之；全军为上，破军次之；全旅为上，破旅次之；全卒为上，破卒次之；全伍为上，破伍次之。是故百战百胜，非善之善者也；不战而屈人之兵，善之善者也。

【译文】

孙子说：一般的战争指导法则是，使敌国举国降服为上策，而击破敌国就略逊一筹；使敌人全"军"完整地降服为上策，而击溃敌人的"军"就略逊一筹；使敌人全"旅"完整地降服为上策，而打垮敌人的"旅"就略逊一筹；使敌人的"卒"全都降服为上策，而击败敌人的"卒"就略逊一筹；使敌人的"伍"完整地降服为上策，而击败敌人的"伍"就略逊一筹。因此，百战百胜，并不就是高明中最高明的；不经交战而能使敌人屈服，这才算是高明中最高明的。

故上兵伐谋，其次伐交，其次伐兵，其下攻城。攻城之法，为不得已。修橹轒辒，具器械，三月而后成，距堙，又三月而后已。将不胜其忿而蚁附之，杀士三分之一而城不拔者，此攻之灾也。故善用兵者，屈人之兵而非战也，拔人之城而非攻也，毁人之国而非久也。必以全争于天下，故兵不顿而利可全，此谋攻之法也。

所以，用兵的上策是运用谋略战胜敌人，其次是用兵威慑服敌人，再次是击败敌人的军队，下策是攻打敌人的城池。选择攻城的做法实出于不得已。制造攻城的大盾和四轮大车，准备攻城的器械，要费时数个月才能完成；而构筑用于攻城的土山，又要花费几个月时间才能竣工。将帅克制不住自己愤怒的情绪，驱使士卒像蚂蚁一样去爬梯攻城，结果士卒损失了三分之一，而城池却仍旧未能攻克。这就是攻城所带来的灾难。所以，善于用兵的人，不是靠交战使敌人屈服，不是靠强攻攻占敌人的城池，不是靠久战毁灭敌人的国家。一定要用全胜的方略争胜于天下。所以，自己的军队不至于疲惫受挫，而胜利却能够圆满实现，这就是以谋略胜敌的原则。

故用兵之法，十则围之，五则攻之，倍则分之，敌则能战之，少则能逃之，不若则能避之。故小敌之坚，大敌之擒也。

【译文】

用兵的原则是，拥有十倍于敌的兵力就包围敌人，拥有五倍于敌的兵力就进攻敌人，拥有两倍于敌的兵力就设法分散敌人，兵力与敌相等就要努力抗击敌人，兵力少于敌人就要撤退，兵力无法与敌人匹敌就要避免决战。所以，弱小的军队如果一味坚守硬拼，就势必沦为强大敌人的俘虏。

夫将者，国之辅也，辅周则国必强，辅隙则国必弱。

故君之所以患于军者三：不知军之不可以进而谓之进，不知军之不可以退而谓之退，是谓縻军。不知三军之事，而同三军之政，则军士惑矣。不知三军之权，而同三军之任，则军士疑矣。三军既惑且疑，则诸侯之难至矣，是谓乱军引胜。

【译文】

将帅是国家的辅佐。辅助周密，国家就一定强盛；辅助有缺陷，国家就一定衰弱。

国君危害军事行动的情况有以下三种：不了解军队不能前进而硬要求军队前进，不了解军队不能后退而强令军队后退，这叫作束缚军队；不了解军队的内部事务而去干预军队的行政，就会使得将士迷惑；不懂得作战中的权宜机变而去干涉军队的指挥，就会使得将士产生疑虑。军队既迷惑又存有疑虑，那么诸侯列国乘机进犯的灾难也就随之降临了。这就叫作自乱其军，自寻败亡。

故知胜有五：知可以战与不可以战者胜，识众寡之用者胜，上下同欲者胜，以虞待不虞者胜，将能而君不御者胜。此五者，知胜之道也。

故曰：知彼知己者，百战不殆；不知彼而知己，一胜一负；不知彼不知己，每战必殆。

【译文】

能够预知胜利的情况共有五种：知道可以同敌人打或不可以同敌人打的，能够胜利；了解兵力多少的不同用法的，能够胜利；全军上下意愿一致的，能够胜利；以有准备对付无准备的，能够胜利；将帅有才能而国君不加掣肘的，能够胜利。凡此五项，就是预知胜负的方法。

所以说，既了解敌人，又了解自己，那么打上百仗都不会有任何危险；虽不了解敌人，但了解自己，那么，有时能胜利，有时会失败；既不了解敌人，又不了解自己，那么每次用兵都必然会有危险。

形　篇

孙子曰："昔之善战者，先为不可胜，以待敌之可胜。不可胜在己，可胜在敌。故善战者，能为不可胜，不能使敌之可胜。故曰：胜可知，而不可为。"

【译文】

孙子说：从前善于用兵打仗的人，总是先做到不会被敌人战胜，然后再等待时机战胜敌人。不会被敌人战胜的主动权掌握在自己手中，能否战胜敌人则取决于敌人是否有隙可乘。所以善于用兵打仗的人，能够创造不被敌人战胜的条件，但却不可能做到使敌人一定会被自己战胜。所以说，胜利可以预知，却不可强求。

不可胜者，守也；可胜者，攻也。守则不足，攻则有余。善守者，藏于九地之下，善攻者，动于九天之上，故能自保而全胜也。

【译文】

想要不被敌人战胜，在于防守严密；想要战胜敌人，在于进攻得当。实行防御，是由于兵力不足；实施进攻，是因为兵力有余。善于防守的人，把自己的兵力如同深藏于地下一般隐藏起来；善于进攻的人，展开自己的兵力时就像神兵自九霄而降，所以，既能够保全自己，又能夺取胜利。

见胜不过众人之所知，非善之善者也；战胜而天下曰善，非善之善者也。故举秋毫不为多力，见日月不为明目，闻雷霆不为聪耳。古之所谓善战者，胜于易胜者也。故善战者之胜也，无智名，无勇功。故其战胜不忒。不忒者，其所措必胜，胜已败者也。故善战者，立于不败之地，而不失敌之败也。是故胜兵先胜而后求战，败兵先战而后求胜。善用兵者，修道而保法，故能为胜败之政。

【译文】

预见胜利但没超越普通人的见识，这算不得是高明中最高的。通过激战而取得胜利，即使普天下人都说好，也不算是高明中最高明的。这如同能举起秋毫算不得力大，能看见日月称不上目明，能听到雷霆算不上耳聪一样。古时候所谓善于打仗的人，只是战胜了那些容易战胜的敌人罢了。因此，善于用兵的人打了胜仗，既不显露智慧的名声，也不表现出勇武的战功。他们取得胜利，是不会有差错的。其之所以不会有差错，是由于他们的作战措施建立在必胜的基础之上，是战胜那些业已处在失败地位的敌人。善于用兵打仗的人，总是确保自己先立于不败之地，同时从不放过任何击败敌人的机会。所以，胜利的军队总是先创造取胜的条件，而后才寻求同敌人决战；而失败的军队却总是先同敌人交战，而后寻求侥幸取胜。善于指导战争的人，总是善于修明政治、确保健全法制，从而能掌握战争胜负的决定权。

兵法：一曰度，二曰量，三曰数，四曰称，五曰胜。地生度，度生量，量生数，数生称，称生胜。故胜兵若以镒称铢，败兵若以铢称镒。胜者之战民也，若决积水于千仞之溪者，形也。

【译文】

兵法的基本原则有五条：一是"度"，二是"量"，三是"数"，四是"称"，五是"胜"。敌我所处地域的不同，产生双方土地幅员大小不同的"度"；敌我地幅大小——"度"的不同，产生双方物质资源丰瘠不同的"量"；敌我物质资源丰瘠——"量"的不同，产生双方兵员多寡不同的"数"；敌我兵员多寡——"数"的不同，产生双方军事实力强弱不同的"称"；敌我军事实力强弱——"称"的不同，最终决定了战争的胜负成败。胜利的军队较之于失败的军队，有如以"镒"比"铢"那样，占有绝对的优势；而失败的军队较之于胜利的军队，则就像用"铢"比"镒"那样，处于绝对的劣势。胜利者指挥军队进行战斗，就像从万丈悬崖流淌下的溪水冲开山涧的积水一样，所向披靡，这就是军事实力的"形"。

势　篇

孙子曰：凡治众如治寡，分数是也。斗众如斗寡，形名是也。三军之众，可使必受敌而无败者，奇正是也。兵之所加，如以碫投卵者，虚实是也。

【译文】

孙子说：通常而言，管理大部队如同管理小部队一样，这属于军队的组织编制问题；指挥大部队作战如同指挥小部队作战一样，这属于指挥号令的问题；整个部队遭到敌人的进攻而不致失败，这属于"奇正"的战术变化问题；军队对敌实施打击，如同以石击卵一样，这属于"避实击虚"原则的正确运用问题。

凡战者，以正合，以奇胜。故善出奇者，无穷如天地，不竭如江河。终而复始，日月是也；死而复生，四时是也。声不过五,五声之变，不可胜听也。色不过五,五色之变，不可胜观也。味不过五,五味之变，不可胜尝也。战势不过奇正，奇正之变，不可胜穷也。奇正相生，如循环之无端，孰能穷之？

【译文】

一般的作战，总是以"正兵"对敌，用"奇兵"取胜。因此，善于出奇制胜的人，其战法有如苍天大地那样变化无穷，如长江黄河那样奔腾不

　　　　　　　　　　第二部分　《孙子兵法》原文及译文

息。终而复始，就象日月的运行；去而又来，如同四季的更替。声音不过五个音阶，然而五音的变化却不可尽听；最根本的颜色不过五种，然而五色的变化却不可尽观；滋味不过五样，然而五味的变化却不可尽尝。作战的方式不过"奇""正"两种，可是"奇""正"的变化，却永远未可穷尽。"奇""正"之间的相互转化，就像顺着圆环旋转似的，无始无终，又有谁能够穷尽它啊！

激水之疾，至于漂石者，势也；鸷鸟之疾，至于毁折者，节也。是故善战者，其势险，其节短。势如彍弩，节如发机。

【译文】

湍急的流水飞快地奔泻，以致能移动巨石，这就是流速迅捷的"势"；鸷鸟高飞猛击，以致能捕杀鸟雀，这就是短促急疾的"节"。因此，善于指挥作战的人所造成的态势险峻逼人，进攻的节奏短促有力。险峻的态势就像张满的弓弩，迅疾的节奏犹似击发弩机。

纷纷纭纭，斗乱而不可乱也；浑浑沌沌，形圆而不可败也。乱生于治，怯生于勇，弱生于强。治乱，数也；勇怯，势也；强弱，形也。故善动敌者，形之，敌必从之；予之，敌必取之。以利动之，以卒待之。

【译文】

战旗纷乱，人马杂沓，在混乱之中作战要做到军队整齐不乱。浑浑沌沌，迷迷蒙蒙，要布阵周密，保持态势而不致失败。向敌诈示混乱，是由于己方组织编制的严整；向敌诈示怯懦，是由于己方具备勇敢的素质；向敌诈示弱小，是由于己方拥有强大的兵力。严整或者混乱，是由组织编制的好坏决定的；勇敢或者怯懦，是由作战态势的优劣造成的；强大或者弱小，是由双方实力大小的对比显现的。所以善于调动敌人的指挥者，伪装假象以迷惑敌人，敌人便会听从调动；用小利来引诱敌人，敌人就会前来争夺。用这样的办法积极调动敌人，再预备重兵伺机掩击它。

故善战者，求之于势，不责于人，故能择人而任势。任势者，其战人也，如转木石。木石之性，安则静，危则动，方则止，圆则行。故善战人之势，如转圆石于千仞之山者，势也。

【译文】

因此，善于用兵打仗的人，总是努力创造有利的态势，而不对部属求全责备。所以他能够选择人才去利用和创造有利的态势。善于利用态势的人指挥部队作战，就如同滚动木头、石头一般。木头和石头的特性是，置放在平坦安稳之处就静止，置放在险峻陡峭之处就滚动。方的容易静止，圆的滚动灵活。所以，善于指挥作战的人所造成的有利态势，就像将圆石从万丈高山上推滚下来那样，无可阻挡，这就是所谓的"势"。

虚实篇

孙子曰：凡先处战地而待敌者佚，后处战地而趋战者劳。故善战者，致人而不致于人。能使敌人自至者，利之也；能使敌人不得至者，害之也。故敌佚能劳之，饱能饥之，安能动之。

【译文】

孙子说：凡先占据战场，等待敌人来犯的就安逸主动，后抵战场、仓促应战的就疲惫被动。所以善于指挥作战的人总是能够调动敌人而不被敌人所调动。使敌人自动进入自己预定的地域，是用小利引诱的缘故；使敌人不能抵达其预定地域的，则是设置重重困难阻挠的缘故。敌人休整良好，就设法使他们疲劳；敌人粮食充足，就设法使他们饥饿；敌人驻扎安稳，就设法使他们移动。

出其所不趋，趋其所不意。行千里而不劳者，行于无人之地也。攻而必取者，攻其所不守也；守而必固者，守其所不攻也。故善攻者，敌不知其所守；善守者，敌不知其所攻。微乎微乎，至于无形，神乎神乎，至于无声，故能为敌之司命。

【译文】

要出击敌人无法驰救的地方，要奔袭敌人未曾预料之处。行军千里而不劳累，是因为在敌人没有防备的地区行军；进攻而必定能够取胜，是因为进攻的是敌人无法防御的地点；防守而必能稳固，是因为扼守的是敌人没法进攻的地方。所以善于进攻的人，能使敌人不知道该如何防守；善于防御的人，能使敌人不知道该怎么进攻。微妙啊！微妙到看不出任何形迹！神奇呀！神奇到听不见丝毫声息。所以才能够成为敌人命运的主宰。

进而不可御者，冲其虚也；退而不可追者，速而不可及也。故我欲战，敌虽高垒深沟，不得不与我战者，攻其所必救也；我不欲战，画地而守之，敌不得与我战者，乖其所之也。

【译文】

前进而使敌人无法抵御，是由于袭击的是敌人懈怠空虚的地方；撤退而使敌人不能追击，是因为行动迅速而使得敌人追赶不及。所以我军要交战时，敌人即使高垒深沟也不得不出来与我军交锋，这是因为我们攻击了敌人所必救的地方。我军不想交战时，即使是画地防守，敌人也无法同我军交锋，这是因为我们诱使敌人改变了进攻方向。

故形人而我无形，则我专而敌分；我专为一，敌分为十，是以十攻其一也。则我众而敌寡，能以众击寡者，则吾之所与战者，约矣。吾所与战之地不可知，不可知，则敌所备者多，敌所备者多，则吾所与战者寡矣。故备前则后寡，备后则前寡，备左则右寡，备右则左寡，无所不备，则无所不寡。寡者，备人者也；众者，使人备己者也。

【译文】

要使敌人显露军情而我军不露痕迹，这样，我军兵力就可以集中，而敌军兵力却不得不分散。我们的兵力集中在一起，敌人的兵力分散在十处，这样，我们就能以十倍于敌的兵力去进攻敌人，从而造成我众而敌寡的有利态势。能做到集中优势兵力攻击处于劣势的敌人，那么同我军正面交战的敌人也就有限了。我们所要进攻的地方敌人无从知道,既无从知道,那么他所需防备的地方就多了;敌人防备的地方越多,那么我们所要进攻的敌人就越单薄。因此,防备了前面,后面的兵力就薄弱;防备了后面,前面的兵力就薄弱。处处加以防备,就处处兵力薄弱。兵力之所以薄弱,是因为处处分兵防备;兵力之所以充足,是因为迫使敌人处处分兵防备。

故知战之地,知战之日,则可千里而会战。不知战地,不知战日,则左不能救右,右不能救左,前不能救后,后不能救前,而况远者数十里,近者数里乎?以吾度之,越人之兵虽多,亦奚益于胜败哉?故曰:胜可为也,敌虽众,可使无斗。

【译文】

所以,如能预知交战的地点,预知交战的时间,那么即使跋涉千里也可以去同敌人会战。不能预知在什么地方打,不能预知在什么时间打,就会导致左翼救不了右翼,右翼救不了左翼,前面不能救后面,后面不能救前面,何况想要在远达数十里、近在数里的范围内做到应对自如呢?依我分析,越国的军队虽多,但对于取得战争的胜利又有什么补益呢?所以说,胜利是可以造就的,敌军虽多,但可以使他们无法同我较量。

故策之而知得失之计,作之而知动静之理,形之而知死生之地,角之而知有余不足之处。故形兵之极,至于无形。无形,则深间不能窥,智者不能谋。因形而错胜于众,众不能知;人皆知我所以胜之形,而莫知吾所以制胜之形。故其战胜不复,而应形于无穷。

【译文】

所以,要通过认真地筹算来分析敌人作战计划的优劣,要通过挑动敌人来了解敌人的活动规律,要通过佯动示形来试探敌人生死命脉的所在,要通过小规模交锋来了解敌人兵力的虚实强弱。所以佯动示形进入最高的境界，就再也看不出什么形迹。看不出形迹，那么，即使是深藏的间谍也窥察不了我军底细，老谋深算的敌人也想不出对策。根据敌情变化而灵活运用战术，即便把胜利摆放在众人面前，众人仍然不能看出其中的奥妙。人们只能知道我用来战胜敌人的办法，但无从知道我是怎样用这些办法出奇制胜的。所以我的每一次取胜，都不是简单的重复，而是适应各种不同的情况，变化无穷的结果。

夫兵形象水，水之形，避高而趋下；兵之形，避实而击虚。水因地而制流，兵因敌而制胜。故兵无常势，水无常形，能因敌变化而取胜者，谓之神。故五行无常胜，四时无常位，日有短长，月有死生。

【译文】

用兵的规律就像流水，流水的属性是避开高处而流向低处，用兵的规律是避开敌人的坚实之处而攻击敌人的弱点。水因地形的高低而改变其流向，作战则根据不同的敌情而制定取胜的方略。所以，用兵打仗没有固定刻板的态势，正如水的流动不曾有一成不变的形态一样。能够根据敌情变化而灵活机动取胜的，就叫作用兵如神。五行相生相克没有固定的常胜，四季轮流更替也没有不变的位置，白天有短有长，月亮也有缺有圆。

军争篇

孙子曰：凡用兵之法，将受命于君，合军聚众，交和而舍，莫难于军争。军争之难者，以迂为直，以患为利。故迂其途而诱之以利，后人发，先人至，此知迂直之计者也。

【译文】

孙子说：大凡用兵的法则，将帅接受国君命令，从征集民众、组织军队直到同敌人对阵，在这中间没有比争夺制胜条件更为困难的。而争夺制胜条件最困难的地方，在于把迂回的弯路变为直路，把不利转化为有利。同时，要使敌人的近直之利变为迂远之患，并用小利引诱敌人，这样就能比敌人后出动而先抵达必争的战略要地。这就是掌握了以迂为直的方法。

故军争为利，军争为危。举军而争利，则不及；委军而争利，则辎重捐。是故卷甲而趋，日夜不处，倍道兼行，百里而争利，则擒三将军。劲者先，疲者后，其法十一而至。五十里而争利，则蹶上将军，其法半至；三十里而争利，则三分之二至。是故军无辎重则亡，无粮食则亡，无委积则亡。

【译文】

军争既有有利的一面，同时也有危险的一面。假如全军携带所有辎重去争利，就无法按时抵达预定地域；如果放下辎重装备去争利，辎重装备就会损失。因此，卷起铠甲轻装快速前进，日夜兼程，走上百里路去争利，三军的将领就可能被敌所俘。健壮的士卒先到，羸弱的士卒掉队，其结果是只会有十分之一的兵力到位。走五十里路去争利，就会损折前军的主将，只有一半的兵力能够到位；走上三十里路去争利，也只会有三分之二的兵力能赶到。须知军队没有辎重就不能生存，没有粮食就不能生存，没有物资就不能生存。

故不知诸侯之谋者，不能豫交；不知山林、险阻、沮泽之形者，不能行军；不用乡导者，不能得地利。故兵以诈立，以利动，以分合为变者也。故其疾如风，其徐如林，侵掠如火，不动如山，难知如阴，动如雷震，掠乡分众，廓地分利，悬权而动。先知迂直之计者胜，此军争之法也。

【译文】

所以，不了解诸侯列国的战略意图，不能与其结交；不熟悉山林、险阻、沼泽的地形，不能行军；不重用向导，便不能得到地利。所以用兵打仗必须依靠诡诈多变来争取成功，依据是否有利来决定自己的行动，按照分散或集中兵力的方式来变换战术。所以，军队行动迅速时就像疾风骤起，行动舒缓时就像林木森然不乱，攻击敌人时像烈火炽焚，实施防御时像山岳耸峙。隐蔽时如同阴天时乌云蔽日，冲锋时如同雷霆万钧，迅猛无比。分遣兵众，掳掠敌方的乡邑，分兵扼守要地，扩展自己的领土，权衡利害关系，然后相机行动。懂得以迂为直的将帅就能取得胜利，这是争夺制胜条件的原则。

《军政》曰："言不相闻，故为金鼓；视不相见，故为旌旗。"夫金鼓旌旗者，所以一人之耳目也。人既专一，则勇者不得独进，怯者不得独退，此用众之法也。故夜战多火鼓，昼战多旌旗，所以变人之耳目也。

【译文】

《军政》里说道："战时军队中听不到将领喊话，所以设置金鼓；战时看不见将领的指挥动作，所以设置旌旗。"这些金鼓、旌旗，是用来统一部队上下的视听的。全军上下既然一致，那么，勇敢的士兵不能独自冒进，怯懦的士兵也不敢独自后退了。这就是指挥大部队作战的方法。所以夜间作战多用火光、锣鼓，白昼作战多用旌旗，这都是为了适应士卒耳目视听上的需要。

故三军可夺气，将军可夺心。是故朝气锐，昼气惰，暮气归。故善用兵者，避其锐气，击其惰归，此治气者也。以治待乱，以静待哗，此治心者也。以近待远，以佚待劳，以饱待饥，此治力者也。无邀正正之旗，勿击堂堂之陈，此治变者也。

【译文】

对于敌人的军队，可以挫伤其士气；对于敌军的将帅，可以扰乱其心志。军队刚投入战斗时士气饱满，过了一段时间，士气就逐渐衰退，到了最后，士气就完全衰竭了。所以善于用兵的人，总是先避开敌人初来时的锐气，等到敌人士气衰退时再去打击他们，这就是掌握了运用军队士气的方法。用己方的严整来对付敌方的混乱，用己方的镇静来对付敌方的急躁，这是掌握将帅心理的手段。用自己部队接近战场的优势来对付远道而来的敌人，用自己部队安逸休整的优势来对付疲于奔命的敌人，用自己的部队粮饷充足的优势来对付饥饿不堪的敌人，这是把握军队战斗力的秘诀。不要去拦击旗帜整齐的敌人，不要去进攻阵容堂皇的敌人，这是掌握灵活机变的原则。

故用兵之法，高陵勿向，背丘勿逆，佯北勿从，锐卒勿攻，饵兵勿食，归师勿遏，围师必阙，穷寇勿迫。此用兵之法也。

【译文】

用兵的法则是：敌人占领山地就不要去仰攻，敌人背靠高地就不要从正面迎击，敌人假装败退就不要跟踪追击。不要去攻击敌人的精锐，不要理睬敌人的诱兵，不要拦截正在撤回本国的敌军。包围敌人一定要虚留缺口，不要过分地逼迫陷入绝境的敌人。这些都是用兵的法则。

九变篇

孙子曰：凡用兵之法，将受命于君，合军聚众，圮地无舍，衢地交合，绝地无留，围地则谋，死地则战。途有所不由，军有所不击，城有所不攻，地有所不争，君命有所不受。故将通于九变之地利者，知用兵矣。将不通于九变之利者，虽知地形，不能得地之利矣。治兵不知九变之术，虽知五利，不能得人之用矣。

【译文】

孙子说：用兵的法则大致如下：将帅接受国君的命令，征集民众组织军队，出征时在"圮地"上不可驻扎，在"衢地"上应结交邻国，在"绝地"上不要停留，遇上"围地"要巧设奇谋，陷入"死地"要殊死战斗。有些道路不要通行，有些敌军不要攻打，有些城邑不要攻取，有些地方不要争夺，国君的一些命令不要执行。所以将帅如果能够精通各种机变的利弊，就是懂得用兵了。将帅如果不能精通各种机变的利弊，那么即使了解地形，也不能得到地形之利。将帅指挥军队而不知道各种机变的方法，那么即使知道"五利"也是不能充分发挥军队的战斗力的。

是故智者之虑，必杂于利害。杂于利而务可信也，杂于害而患可解也。是故屈诸侯者以害，役诸侯者以业，趋诸侯者以利。

故用兵之法，无恃其不来，恃吾有以待也；无恃其不攻，恃吾有所不可攻也。

【译文】

所以，聪明的将帅考虑问题，必须充分兼顾到"利""害"两个方面。在不利的情况下看到有利的条件，大事便可顺利进行；在顺利的情况下看到不利的因素，祸患就能预先排除。要用各国诸侯最厌恶的事情去逼迫他们，迫使他们屈服；要用各国诸侯感到危险的事情去困扰他们，迫使他们听从我们的驱使；要用小利去引诱各国诸侯，迫使他们被动奔走。

用兵的原则是：不要寄希望于敌人不来，而要依靠自己已做好的充分的准备；不要寄希望于敌人不进攻，而要依靠自己拥有的使敌人无法进攻的力量。

故将有五危：必死，可杀也；必生，可虏也；忿速，可侮也；廉洁，可辱也；爱民，可烦也。凡此五者，将之过也，用兵之灾也。覆军杀将，必以五危，不可不察也。

【译文】

将帅有五种致命的弱点：只知道死拼蛮干，就可能被诱杀；只顾贪生活命，就可能被俘虏；急躁易怒，就可能中敌人的奸计而被骗妄动；一味廉洁好名，就可能因被敌人羞辱而陷入圈套；爱民过甚，就会因敌人频繁扰民而不得安宁。以上五点，是将帅的过错，也是用兵的灾难。军队覆灭，将帅被敌擒杀，一定是由这五种弱点引起的，对此不可不予以高度的警惕。

行军篇

孙子曰：凡处军、相敌：绝山依谷，视生处高，战隆无登，此处山之军也。绝水必远水；客绝水而来，勿迎之于水内，令半济而击之，利；欲战者，无附于水而迎客；视生处高，无迎水流，此处水上之军也。绝斥泽，惟亟去无留；若交军于斥泽之中，必依水草而背众树，此处斥泽之军也。平陆处易，而右背高，前死后生，此处平陆之军也。凡此四军之利，黄帝之所以胜四帝也。

【译文】

孙子说：凡是处置、部署军队和观察判断敌情，都应该注意，通过山地，要靠近有水草的山谷，驻扎在居高向阳的地方，不要去仰攻敌人占据的高地。这是在山地部署机动军队的原则。横渡江河，必须在远离江河处驻扎；敌人渡水来战，不要在江河中予以迎击，而要等敌人渡过一半时再进行攻击，这样才有利；如果要同敌人决战，不要紧挨水边布兵列阵；在江河地带驻扎也应当居高向阳，不可面迎水冲。这是在江河地带部署机动军队的原则。通过盐碱沼泽地带时，应该迅速离开，不要停留；倘若同敌人相遇于盐碱沼泽地带，那就一定要靠近有水草的地方并背靠树林。这是在盐碱沼泽地带部署机动军队的原则。在平原地带，要占领平坦开阔的地域，而侧翼则应依托高地，做到前低后高。这是在平原地带部署机动军队的原则。运用以上四种军队部署原则带来的好处，正是黄帝之所以能战胜其他"四帝"的原因。

凡军好高而恶下，贵阳而贱阴，养生而处实，军无百疾，是谓必胜。丘陵堤防，必处其阳而右背之。此兵之利，地之助也。上雨，水沫至，欲涉者，待其定也。凡地，有绝涧、天井、天牢、天罗、天陷、天隙，必亟去之，勿近也。吾远之，敌近之；吾迎之，敌背之。军行有险阻、潢井、葭苇、山林、翳荟者，必谨覆索之，此伏奸之所处也。

【译文】

一般情况下，驻军总是以干燥的高地为优，而不选择潮湿的洼地，重视向阳之处，避开阴湿之地，靠近水草多的地区，军需供应就会充足，将士百病不生，这样，克敌制胜就有了保证。在丘陵、堤防地域，必须占领朝南向阳的一面，而让主要侧翼背靠着它。这些对用兵有利的处置，是利用地形作为辅助条件的。遇到上游下雨涨水，洪水骤至，想要涉水过河，得等待水流平稳后再过。凡是遇上绝涧、天井、天牢、天罗、天陷、天隙这六种地形，必须迅速离开，不要靠近。我军远远离开它们，而迫使敌人去接近它们；我军应面对它们，而迫使敌人去背靠它们。行军过程中如遇到有险峻的隘路、积水低洼处、水草丛聚地、森林和草木茂盛的地方，一定要谨慎地反复搜索，这些都是敌人可能设下伏兵和隐藏奸细的地方。

敌近而静者，恃其险也；远而挑战者，欲人之进也。其所居易者，利也。众树动者，来也；众草多障者，疑也。鸟起者，伏也；兽骇者，覆也。尘高而锐者，车来也；卑而广者，徒来也；散而条达者，樵采也；少而往来者，营军也。辞卑而益备者，进也；辞强而进驱者，退也。轻车先出居其侧者，陈也。无约而请和者，谋也。奔走而陈兵车者，期也；半进半退者，诱也。杖而立者，饥也；汲而先饮者，渴也；见利而不进者，劳也。鸟集者，虚也；夜呼者，恐也。军扰者，将不重也；旌旗动者，乱也；吏怒者，倦也。粟马肉食，军无悬瓿，不返其舍者，穷寇也。

谆谆翕翕，徐与人言者，失众也。数赏者，窘也；数罚者，困也；先暴而后畏其众者，不精之至也；来委谢者，欲休息也。兵怒而相迎，久而不合，又不相去，必谨察之。

【译文】

敌人逼近而保持安静，是倚仗他们占领着险要有利的地形；敌人离我很远而向我挑战，是想引诱我军前进落入圈套。敌人之所以驻扎在平坦地带，是因为这样做有利可图。许多树木摇曳摆动，这是敌人隐蔽地前来；草丛中有许多遮障物，这是敌人故布疑阵。鸟雀惊飞，这是下面有伏兵；野兽骇奔，这是敌人大举突袭。尘土飞扬得又高又锐直，这是敌人的战车驰来；尘土扬起低而宽广，这是敌人的步兵开来；尘土四散飞扬，这是敌人在拖曳柴薪；尘土稀薄而又时起时落，这是敌人正在结寨扎营。敌人使者措辞谦卑，军队却又在加紧战备，是想要进攻；敌人使者措辞强硬而军队又做出前进姿态的，是准备撤退。敌人战车先出动且部署在侧翼的，是在布列阵势。敌人尚未受挫而主动前来讲和，必定是另有阴谋。敌人急速奔跑并摆开兵车在阵前，是期待同我决战；敌人半进半退，是企图引诱我军上当。敌兵倚着兵器站立，是饥饿的表现；敌兵打水的人自己先喝，是干渴缺水的表现；敌人明见有利而不进兵争夺，这是疲劳的表现。敌军营寨上方飞鸟集结，表明是座空营；敌人夜间惊慌叫喊，是恐惧的表现。敌营惊扰纷乱，这是敌将没有威严；敌阵旗帜摇动不整齐，这是敌军队伍已有混乱；敌人军官易怒烦躁，表明敌军已经疲倦。敌人拿粮食喂马，杀牲口吃肉，收拾起炊具，部队不返回营寨的，是打算拼死突围的穷寇表现。敌将低声下气同部下讲话，表明敌将已失去人心。接连不断地犒赏士卒，表明敌人已无计可施；不断地处罚部属，表明敌军处境困难；敌方将领先对部下凶暴继而又害怕部下的，说明他实在是最不精明的统帅；敌人派遣使者前来送礼言好，是敌人希冀休兵息战。敌人逞怒同我对阵，可是久不交锋而又不撤退，这就必须审慎地观察他们的意图。

兵非益多也，惟无武进，足以并力、料敌、取人而已。夫惟无虑而易敌者，必擒于人。

【译文】

用兵打仗，并不重在兵力众多，只要不轻敌冒进，能做到集中兵力，判明敌情，取得部下的信任和支持，也就足够了。那种既无深谋远虑而又狂妄轻敌的人，一定会被敌人所俘虏。

卒未亲附而罚之，则不服；不服，则难用也；卒已亲附而罚不行，则不可用也。故令之以文，齐之以武，是谓必取。令素行以教其民，则民服；令不素行以教其民，则民不服。令素行者，与众相得也。

【译文】

士卒还没有亲近、依附将帅，将帅就施行惩罚，那么士卒就会不服，不服就难以遣用；士卒已经亲近、依附将帅，而军纪、军法仍得不到执行，也就无法派他们去作战。所以要用怀柔宽仁的手段去教育他们，用军纪军法去约束管制他们，这样就必定会取得部下的敬畏和拥戴。平素能够严格贯彻命令、管教士卒，士卒就会养成服从的习惯；平素不能贯彻执行军令以管教士卒，士卒就会养成不服从的习惯。平时命令能够得到贯彻执行，这表明将帅同士卒之间关系融洽。

地形篇

孙子曰：地形，有通者，有挂者，有支者，有隘者，有险者，有远者，我可以往，彼可以来，曰通。通形者，先居高阳，利粮道，以战则利。可以往，难以返，曰挂。挂形者，敌无备，出而胜之；敌若有备，出而不胜，难以返，不利。我出而不利，彼出而不利，曰支。支形者，敌虽利我，我无出也；引而去之，令敌半出而击之，利。隘形者，我先居之，必盈之以待敌；若敌先居之，盈而勿从，不盈而从之。险形者，我先居之，必居高阳以待敌；若敌先居之，引而去之，勿从也。远形者，势均，难以挑战，战而不利。凡此六者，地之道也，将之至任，不可不察也。

【译文】

孙子说：地形有"通""挂""支""隘""险""远"等六种。凡是我们可以去，敌人也可以来的地域，叫作"通"。在"通"形地域上，应抢先占领开阔向阳的高地，保持粮草补给线的畅通，这样对敌作战就有利。凡是可以前进，难以返回的地域，称作"挂"。在"挂"形地域上，假如敌人没有防备，我们可以突然出击战胜他们；倘若敌人已有防备，我们出击就不能取胜，而且难以回师，这就陷于不利和被动了。凡是我军前出不利，敌人也前出不利的地域，叫作"支"。在"支"形地域上，即使敌人以利相诱，我们也不要出击，而应该率军假装退却，诱使敌人前出一半时再回师反击，这样就占据了有利条件，掌握了主动权。我们应该先敌占领"隘"形地域，并用重兵封锁隘口，以应对敌人进犯；如果敌人已占据隘口，并用重兵把守，我们就不要去攻击；如果敌人没有用重兵据守隘口，那么就可以进攻。如果我军先敌占领"险"形地域，就必须控制开阔向阳的高地，以应对敌人来犯；如果敌人先我占领，就应该率军撤离，不要去攻打他们。在"远"形地域上，敌我双方势均力敌，就不宜挑战，勉强求战，非常不利。以上六点，是利用地形的原则。这是将帅的重大责任所在，不可不认真考察研究。

　　故兵有走者，有弛者，有陷者，有崩者，有乱者，有北者。凡此六者，非天之灾，将之过也。夫势均，以一击十，曰走；卒强吏弱，曰弛；吏强卒弱，曰陷；大吏怒而不服，遇敌怼而自战，将不知其能，曰崩；将弱不严，教道不明，吏卒无常，陈兵纵横，曰乱；将不能料敌，以少合众，以弱击强，兵无选锋，曰北。凡此六者，败之道也，将之至任，不可不察也。

【译文】

　　军队打败仗有"走""弛""陷""崩""乱""北"六种情况。这六种情况的发生，不是由于天地自然的灾害，而是将帅自身的过错。在势均力敌的情况下，以一击十而导致失败的，叫作"走"。士卒强悍、将帅懦弱而造成败北的，叫作"弛"。将帅强悍、士卒懦弱而溃败的，叫作"陷"。偏将怨愤而不服从命令，遇到敌人愤然擅自出战，主将又不了解他们的能力，因而导致失败的，叫作"崩"。将帅懦弱缺乏威严，训练教育没有章法，官兵关系混乱紧张，列兵布阵杂乱无常，因此而致败的，叫作"乱"。将帅不能正确判断敌情，以少击众，以弱击强，作战又没有精锐的先锋突击部队，因而落败的，叫作"北"。以上六种情况，均是导致作战失败的原因。这是将帅的重大责任之所在，不可不认真加以考察研究。

夫地形者，兵之助也。料敌制胜，计险厄远近，上将之道也。知此而用战者必胜，不知此而用战者必败。故战道必胜，主曰无战，必战可也；战道不胜，主曰必战，无战可也。故进不求名，退不避罪，唯人是保，而利合于主，国之宝也。

【译文】

地形是用兵打仗的辅助条件。正确判断敌情，积极掌握主动权，考察地形险厄，计算道路远近，这些都是贤能的将领必须掌握的方法。懂得这些道理去指挥作战的，必定能够胜利；不了解这些道理去指挥作战的，必定失败，所以，根据战争规律进行分析，有着必胜把握的，即使国君主张不打，坚持去打也是可以的；根据战争规律进行分析，没有必胜把握的，即使君主张一定要打，不打也是可以的。进不谋求战胜的名声，退不回避违命的罪责，只求保全民众，而有利于国君的大业，这样的将帅，乃是国家的宝贵财富。

视卒如婴儿，故可与之赴深溪；视卒如爱子，故可与之俱死。厚而不能使，爱而不能令，乱而不能治，譬若骄子，不可用也。

【译文】

对待士卒就像对待婴儿一样，那么士卒就可以同他共同经历患难；对待士卒就像对待爱子一样，那么士卒就可以跟他同生共死。如果对士卒厚待而不能使用，溺爱而不能教育，违法而不能惩治，那就如同娇惯了的子女一样，是不可以用来同敌作战的。

知吾卒之可以击，而不知敌之不可击，胜之半也；知敌之可击，而不知吾卒之不可以击，胜之半也；知敌之可击，知吾卒之可以击，而不知地形之不可以战，胜之半也。故知兵者，动而不迷，举而不穷。故曰：

知彼知己，胜乃不殆；知天知地，胜乃不穷。

【译文】

只了解自己的部队可以打，而不了解敌人不可以打，取胜的可能只有一半；只了解敌人可以打，而不了解自己的部队不可以打，取胜的可能只有一半；既知道敌人可以打，也知道自己的部队能够打，但是不了解地形不利于作战，取胜的可能性仍然只有一半。所以，懂得用兵的人一旦行动起来就不会迷惑，他的作战方法变化无穷而不致困窘。所以说，了解对方，了解自己，可以取胜而不会有危险。既懂得天时，又懂得地利，克敌制胜就会永无穷尽。

九地篇

孙子曰：用兵之法，有散地，有轻地，有争地，有交地，有衢地，有重地，有圮地，有围地，有死地。诸侯自战其地，为散地。入人之地而不深者，为轻地。我得则利，彼得亦利者，为争地。我可以往，彼可以来者，为交地。诸侯之地三属，先至而得天下之众者，为衢地。入人之地深，背城邑多者，为重地。行山林、险阻、沮泽，凡难行之道者，为圮地。所由入者隘，所从归者迂，彼寡可以击吾之众者，为围地。疾战则存，不疾战则亡者，为死地。是故散地则无战，轻地则无止，争地则无攻，交地则无绝，衢地则合交，重地则掠，圮地则行，围地则谋，死地则战。

【译文】

孙子说：根据用兵的原理，兵要地理可以区分为"散地""轻地""争地""交地""衢地""重地""圮地""围地""死地"九类。诸侯在本国境内作战的地区叫作"散地"。在敌国浅近纵深的地区叫作"轻地"。我方得到有利主动，敌人得到也有利主动的地区叫作"争地"。我军可以前往，敌军也可以前来的地区叫作"交地"。同几个诸侯国相毗邻，先期到达就可以获得诸侯列国援助的地区叫作"衢地"。深入敌国腹地，背靠敌人众多城邑的地区叫作"重地"。行进于山林险阻、水网沼泽这一类难于通行的地区叫作"圮地"。进军的道路狭窄，退兵的道路迂远，敌人可以用少量兵力攻击我方众多兵力的地区叫作"围地"。迅速奋战就能生存，不迅速奋战就会全军覆没的地区叫作"死地"。因此，处于"散地"就不宜作战，处于"轻地"就不宜停留，处于"争地"就不要勉强强攻，处于"交地"就不要断绝联络，进入"衢地"就该结交诸侯，深入"重地"就要掠取粮草，处于"圮地"就必须迅速通过，陷入"围地"就要设谋脱险，处于"死地"就要力战求生。

所谓古之善用兵者，能使敌人前后不相及，众寡不相恃，贵贱不相救，上下不相收，卒离而不集，兵合而不齐。合于利而动，不合于利而止。敢问："敌众整而将来，待之若何？"曰："先夺其所爱，则听矣。"兵之情主速，乘人之不及，由不虞之道，攻其所不戒也。

【译文】

从前善于指挥作战的人，能够使敌人前后部队不能相互策应，主力和小部队无法相互依靠，官兵之间不能相互救援，上下之间无法聚集合拢，士卒离散，难以集中，兵力集中了阵形也不整齐。对我军有利就打，对我军无利就停止行动。试问："敌人兵员众多且又阵势严整向我发起进攻，那该用什么办法对付他们呢？"回答是："先夺取敌人关键的有利条件，这样他们就不得不听从我们的摆布了。"用兵之理，贵在神速，要乘敌人猝不及防的时机，走敌人所预料不到的路径，攻击敌人没有戒备的地方。

凡为客之道，深入则专，主人不克；掠于饶野，三军足食；谨养而勿劳，并气积力，运兵计谋，为不可测。投之无所往，死且不北，死焉不得，士人尽力。兵士甚陷则不惧，无所往则固，深入则拘，不得已则斗。是故其兵不修而戒，不求而得，不约而亲，不令而信。禁祥去疑，至死无所之。吾士无余财，非恶货也；无余命，非恶寿也。令发之日，士卒坐者涕沾襟，偃卧者涕交颐。投之无所往者，诸、刿之勇也。

【译文】

在敌国境内作战，其一般规律是：深入敌国的腹地，我军的军心就会坚固，敌人就不能战胜我们。在敌国丰饶的田野上掠取粮草，全军上下的给养就有了足够的保障。要注意休整部队，不要使其过于疲劳，保持士气，积蓄力量，部署兵力，巧设计谋，使敌人无法判断我军的意图。将部队置于无路可走的绝境，士卒就会宁死不退；士卒既能宁死不退，那么，他们怎么会不殊死作战呢？士卒深陷危险的境地，心里就不再存有恐惧；无路可走，军心自然就会稳固；进入敌国的纵深地区，军队就不会离散；遇到迫不得已的情况，军队就会殊死奋战。因此，这样的军队不须整饬就能注意戒备，不用强求就能完成任务，无须约束就能亲附团结，不待申令就会遵守纪律。禁止占卜迷信，消除士卒的疑惑，他们就至死也不会逃避。我军士卒没有多余的钱财，这并不是他们厌恶钱财；我军士卒置生死于度外，这也不是他们厌恶长生。当作战命令颁布之时，坐着的士卒泪沾衣襟，躺着的士卒泪流满面。把士卒放到无路可走的绝境，他们就都会像专诸、曹刿一样勇敢了。

故善用兵者，譬如率然。率然者，常山之蛇也，击其首则尾至，击其尾则首至，击其中则首尾俱至。敢问："兵可使如率然乎？"曰："可。"夫吴人与越人相恶也，当其同舟而济，遇风，其相救也如左右手。是故方马埋轮，未足恃也；齐勇若一，政之道也；刚柔皆得，地之理也。故善用兵者，携手若使一人，不得已也。

【译文】

善于指挥作战的人，能使部队自我策应如同"率然"蛇一样。"率然"，是常山地方的一种蛇，打它的头部，尾巴就来救应；打它的尾巴，头就来救应；打它的腰身，它的头尾都来救应。试问："可以使部队像'率然'一样吗？"回答是："可以。"吴国人和越国人是互相仇视的，但当他们同船渡河而遇上大风时，他们相互救援，配合默契，就如同人的左右手一样。因此，想用把战马并缚在一起、深埋车轮这种显示死战决心的办法来稳定部队，那是靠不住的。要使部队能够齐心同力，奋勇作战，如同一人，关键在于部队管理、教育有方。要使优劣条件不同的士卒都能发挥作用，根本在于恰当地利用地形。所以善于用兵的人，能使全军上下携手团结如同一人，这是因为客观形势迫使部队不得不这样。

将军之事，静以幽，正以治。能愚士卒之耳目，使之无知。易其事，革其谋，使人无识。易其居，迂其途，使人不得虑。帅与之期，如登高而去其梯。帅与之深入诸侯之地，而发其机。焚舟破釜，若驱群羊，驱而往，驱而来，莫知所之。聚三军之众，投之于险，此谓将军之事也。九地之变，屈伸之利，人情之理，不可不察。

【译文】

在指挥部队这件事情上，要做到沉着冷静而幽深莫测，管理部队公正严明而有条不紊。要能蒙蔽士卒的视听，使他们对于军事行动懵懂无知；变更作战部署，改变原定计划，使人无法识破真相；不时变换驻地，故意迂回行进，使人无从推测我方的意图。将帅向部队赋予作战任务，要像使其登高而抽掉梯子一样，使得部队有进无退。将帅率领士卒深入诸侯国土，要像弩机发出的箭镞一样一往无前。要烧掉舟船，打碎锅子，以显示死战的决心。对待士卒，要如同驱赶羊群一样，赶过去又赶过来，使他们不知道要到哪里去。集结全军官兵，把他们投置于险恶的境地，这就是指挥军队作战的要务。九种地形的应变处置，攻防进退的利弊得失，全军上下的心理状态，这些都是身为将帅者所不可不认真研究和周密考察的。

凡为客之道，深则专，浅则散。去国越境而师者，绝地也；四达者，衢地也；入深者，重地也；入浅者，轻地也；背固前隘者，围地也；无所往者，死地也。是故散地，吾将一其志；轻地，吾将使之属；争地，吾将趋其后；交地，吾将谨其守；衢地，吾将固其结；重地，吾将继其食；圮地，吾将进其途；围地，吾将塞其阙；死地，吾将示之以不活。故兵之情：围则御，不得已则斗，过则从。

【译文】

在敌国境内作战，通常的规律是：进入敌国境内越深，军心就越是稳定巩固；进入敌国境内越浅，军心就容易懈怠涣散。离开本土，深入敌境进行作战，所处的地区叫作"绝地"；四通八达的地区叫作"衢地"；进入敌境深的地区叫作"重地"；进入敌境浅的地区叫作"轻地"；背有险阻、面对隘路的地区叫作"围地"；无路可走的地区叫作"死地"。因此，处于"散地"，要统一部队的意志；处于"轻地"，要使营阵紧密相连；在"争地"上，要迅速出兵抄到敌人的侧后；在"交地"上，就要谨慎防守；在"衢地"上，就要巩固与诸侯列国的结盟；遇上"重地"，就要保障军粮的供应；遇上"圮地"，就必须迅速通过；陷入"围地"，就要堵塞缺口；到了"死地"，就要显示殊死奋战的决心。所以，士卒的心理状态是：陷入包围就会竭力抵抗，形势急迫就会拼死战斗，身处绝境就会听从指挥。

是故不知诸侯之谋者，不能预交；不知山林、险阻、沮泽之形者，不能行军；不用乡导者，不能得地利。四五者，不知一，非霸王之兵也。夫霸王之兵，伐大国，则其众不得聚；威加于敌，则其交不得合。是故不争天下之交，不养天下之权，信己之私，威加于敌，故其城可拔，其国可隳。施无法之赏，悬无政之令，犯三军之众，若使一人。犯之以事，勿告以言；犯之以利，勿告以害。投之亡地然后存，陷之死地然后生。

夫众陷于害，然后能为胜败。故为兵之事，在于顺详敌之意，并敌一向，千里杀将，此谓巧能成事者也。

【译文】

因此，不了解诸侯列国的战略意图，就不能预先与之结交；不熟悉山林、险阻、沼泽等地形情况，就不能行军；不重用向导，就无从得到地利。这些情况，如有一样不了解，都不能成为称王争霸的军队。凡是能称王争霸的军队，进攻敌对大国，能使敌国的军民来不及动员集中；兵威加在敌人头上，能够使敌方的盟军无法配合策应。因此，没有必要去争着同天下的诸侯结交，也用不着在各诸侯国里培植自己的势力；只要伸展自己的战略意图，把兵威施加在敌人头上，就可以拔取敌人的城邑，摧毁敌人的国都。施行超越惯例的奖赏，颁布不拘常规的号令，指挥全军就如同使用一个人一样。向部下布置作战任务，但不说明其中的意图；动用士卒，只说明有利的条件，而不指出危险的因素。将士卒置于危地，才能转危为安；使士卒陷身于死地，才能起死回生。军队深陷于绝境，然后才能奋起拼杀赢得胜利。所以，指导战争这种事，在于谨慎地观察敌人的战略意图，集中兵力攻击敌人之一部，千里奔袭，擒杀敌将。这就是所谓巧妙用兵，能够实现克敌制胜的目标。

是故，政举之日，夷关折符，无通其使，厉于廊庙之上，以诛其事。敌人开阖，必亟入之。先其所爱，微与之期。践墨随敌，以决战事。是故，始如处女，敌人开户；后如脱兔，敌不及拒。

【译文】

因此，在决定战争方略的时候，就要封锁关口，废除通行符证，不允许敌国使者往来，要在庙堂里反复秘密谋划，做出战略决策。敌人一旦暴露虚隙，就要迅速地乘虚而入。首先要夺取敌人的战略要地，但不要轻易与敌约期决战。要灵活机动，因敌变化来决定自己的作战行动。因此，战斗打响之前，要像未出嫁的姑娘那样显得沉静柔弱，诱使敌人放松戒备；战斗展开之后，则要像脱逃的野兔一样行动迅速，使得敌人措手不及，无从抵抗。

火攻篇

孙子曰：凡火攻有五：一曰火人，二曰火积，三曰火辎，四曰火库，五曰火队。行火必有因，烟火必素具。发火有时，起火有日。时者，天之燥也；日者，月在箕、壁、翼、轸也；凡此四宿者，风起之日也。

【译文】

孙子说：火攻的形式共有五种，一是焚烧敌军人马，二是焚烧敌军粮草，三是焚烧敌军辎重，四是焚烧敌军仓库，五是焚烧敌军粮道。实施火攻必须具备条件，火攻器材必须平时即有准备。放火要看准天时，起火要选好日子。所谓天时，是指天气干燥的时候；所谓日子，是指月亮运行到"箕""壁""翼""轸"之位的时候。凡是月亮在这四个星宿的时候，就是起风的日子。

凡火攻，必因五火之变而应之。火发于内，则早应之于外。火发兵静者，待而勿攻，极其火力，可从而从之，不可从而止。火可发于外，无待于内，以时发之。火发上风，无攻下风。昼风久，夜风止。凡军必知有五火之变，以数守之。

【译文】

凡是火攻，必须根据以下五种因火攻所引起的变化，来灵活地加以处置。在敌营内部放火，就要及时派兵从外面机动策应。火已烧起而敌军依然保持镇静，我方就应持重等待，不可立即发起进攻，且待火势旺盛后，再根据情况做出决定，可以进攻就进攻，不可以进攻就停止。火可以从外面燃放，这时就不必等待内应，只要适时放火就行了。要从上风口放火，不要从下风口发起进攻。白天风刮得时间久了，夜晚风就容易停止。军队都必须掌握五种火攻方法，做到可以灵活运用，等待放火的时日条件具备时再进行火攻。

故以火佐攻者明，以水佐攻者强。水可以绝，不可以夺。

【译文】

用火来辅助军队进攻，效果殊为显著；用水来辅助军队进攻，攻势必能加强。水可以把敌军分割隔绝，但却不能焚毁敌人的军需物资。

夫战胜攻取而不修其功者，凶，命曰费留。故曰：明主虑之，良将修之。非利不动，非得不用，非危不战。主不可以怒而兴师，将不可以愠而致战。合于利而动，不合于利而止。怒可以复喜，愠可以复悦，亡国不可以复存，死者不可以复生。故明君慎之，良将警之，此安国全军之道也。

【译文】

凡是打了胜仗，攻取了土地城邑，而不能巩固其战争胜利成果的，就必定会有祸患。这种情况叫作"费留"。所以说，明智的国君要慎重地考虑这个问题，贤良的将帅要严肃地对待这个问题。没有好处不要行动；没有取胜的把握不要用兵；不到危急关头不要开战。国君不可因一时的愤怒而发动战争，将帅不可因一时的愤懑而出阵求战。符合国家利益才用兵，不符合国家利益就停止。愤怒还可以转变为欢喜，愤懑也可以转变为高兴，但是国家灭亡了却不能复存，人若是死了却不能再生。所以，对待战争，明智的国君应该慎重，贤良的将帅应该警惕，这是安定国家、保全军队的基本原则。

用间篇

孙子曰：凡兴师十万，出征千里，百姓之费，公家之奉，日费千金；内外骚动，怠于道路，不得操事者七十万家。相守数年，以争一日之胜，而爱爵禄百金，不知敌之情者，不仁不至也，非人之将也，非主之佐也，非胜之主也。故明君贤将，所以动而胜人，成功出于众者，先知也。先知者，不可取于鬼神，不可象于事，不可验于度，必取于人，知敌之情者也。

【译文】

孙子说：凡是兴兵十万，出征千里，百姓的耗费、公室的开支，每天都要耗费千金；前方、后方动乱不安，军民疲惫地在路上奔波，不能从事正常耕作生产的有七十万家。这样相持数年，就是为了决胜于一旦。如果吝惜爵禄和金钱，不肯用来重用间谍，以至因为不能掌握敌情而导致失败，那就是不仁到极点了。这种人不配做军队的统帅，称不得是辅国之臣，也不是胜利的主宰者。所以，英明的君主和贤良的将帅之所以一出兵就能战胜敌人，功业超越普通人，就在于能够预先掌握敌情。要事先了解敌情，不可用求神问鬼的方式来获取，不可拿相似的事情类比推测来得到，不可用日月星辰运行的度数做验证，一定要取之于人，从那些熟悉敌情的人口中去获取。

故用间有五：有因间，有内间，有反间，有死间，有生间。五间俱起，莫知其道，是谓神纪，人君之宝也。因间者，因其乡人而用之。内间者，因其官人而用之。反间者，因其敌间而用之。死间者，为诳事于外，令吾间知之，而传于敌间也。生间者，反报也。

【译文】

间谍的运用方式有五种，即"因间""内间""反间""死间""生间"。这五种间谍同时使用起来，使敌人无从捉摸我军行动的规律，这就是使用间谍的神秘莫测的方法，也正是国君克敌制胜的法宝。所谓"因间"，是指利用敌国的当地人充当间谍。所谓"内间"，就是利用敌方的官吏做间谍。所谓"反间"，就是使敌方间谍为我所用。所谓"死间"，是指故意制造、散布假情报，并通过我方间谍将假情报传给敌方间谍（诱使敌人上当受骗，一旦真情败露，我方间谍就难免一死，所以称为"死间"）。所谓"生间"，就是我方人员侦察后能够活着回来报告敌情。

故三军之事，莫亲于间，赏莫厚于间，事莫密于间。非圣智不能用间，非仁义不能使间，非微妙不能得间之实。微哉！微哉！无所不用间也。间事未发，而先闻者，间与所告者皆死。

【译文】

所以军队事务方面，在人事上，没有比对待间谍更亲厚的；在奖赏上，没有比给间谍的更优厚的；在事务上，没有比使用间谍更机密。不是睿智聪明的人不能使用间谍，不是仁慈慷慨的人不能驱使间谍，不是谋虑精细的人不能分辨、证实间谍所提供的情报。微妙呀！微妙呀！到处都用得着间谍！如果间谍的工作还未开展，而秘密却已泄露出去，那么间谍和听到秘密的人都要被处死。

凡军之所欲击，城之所欲攻，人之所欲杀，必先知其守将、左右、谒者、门者、舍人之姓名，令吾间必索知之。

【译文】

凡是准备攻打的敌方军队、准备攻占的敌方城池、准备刺杀的敌方人员，都必须预先了解其主管将领、左右亲信、负责传达的官员、守门官吏和门客幕僚的姓名，指令我方间谍一定要将这些情况侦察清楚。

必索敌人之间来间我者，因而利之，导而舍之，故反间可得而用也。因是而知之，故乡间、内间可得而使也；因是而知之，故死间为诳事，可使告敌；因是而知之，故生间可使如期。五间之事，主必知之。知之必在于反间，故反间不可不厚也。

【译文】

一定要搜查出那些前来侦察我方军情的敌方间谍，从而用重金收买他，引诱、开导他，然后再放他回去。这样，"反间"就可以为我所用了。通过反间了解敌情，这样，"乡间""内间"也就可以利用起来了。通过"反间"了解了敌情，就可以让"死间"传播假情报给敌人了。通过"反间"了解了敌情，这样就能使"生间"按预定时间返回并报告敌情了。五种间谍的运用，国君都必须了解和掌握。了解情况的关键在于"反间"的使用，所以，对"反间"不可不给予优厚的待遇。

昔殷之兴也，伊挚在夏；周之兴也，吕牙在殷。故惟明君贤将，能以上智为间者，必成大功。此兵之要，三军之所恃而动也。

【译文】

从前，殷商的兴起，在于伊挚曾经在夏为臣，熟悉夏的内情；周朝的兴起，在于姜子牙曾经在殷为臣，熟悉殷商的内情。所以，明智的国君和贤能的将帅，能够任用智慧高超的人充当间谍，就一定能够建树大功。这是用兵的关键步骤，整个军队都要依靠间谍提供的敌情来策划和决定军事行动。

中外名人评孙子

有提十万之众而天下莫当者谁？曰桓公也。有提七万之众而天下莫当者谁？曰吴起也。有提三万之众而天下莫当者谁？曰武子也。

——尉缭子《尉缭子·制谈》

吾观兵书战策多矣，孙武所著深矣！……审计重举，明画深图，不可相诬。

——曹操《孙子序》

孙子武者，齐人也。以兵法见于吴王阖庐……于是阖庐知孙子能用兵，卒以为将。西破强楚，入郢，北威齐、晋，显名诸侯，孙子与有力焉。

——司马迁《史记·孙子吴起列传》

孙武所以能制胜于天下者，用法明也。

——诸葛亮（《三国志·马良传》裴松之注引《襄阳记》）

孙武兵经，辞如珠玉，岂以习武而不晓文也。

——刘勰《文心雕龙·程器》

朕观诸兵书，无出孙武；孙武十三篇，无出虚实。夫用兵识虚实之势，则无不胜焉。

——李世民（语出《唐太宗李卫公问对》）

古之言兵者，无出于孙子矣。利害之相权，奇正之相生，战守攻围之法，盖以百数，虽欲加之而不知所以加之矣。

——苏轼（语出《三苏策论·孙武论》）

兵凶战危，圣人不得已而用之者也。故孙子作《兵法》，首曰"未战"，次曰"拙速"，此曰"不战，屈人兵"。直欲以"全国""全军""全旅""全卒""全伍"。"全"之一字，争胜于天下。"上兵伐谋"，第校之以计而制胜之道而已。

——王阳明《王阳明全集·武经七书评》

孙武子兵法，文义兼美，虽圣贤用兵，无过于此。

——戚继光《止止堂集·愚愚稿》

吾独恨其不以《七书》与《六经》合而为一，以教天下万世也。故因读《孙武子》，而以魏武之注为精当，又参考六书以尽其变，而复论著于各篇之后焉。感叹深矣。

——李贽《孙子参同·自序》

先秦之言兵者六家，前孙子者，孙子不遗；后孙子者，不能遗孙子。

——茅元仪《武备志·兵诀评序》

故夫经之《易》也，子之《老》也，兵家之《孙》也，其道皆冒万有，其心皆照宇宙，其术皆合天人、综常变者也。

——魏源《古微堂外集·孙子集注序》

就中国历史来考究，二千多年前的兵书，有十三篇，那十三篇兵书，便是解释当时的战理。由于那十三篇兵书，便成立中国的军事哲学。

——孙中山《孙中山选集》

《孙子》一书，兵学之精神备焉，虽拿破仑之用兵，不能出其范围也。

——梁启超《中国古代学术流变研究十篇》

中国古代大军事学家孙武子书上"知彼知己，百战不殆"这句话，是包括学习和使用两个阶段而说的，包括从认识客观实际中的发展规律，并按照这些规律去决定自己行动克服当前敌人而说的；我们不要看轻这句话。

——毛泽东《毛泽东选集·中国革命战争的战略问题》

《孙子兵法》这部兵法，是研究指导战争最普遍规律的著作。正兵和奇兵，是辩证的统一，是为将者必须掌握的重要法则。奇中有正，正中有奇，奇正相生，变化无穷。

——刘伯承（陶汉章《孙子兵法概论》转述）

孙武的《吴孙子》比较科学地从春秋时期的战争中总结出战争的一般规律，富有丰富的唯物主义的生动的辩证法思想。它是古代一部优秀的兵书，也是一部出色的哲学著作。

——冯友兰《中国哲学史新编》

孙子在《九地篇》中说："诸侯之地三属，先至而得天下之众者，为衢地。"运用孙子的这段话，从更广的范围讨论美国的战略和美中关系的重要性，我认为那是最为恰当不过的了。

——美国地缘战略理论家兹比格涅夫·卡济米尔兹·布热津斯基

孙子是古代第一个形成战略思想的伟大人物。……孙子十三篇可与历代名著，包括2200年后克劳塞维茨的著作媲美。今天没有一个人对战略的相互关系、应考虑的问题和所受的限制比他有更深刻的认识。他的大部分观点在我们的当前环境中仍然具有和当时同样重大的意义。

大战略含义与利德尔·哈特的如下结论是完全一致的：真正的目的与其说是寻求战斗，不如说是寻求一种有利的战略形势。这种战略形势是如此有利，以至于即便它本身不能收到决定性的效果，那么在这个形势的基础上再打一仗，就肯定可以收到这种决定性的效果。也许有人认为，这不完全是个新观点。孙子早已认识到："不战而屈人之兵，善之善者也。"

——美国战略理论家约翰·柯林斯

2500年前，中国的哲学家孙子说："百战百胜，非善之善者也；不战而屈人之兵，善之善者也。"真正成功的军队是这样一支军队：由于其力量、能力和忠诚，它将不是需要用来打仗的一般军队，因为谁都不敢向它寻衅。

——美国前总统罗纳德·威尔逊·里根

《孙子兵法》是世界上最早的军事名作。其内容之博大，论述之精深，后世无出其右者。可以说，《孙子兵法》是有关战争指导的智慧之结晶。历数古往今来的军事思想家，只有克劳塞维茨堪与孙子伦比。然而他的著作时代局限性大，而且有一部分已经过时，尽管他是在孙子之后2000多年写的。相比之下，孙子的文章讲得更透彻、更深刻，永远给人以新鲜感。……第二次世界大战期间，中国武官——蒋介石的一名学生——数次来见我。他对我说，我和富勒将军的著作是中国军事院校的主要教材。我听后问他："《孙子兵法》呢？"他回答说，《孙子兵法》虽被奉为经典，但大多数年轻军官认为它已经过时，在机械化武器时代不再有多大研究价值。我说，他们现在应当就教于孙子，因为《孙子兵法》这本篇幅不长的书把我20多部书中所涉及的战略和战术基本原则几乎包罗无遗。总之，《孙子兵法》是研究战争的最佳入门捷径，又是深入全面地研究战争问题时经常要参考的宝贵的材料。

——英国军事理论家利德尔·哈特

图书在版编目（CIP）数据

黄朴民讲孙子兵法 / 黄朴民著 . —成都：天地出版社，2023.3
ISBN 978-7-5455-7455-5

Ⅰ.①黄… Ⅱ.①黄… Ⅲ.①《孙子兵法》—通俗读物
Ⅳ.①E892.25-49

中国版本图书馆CIP数据核字（2022）第239687号

HUANG PUMIN JIANG SUNZI BINGFA
黄朴民讲孙子兵法

出 品 人	陈小雨　杨　政
作　者	黄朴民
责任编辑	魏姗姗
装帧设计	今亮后声HOPESOUND pankouyugu@163.com
责任印制	王学锋

出版发行	天地出版社
	（成都市锦江区三色路238号　邮政编码：610023）
	（北京市方庄芳群园3区3号　邮政编码：100078）
网　址	http://www.tiandiph.com
电子邮箱	tianditg@163.com
经　销	新华文轩出版传媒股份有限公司

印　刷	北京文昌阁彩色印刷有限责任公司
版　次	2023年3月第1版
印　次	2023年3月第1次印刷
开　本	710mm×1000mm　1/16
印　张	19.5
字　数	240千字
定　价	78.00元
书　号	ISBN 978-7-5455-7455-5

从古音刻文字，分享人类智慧